企业内部控制

刘丹梦　郝宏伟——著

流程设计与运营

找节点 + 识风险 + 定目标 + 给措施 + 绘矩阵

电子工业出版社.

Publishing House of Electronics Industry

北京·BEIJING

内容简介

这是一本指导企业如何做好内部控制工作的图书。它立足工作流程，聚焦企业风险控制点，面向业务，提供解决措施，对于企业建立内控体系，编写内控流程手册，有很强的实用价值。本书共118个流程和内部控制矩阵，涵盖18大类内部控制工作模块，用以帮助企业设计全面、完整的内部控制流程体系。

本书以流程为基础分解企业内部控制的痛点、难点、要点，通过详细的流程设计来具体阐述企业经营管理全过程中的风险，并紧紧围绕各类业务的内控目标来提供控制措施，有依据、成体系，是企业开展内控工作的参考书。

本书适合企业风险管理人员、内部控制管理人员、内部控制管理培训讲师、管理咨询人员等阅读和使用。

图书在版编目（CIP）数据

企业内部控制流程设计与运营 / 刘丹梦，郝宏伟著. — 北京：电子工业出版社，2023.6

（弗布克企业内部控制三部曲）

ISBN 978-7-121-45460-8

Ⅰ.①企… Ⅱ.①刘… ②郝… Ⅲ.①企业内部管理 Ⅳ.①F272.3

中国国家版本馆CIP数据核字（2023）第069080号

责任编辑：张　毅

印　　刷：三河市兴达印务有限公司

装　　订：三河市兴达印务有限公司

出版发行：电子工业出版社

　　　　　北京市海淀区万寿路173信箱　　邮编：100036

开　　本：787×1092　1/16　印张：28　字数：619千字

版　　次：2023 年 6 月第 1 版

印　　次：2023 年 6 月第 1 次印刷

定　　价：109.00元

凡所购买电子工业出版社图书有缺损问题，请向购买书店调换。若书店售缺，请与本社发行部联系，联系及邮购电话：（010）88254888，88258888。

质量投诉请发邮件至zlts@phei.com.cn，盗版侵权举报请发邮件至dbqq@phei.com.cn。

本书咨询联系方式：（010）57565890，meidipub@phei.com.cn。

序

内控、风险、合规管理体系，是企业持续健康发展的三驾马车。由于市场竞争环境的不断变化，企业所面临的风险呈现出多样性和复杂性的特点，内部控制是企业实现基本目标，防范、管控各类经营风险的重要手段。

为了帮助企业维护财产和资源的安全、完整，促进企业高质量经营发展，增强企业应对各类风险的综合实力，使企业能更加从容地应对经济发展的不确定性，弗布克邀请了咨询师、会计师、律师和有内控管理经验的企业人士一起编著了企业内部控制三部曲系列丛书。

这三部曲是《企业内部控制风险点识别与管控规范》《企业内部控制流程设计与运营》《企业内部控制制度设计与解析》。这三部曲是企业建立内部控制体系的参考书，是企业内部控制工作人员的工作手册，能大大提高内部控制建设工作人员的工作效率。

《企业内部控制流程设计与运营》集系统化、流程化、矩阵化、工具化于一体，开创性地采用了"流程设计+内部控制矩阵"的模式，其中，流程设计直观地分解了企业经营管理活动的全过程，凸显出企业内部控制管理的痛点、难点、要点。内部控制矩阵则是对企业内部控制全过程中的重点进行阐述、分析、解决，这一部分采用了"控制点+风险描述+控制目标+控制措施+控制频率+控制类型+责任部门（岗）+控制依据"的组合模式，集风险、目标、措施、依据于一体。

《企业内部控制流程设计与运营》涵盖了企业组织架构、发展战略、人力资源、社会责任、企业文化、资金活动、采购业务、资产管理、销售业务、研究与开发、工程项目、担保业务、业务外包、财务报告、全面预算、合同管理、内部信息传递、信息系统共18大类内部控制工作模块并设计完成了118个流程和内部控制矩阵，为企业提供了全套的内部控制流程解决方案，是企业内部控制管理人员、内部控制工作人员设计内部控制流程的参考书、指导手册，是企业撰写内部控制流程手册的参照范本。

希望本书能够为各位读者提供满意的企业内部控制流程解决方案，能够对广大读者推进企业内部控制流程设计的工作起到一定的帮助作用。

本书在创作中难免有疏漏与不足之处，恳请广大读者批评指正，以便于我们在改版的时候予以补充、更正。

弗布克

目　　录

**第3章
人力资源**

**第4章
社会责任**

第 5 章
企业文化

第 6 章
资金活动

**第 7 章
采购业务**

**第 8 章
资产管理**

09 **第 9 章**
销售业务

10 **第 10 章**
研究与开发

第 11 章
工程项目

第 12 章
担保业务

第 13 章
业务外包

第 14 章
财务报告

第 15 章
全面预算

第 16 章
合同管理

**第 17 章
内部信息传递**

**第 18 章
信息系统**

第 1 章

组织架构

1.1   组织架构的设计流程

1.1.1   治理结构设计流程与内部控制矩阵

1. 治理结构设计流程

组织架构调整
实施细则

部门名称	股东大会		流程名称		治理结构设计流程
生效日期			概　　要		4大控制点
单位	股东大会	董事会		监事会	总经办
节点	A	B		C	D

1　开始

2　设置符合法律规定的法人实体

3　讨论董事会、监事会和经理层的分离和制衡原则

4　任命董事会成员 → 设立董事会，承担企业决策功能 → 设立总经办，负责管理企业各经理层，承担董事会决策的执行功能

5　任命监事会成员　设立监事会，加强对企业董事、经理、高管的履职监督功能

6　设立战略、审计、提名、薪酬与考核等专门委员会　监督依法依规履职　安排各部门经理和高级经营管理人员

7　审核法人治理结构设计结果

8　结束

企业名称		密　级		共　页　第　页	
编制单位		签发人		签发日期	

2. 治理结构设计内部控制矩阵

控制点	风险描述	控制目标	内控要求				
			控制措施	控制频率	控制类型	责任部门（岗）	控制依据
A3	没有按照决策机构、执行机构和监督机构相互独立、权责明确、相互制衡的原则来设立董事会、监事会、经理层	保证企业法人治理结构的高效运行	1. 贯彻落实相互独立、权责明确、相互制衡的治理结构设计原则 2. 设计科学高效、分工制衡的治理结构 3. 严格遵守国家相关法律法规 4. 规范、有效地召开股东大会，确保股东可以通过股东大会行使自己的权力	按需不定期	职责分工	股东大会	《中华人民共和国公司法》"企业章程""股东大会议事规则"
B4	董事会设立流于形式，履职能力弱，导致企业实际决策功能由总经办控制	发挥董事会作为企业决策机构的作用，确保严格执行股东大会的所有决议	1. 确保董事会独立于经理层和各大股东 2. 确保董事会及其审计委员会中有适当数量的独立董事存在且能有效发挥作用 3. 加强董事会成员对于权利和责任的认知，要求董事有足够的知识、经验和时间来履行职责 4. 强化董事会对企业发展战略和重大决策的审批、检查功能，规范总经办对董事会负责的运行程序	按需不定期	职责分工	股东大会	《中华人民共和国公司法》"企业章程""董事会议事规则"

控制点	风险描述	控制目标	内控要求				
			控制措施	控制频率	控制类型	责任部门（岗）	控制依据
C5	监事会成员独立性缺失，与董事、经理、高管等被监督人员存在某些联系，削弱监督机构的效力	发挥监事会作为企业监督机构的作用，确保董事、经理和其他高管履职到位	1. 保证监事会的独立性 2. 确保监事会成员具备相关领域的专业能力 3. 规范、有效地运行监事会 4. 加强监事会对董事、经理、高管等企业管理人员的履职监督功能	按需不定期	职责分工	股东大会	《中华人民共和国公司法》"企业章程""监事会议事规则"
D4	未对总经办的权力设计合理的监督和制约机制，导致总经办的实际权力超出治理结构的设计范围	发挥经理层作为企业执行机构的作用，确保董事会的决议、计划、方案、目标等得到落实	1. 强化对总经办的制约和监督机制 2. 规范总经办的决策执行权力 3. 加强对各部门经理产生程序的合法合规性审查	按需不定期	职责分工	董事会	《中华人民共和国公司法》"企业章程""企业总经办工作制度"

1.1.2 内部机构设计流程与内部控制矩阵

1. 内部机构设计流程

部门名称	董事会		流程名称	内部机构设计流程
生效日期		概　要		6大控制点
单位	股东大会	董事会	总经办	监事会
节点	A	B	C	D

节点	流程
1	开始
2	决议 → 明确内部机构设计任务
3	协助、执行 ← 监督
4	开展企业现状梳理工作，掌握各项细节
5	协助、执行 ← 监督
6	设置内部职能机构，明确各机构的职责权限
7	协助、执行 ← 监督
8	对各职能机构进行分解，设置内部制衡机制
9	设计岗位名称　设计岗位职责　明确工作要求
10	协助、执行 ← 监督
11	制定相关制度，建立权限指引和授权机制
12	结束

企业名称		密　级		共　页　第　页
编制单位		签发人		签发日期

2. 内部机构设计内部控制矩阵

控制点	风险描述	控制目标	内控要求				
			控制措施	控制频率	控制类型	责任部门（岗）	控制依据
B2	未按要求依据股东大会的有关决议开展工作，导致工作程序不正确	确保董事会的所有工作都是按股东大会的决议进行的	1．遵守企业规章制度，严格对股东大会负责，依法行使企业的经营决策权 2．深刻落实股东大会的决议，高度理解股东大会的决议要求	按需不定期	职责分工	董事长	《中华人民共和国公司法》"企业章程""股东大会议事规则""董事会议事规则"
B4	未对企业现状进行梳理就盲目设计企业内部机构，导致设计的内部机构不合理	确保内部机构设计工作有针对性、有合理依据	1．主导企业现状梳理工作，明确梳理的方向和内容 2．将梳理工作的具体要求下发总经办，由总经办具体执行并反馈	按需不定期	职责分工	董事长	"企业章程""董事会议事规则"
B6	内部职能机构设计不科学，权责分配不合理，导致机构重叠、职能交叉或缺失、推诿扯皮、运行效率低下	确保设置的内部职能机构科学、精简、高效、透明、制衡	1．设置内部职能机构时应充分考虑经营业务的性质，按照适当集中或分散的管理方式设置 2．制定说明和规定，对内部职能机构设置、各职能部门的职责权限、组织的运行流程等作出明确要求	按需不定期	职责分工	董事长	"企业章程""董事会议事规则"

续表

控制点	风险描述	控制目标	内控要求				
			控制措施	控制频率	控制类型	责任部门（岗）	控制依据
D3、D5、D7、D10	监事会未发挥监督作用，影响企业相关工作的公开透明性与公正性	确保监事会的工作规范与合理	1．保证监事会的独立性，提高监事能力，使其与相关领域相匹配 2．推动监事会规范而有效地运行，监督董事会、经理层正确履行职责并纠正损害企业利益的行为 3．提升监事会和经理层产生程序的规范性，其人员构成、知识结构、能力素质应当满足履行职责的要求	每日	职责分工	监事会主席	《中华人民共和国公司法》"企业章程""监事会议事规则"
B8、C7	未对各职能机构进行科学、合理的分解，导致岗位相互关系不明确，权责不清晰	确保各层级、各部门、各岗位之间分工明确、权责清晰	1．主导对各职能机构的分解工作，明确相关要求后，交总经办具体执行 2．督促总经办对各职能机构进行科学、合理的分解，确定具体岗位的名称、职责和工作要求等，明确各个岗位的权限和相互关系 3．坚持不相容岗位相分离原则，努力识别出不相容岗位，并根据相关的风险评估结果设立内部制衡机制	按需不定期	职责分工	董事长、总经理	"董事会议事规则""企业总经办工作制度"

续表

控制点	风险描述	控制目标	内控要求				
			控制措施	控制频率	控制类型	责任部门（岗）	控制依据
B11、C10	未制定内部管理制度或相关文件，导致企业员工不了解组织架构设计及权责分配情况	确保企业员工了解和掌握组织架构设计及权责分配情况	1. 主导内部管理制度或相关文件的制定工作，明确相关要求，具体由总经办执行 2. 监督总经办，确保其按照董事会的有关要求制定组织结构图、业务流程图、岗（职）位说明书和权限指引等内部管理制度或相关文件，建立权限指引和授权机制	按需不定期	职责分工	董事长、总经理	"董事会议事规则""企业总经办工作制度"

1.1.3　"三重一大"决策流程与内部控制矩阵

1.　"三重一大"决策流程

部门名称	董事会		流程名称	"三重一大"决策流程
生效日期			概　　要	5大控制点
单位	股东大会	董事会	总经办	监事会
节点	A	B	C	D

1	开始			
2	制定"三重一大"事项的管理权限和处理程序	制定"三重一大"事项的集体决策审批、联签制度		
3	讨论"三重一大"事项建议书	提交"三重一大"事项书面建议书	提供"三重一大"事项相关信息和资料	
4	对重大决策实施方案召开集体会议审批	形成重大决策实施方案	对重大决策进行调查研究、议题确定、专家论证、意见征求	监督专家论证、评估过程和专家意见的结果
5	对重大事项决定方案召开集体会议审批	形成重大事项决定方案	对重大事项项目进行审查、专家论证、意见征求	监督专家论证、评估过程和专家意见的结果
6	对重要人事任免处理方案召开集体会议审批	形成重要人事任免处理方案	对重要人事任免人员进行推荐并组织考察	考察重要人事任免的相关人员
7	对大额资金使用管理方案召开集体会议审批	形成大额资金使用管理方案	做好大额资金使用预算安排、用途调查和使用说明	监督大额资金使用决策过程
8		对重大决策、重大事项、重要人事任免及大额资金使用进行集体讨论与表决	公开公示"三重一大"事项决策	
9			结束	

企业名称			密　级		共　页　第　页
编制单位			签发人		签发日期

2. "三重一大"决策内部控制矩阵

控制点	风险描述	控制目标	内控要求				
			控制措施	控制频率	控制类型	责任部门（岗）	控制依据
B4	未按照国家有关法律法规和企业制度的规定在对应的权限和程序中进行重大决策的集体决策和审批，导致企业在发展战略、破产、改制、兼并重组、资产调整、产权转让、对外投资、利益调配、机构调整等方面的重大决策出现失误	确保重大决策产生过程合法、合规，决策方法科学，决策结果真实、有效	1. 严格执行企业重大决策管理制度 2. 发挥股东大会、董事会、监事会相互制衡的作用 3. 不断优化重大决策的产生程序	按需不定期	授权及批准	董事长	《中华人民共和国公司法》"企业重大决策管理制度"
B5	未按照企业相关制度的规定在对应的权限和程序中进行重大事项的集体决策和审批，导致企业金融衍生业务、重要设备和技术引进、大宗物资采购、专业服务购买、重大工程建设等重大事项或项目出现隐患	确保重大事项决定过程合法、合规，决定方案准确反映集体决策意见	1. 充分听取专家对于重大事项或项目的意见 2. 严格执行企业重大事项管理制度 3. 不断优化重大事项或项目的决策程序	按需不定期	授权及批准	董事长	"企业重大事项管理制度"

续表

控制点	风险描述	控制目标	内控要求				
			控制措施	控制频率	控制类型	责任部门（岗）	控制依据
B6	未按照企业相关制度的规定在对应的权限和程序中进行重要人事任免的集体决策和审批，导致企业各类管理人员的聘用和解聘、向控股或参股企业委派股东代表、推荐高管人选等重要人事任免工作出现问题	确保重要人事任免过程合法、合规，人事任免结果符合企业实际经营发展需要	1. 严格执行企业重要人事任免管理制度 2. 发挥监事会的效力，事先征求监事会的意见 3. 不断优化重要人事任免的程序	按需不定期	授权及批准	董事长	"企业重要人事任免管理制度"
B7	未按照企业相关制度的规定在对应的权限和程序中进行大额资金使用的集体决策和审批，导致企业大额度资金调动与使用、对外大额捐赠与赞助等活动出现风险	确保大额资金使用合法、合规，决策过程合规，资金去向明确，运作程序合规	1. 严格执行财务联签制度 2. 强化对资金运作的监管和审查 3. 不断优化大额资金使用的审批程序	按需不定期	授权及批准	董事长	"大额资金使用管理制度" "财务联签制度"

控制点	风险描述	控制目标	内控要求				
			控制措施	控制频率	控制类型	责任部门（岗）	控制依据
A8、B8	未落实"三重一大"事项集体讨论和表决程序，导致集体决策或联签制度流于形式，效率较低，甚至出现"一言堂""一支笔"的情况	确保严格执行集体决策或联签制度，任何个人不得单独进行决策或者擅自改变集体决策意见	1．健全决策纠错机制和问责机制 2．强化对"三重一大"事项的监督、审查 3．制定企业"三重一大"决策方案实施细则 4．嵌入法律审核过程，如法律顾问列席决策会议、法律部门会签、法律顾问出具法律意见书等 5．提高"三重一大"事项决策的数字化水平，通过数字化手段完善企业"三重一大"决策程序	按需不定期	授权及批准	董事长	"企业集体决策管理制度""财务联签制度"

1.2　组织架构的运行流程

1.2.1　治理结构梳理流程与内部控制矩阵

集团公司的组织
管理与权责划分

1. 治理结构梳理流程

部门名称	股东大会		流程名称	治理结构梳理流程
生效日期			概　要	12大控制点
单位	股东大会	董事会	监事会	总经办
节点	A	B	C	D

1		开始		
2		梳理企业决策、执行层现有治理结构	梳理企业监事会治理结构现状	
3		检查是否定期或不定期召开股东大会	检查是否对董事、高级管理人员进行监督	检查是否认真组织、实施董事会决议
4		检查是否严格执行股东大会的所有决议	检查是否对违规违法人员提出罢免建议或制止、纠正违规行为	检查是否落实年度生产经营计划和投资方案
5		检查是否合理聘任或解聘经理及其他高管		检查是否能够完成生产经营计划和绩效目标
6		审查各董事是否具备对应任职资格	审查各监事是否具备对应任职资格	审查经理及其他管理层人员是否具备对应任职资格
7		审核各董事的履职情况是否达到对应标准	审核各监事的履职情况是否达到对应标准	审核经理及其他管理层人员的履职情况是否达到对应标准
8	未通过　审批	编制企业治理结构优化调整方案		
9	通过	提高企业运行效率		
10		结束		

企业名称			密　级		共　页　第　页
编制单位			签发人		签发日期

2. 治理结构梳理内部控制矩阵

控制点	风险描述	控制目标	内控要求				
			控制措施	控制频率	控制类型	责任部门（岗）	控制依据
B3	未按规定定期或不定期召开股东大会，未如实向股东大会汇报企业运行情况，从而影响股东大会的决议结果	确保按时召开股东大会，并进行报告	1. 严格执行国家法律法规、股东大会决议和企业章程 2. 重要、重大事项按规定召开股东大会，提高董事会合规管理意识	按需不定期	职责分工	董事长	《中华人民共和国公司法》"企业章程""股东大会议事规则"
B4	未严格、认真地执行股东大会的所有决议，导致企业股东利益受损，引发纠纷与管理问题	保证股东大会的所有决议被贯彻落实	1. 明确董事会职责，严格执行股东大会的所有决议 2. 强化监事会监督作用	按需不定期	职责分工	董事长	"董事会议事规则"
B5	未按照国家法律和企业相关规定的要求进行经理及其高管的聘任和解聘，从而影响企业的正常经营发展	确保对经理及其高管的相关决定符合规定	1. 规范企业对经理及其高管的聘任和解聘程序 2. 加强监事会的监督作用	按需不定期	职责分工	董事长	"董事会议事规则"

续表

控制点	风险描述	控制目标	内控要求				
			控制措施	控制频率	控制类型	责任部门（岗）	控制依据
B6	各董事未满足对应任职资格，导致董事会无法正常发挥决策功能	确保各董事任职资格合格	1. 规范各董事提名和任命程序 2. 加强对各董事任职资格的审查 3. 重点关注各董事的能力、道德诚信、经营管理素质等	按需不定期	职责分工	董事长	"董事会议事规则"
B7	各董事会的履职情况不达标，从而影响董事会的决策质量和效率	确保各董事履职情况达标	1. 强化对各董事履职情况的考察机制 2. 制定各董事履职结果奖惩规定 3. 着重关注各董事的履职合规、业绩以及履行忠实、勤勉义务等	按需不定期	职责分工	董事长	"董事会议事规则"
C3	未按规定对董事、高级管理人员行为进行监督，从而影响企业运营发展	保证董事、高级管理人员的行为受到约束和制衡	1. 提高监事会责任意识，使其加强监督、检查力度 2. 落实监事会的独立性，监事会成员不得与董事、经理及其他高管人员有特殊关系	按需不定期	职责分工	监事会主席	《中华人民共和国公司法》"监事会议事规则"
C4	未及时提供罢免建议或制止、纠正违规行为，导致企业遭受损失	避免企业遭受损失	1. 完善监事会监督、检查程序 2. 提高监事会监督、检查能力	按需不定期	职责分工	监事会主席	"监事会议事规则"

控制点	风险描述	控制目标	内控要求				
			控制措施	控制频率	控制类型	责任部门（岗）	控制依据
C6	各监事未满足对应任职资格，导致监事会无法正常发挥监督功能	确保各监事任职资格合格	1. 规范各监事提名和任命程序 2. 加强对各监事任职资格的审查	按需不定期	职责分工	监事会主席	"监事会议事规则"
C7	各监事的履职情况不达标，影响监事会的监督效果	确保各监事履职情况达标	1. 强化对各监事履职情况的考察机制 2. 制定各监事履职失误处罚规定	按需不定期	职责分工	监事会主席	"监事会议事规则"
D3	未认真组织、实施董事会的决议，影响董事会决议的执行效果	保证董事会决议高效落地	1. 建立总经办定期汇报机制，强化董事会对执行层面的管理控制 2. 强化企业经理层责任意识，提高其经营管理素质	按需不定期	职责分工	总经理	"企业总经办工作制度"
D6	经理及其他管理层人员未满足对应任职资格，导致总经办无法正常发挥执行功能	确保经理及其他管理层人员任职资格合格	1. 规范经理及其他管理层人员的提名和任命程序 2. 加强对经理及其他管理层人员任职资格的审查机制	按需不定期	职责分工	总经理	"企业总经办工作制度"
D7	经理及其他管理层人员的履职情况不达标，从而削弱总经办的执行能力	确保经理及其他管理层人员履职情况达标	1. 强化经理及其他管理层人员履职情况考察机制 2. 制定企业管理人员考核管理制度	按需不定期	职责分工	总经理	"企业总经办工作制度"

1.2.2 内部机构优化流程与内部控制矩阵

1. 内部机构优化流程

部门名称	董事会		流程名称		内部机构优化流程
生效日期			概　　要		5大控制点
单位	股东大会	董事会	总经办	各内部机构	监事会
节点	A	B	C	D	E

1		开始			
2	决议	下达内部机构优化任务	接受任务，明确任务要求		
3			调查内部情况		
4			分析发展目标		
5			调查各内部机构分工和协作情况		
6			梳理各内部机构及其岗位的权利和责任	提供信息、协助	监督
7			分析各内部机构及其岗位的制衡效率		
8			评估各内部机构运营效率		
9	审议（未通过）	审议（未通过/通过）	编制优化方案		
10	（通过）		进行优化		
11			定期综合评价		
12			结束		

企业名称		密　级		共　页　第　页	
编制单位		签发人		签发日期	

2. 内部机构优化内部控制矩阵

控制点	风险描述	控制目标	内控要求				
			控制措施	控制频率	控制类型	责任部门（岗）	控制依据
C3	做内部机构优化前，未对企业内部情况进行调查或调查得不充分、不准确，导致优化时没有依据	确保做内部机构优化前，已经充分了解企业内部环境的变化	1. 制定详细的调查方案，明确内部情况调查的具体内容，并明确责任人员、调查时间等 2. 召开会议，对内部情况进行分析，用分析结果指导内部机构优化工作	按需不定期	关键绩效指标	总经理	"企业总经办工作制度"
C5	做内部机构优化前，未充分调查各内部机构分工和协作情况，导致优化工作盲目进行	确保做内部机构优化前，对企业专业化的分工和协作情况有清晰的认识	1. 组织人员深入各内部机构进行调查，了解各内部机构分工和协作情况 2. 召集各机构负责人进行会议，了解分工和协作情况 3. 总结各内部机构日常工作表现及成果，从中加深对各内部机构分工和协作情况的了解	按需不定期	关键绩效指标	总经理	"企业总经办工作制度"
C6	做内部机构优化前，未仔细梳理各内部机构及其岗位的权利和责任，导致优化工作没有重点	确保做内部机构优化前，对各内部机构及其岗位的权利和责任情况都十分了解	1. 制定一份详细的梳理清单来明确梳理工作的重点，明确界定各内部机构和岗位的权利和责任，确保其不存在权责交叉重叠，不存在只有权利而没有相对应的责任和义务的情况等 2. 要与各内部机构负责人共同开展此项工作，确保获取到最为真实的信息，避免因信息多层传递而失真	按需不定期	关键绩效指标	总经理	"企业总经办工作制度"

续表

控制点	风险描述	控制目标	内控要求				
			控制措施	控制频率	控制类型	责任部门（岗）	控制依据
C7	做内部机构优化前，未深入分析各内部机构及其岗位的制衡效率，导致优化工作不全面	确保做内部机构优化前，对各内部机构的制衡效率有深层次了解	重点关注权力制衡的效率评估，包括机构权力是否过大并存在监督漏洞，机构权力是否被架空，机构内部或各内部机构之间是否存在权力失衡等	按需不定期	关键绩效指标	总经理	"企业总经办工作制度"
C8	做内部机构优化前，未仔细评估各内部机构的运营效率，导致优化工作没有针对性	确保做内部机构优化前，对企业各内部机构的运营效率有深入了解	1. 关注各内部机构运行是否有利于保证信息的及时、顺畅流通，以及能否在各内部机构间达到快捷沟通的效果 2. 关注各内部机构运行中的运营效率，并对现状做好记录和整理	按需不定期	关键绩效指标	总经理	"企业总经办工作制度"

1.2.3 子公司投资管控流程与内部控制矩阵

1. 子公司投资管控流程

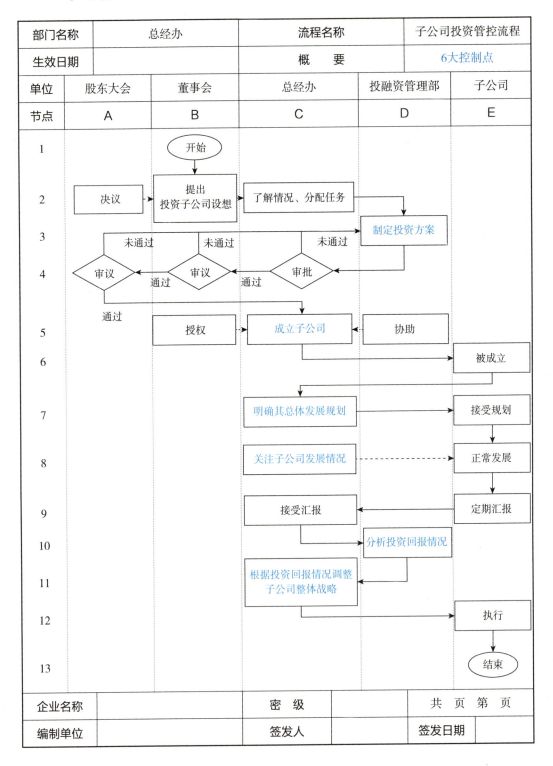

部门名称	总经办		流程名称		子公司投资管控流程
生效日期			概　　要		6大控制点
单位	股东大会	董事会	总经办	投融资管理部	子公司
节点	A	B	C	D	E

企业名称			密　级		共　页　第　页
编制单位			签发人		签发日期

2. 子公司投资管控内部控制矩阵

控制点	风险描述	控制目标	内控要求				
			控制措施	控制频率	控制类型	责任部门（岗）	控制依据
D3	投资方案缺失或不合理、不完善，没有准确预估投资回报，导致后续投资工作不可控，给企业带来经济损失	确保投资方案科学、合理、完善，能有效指导投资工作	1. 严格按照企业有关规定确定投资方案的编写格式与内容 2. 加强对投资方案的审查、核对，提升其科学性与合理性 3. 严格履行投资方案审批程序，重大投资方案还须经董事会审议	按需不定期	关键绩效指标	投融资管理部经理	"企业投融资管理办法"
C5	成立子公司时，对象、地址等选择不当，导致子公司无法达成预期效益；成立程序不规范，带来法律风险	确保通过合法手段成立恰当的子公司	1. 根据实际需求，依法成立子公司 2. 谨慎选择子公司类型，按需求可成立全资子公司、控股子公司、参股子公司或关联子公司 3. 严格按照国家有关规定，完善成立子公司的有关手续	按需不定期	职责分工	总经理	《中华人民共和国公司法》"企业总经办工作制度"
C7	对子公司的发展战略、发展规划等设计不清晰、不明确、不符合实际，导致子公司未按预期发展，甚至脱离企业控制，影响企业实际运营	确保对子公司的发展道路有明确规划，以保证投资项目的回报水平	1. 制定子公司发展规划，明确其各阶段的发展目标 2. 明确对子公司的管控手段、方法，明确与子公司之间沟通、协调的方式等 3. 优化子公司的决策层人员，致力于提高子公司决策层的工作效率	每年	职责分工	总经理	"企业总经办工作制度""企业子公司投资管控制度"

续表

控制点	风险描述	控制目标	内控要求				
			控制措施	控制频率	控制类型	责任部门（岗）	控制依据
C8	缺乏对子公司发展情况的关注，未及时发觉其发展问题，导致子公司发展偏离轨道，不符合企业投资预期	确保子公司的发展情况在掌握之中，维护企业作为出资人的权益	1．建立健全科学的投资管控制度，通过合法、有效的形式履行出资人职责、维护出资人权益 2．重点关注子公司特别是异地、境外子公司的发展战略、年度财务预决算、重大投融资、重大担保、大额资金使用、主要资产处置、重要人事任免、内部控制体系建设等重要事项	每月	职责分工	总经理	"企业总经办工作制度""企业子公司投资管控制度"
D10	未对子公司投资项目的投资回报作准确分析，错误地判断子公司的盈利能力，导致后续制定出不符合实际的发展规划，给企业带来损失	确保对子公司投资项目的投资回报分析是准确的、及时的、符合实际的	1．根据企业与子公司的实际情况，谨慎选择分析方法 2．选择专业的投资分析人员，并加强与子公司的联系 3．加强对子公司提交的数据的审查，通过实际调研等手段，确定其提交的数据的真实性 4．编制子公司投资项目的投资分析报告，方便企业继续规划子公司的发展战略	每月	职责分工	投融资管理部经理	"企业总经办工作制度""企业子公司投资管控制度"

续表

控制点	风险描述	控制目标	内控要求				
			控制措施	控制频率	控制类型	责任部门（岗）	控制依据
C11	新作的调整没有以往期投资回报情况作为依据，而是盲目调整，导致子公司后续发展出现问题；调整策略过于激进或过于保守，不切实际，忽视客观情况，导致调整内容无法实现或无法提升子公司发展水平	确保对子公司的进一步发展作出基于客观情况的妥善调整	1. 加强对子公司战略层面的调整与把控，进一步明确其总体发展目标 2. 根据情况对子公司的决策层人员、规章制度、生产经营方式等提出调整建议 3. 继续加强对子公司的监督与控制，提升其发展水平	每年	职责分工	总经理	"企业总经办工作制度""企业子公司投资管控制度"

第 2 章

发展战略

2.1　发展战略的制定流程

2.1.1　企业内外部影响因素分析流程与内部控制矩阵

1.　企业内外部影响因素分析流程

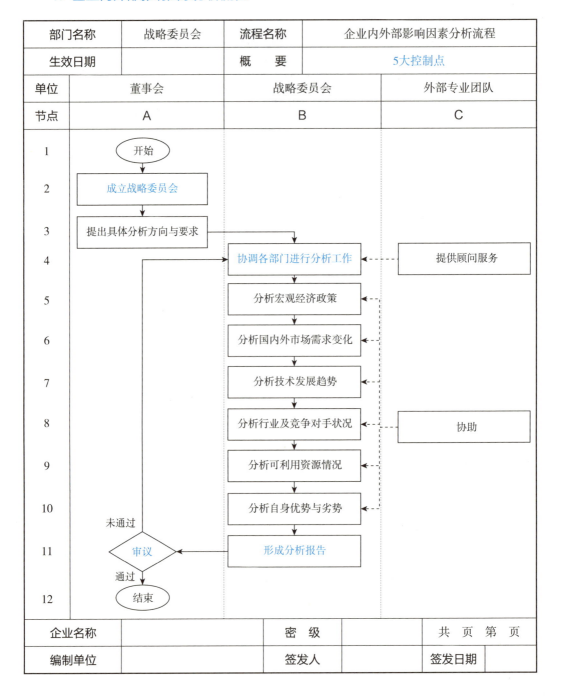

部门名称	战略委员会	流程名称	企业内外部影响因素分析流程
生效日期		概　要	5大控制点

（流程图）

| 企业名称 | | 密　级 | | 共　页　第　页 |
| 编制单位 | | 签发人 | | 签发日期 |

2. 企业内外部影响因素分析内部控制矩阵

控制点	风险描述	控制目标	内控要求				
			控制措施	控制频率	控制类型	责任部门（岗）	控制依据
A2	未成立战略委员会或指定相关机构负责发展战略管理工作，导致发展战略制定工作没有统一规划，没有专人负责	确保发展战略制定工作有对应的机构和人员统一管理	1. 在董事会下设立战略委员会，或指定相关机构负责发展战略管理工作，履行相应职责 2. 要求企业各层级对发展战略相关工作给予高度重视和大力支持，在人力资源配置、组织机构设置等方面提供必要的保证	按需不定期	职责分工	董事长	"企业章程""董事会议事规则"
B4	战略委员会不统一协调各相关部门，导致分析工作无统一标准	确保各部门在战略委员会的统一指挥下开展分析工作，减少工作的混乱性和盲目性	1. 制定统一的工作标准和要求，与各部门人员充分沟通，确保任务思想传达到位 2. 加强对分析工作的监督，时刻关注分析工作的进程	每日	职责分工	战略委员会主席	"企业章程""战略委员会工作办法"
C4	未对外部专业团队进行充分的调查、研究，导致团队专业能力不匹配，影响分析工作进程	确保为外部专业团队分析工作带来实际的帮助	1. 加强对外部专业团队的前期考察，与其签订完善的合作协议 2. 加强对外部专业团队的工作监督，确保其按要求工作，并有所产出	按需不定期	职责分工	战略委员会主席	"企业章程""战略委员会工作办法""合作协议"

控制点	风险描述	控制目标	内控要求				
			控制措施	控制频率	控制类型	责任部门（岗）	控制依据
B11	分析报告不专业、不准确，没有指导意义	严格审核分析报告，确保分析报告专业、准确，指导性强	1．提前设置分析报告的编制规范，确保分析报告内容完整、格式正确 2．强化对分析报告的审核标准，若内容没有指导性，则请相关人员重做报告甚至重新分析	按需不定期	关键绩效指标	战略委员会主席	"企业章程""战略委员会工作办法"
A11	未按要求对分析报告进行审议，导致企业内外部影响因素分析工作没有达到实际效果，或通过了错误的分析结果，导致后期发展战略定位出现偏差	确保分析报告按照程序进行审议，且最终关于分析结果的判断符合企业实际情况	1．严格按照董事会工作程序进行审议工作，遵循相关工作规范 2．建立健全审议工作机制，确保审议工作的公平性和严谨性	按需不定期	授权及审批	董事长	"企业章程""董事会议事规则"

2.1.2　企业发展战略制定流程与内部控制矩阵

企业发展战略
规划书模板

1. 企业发展战略制定流程

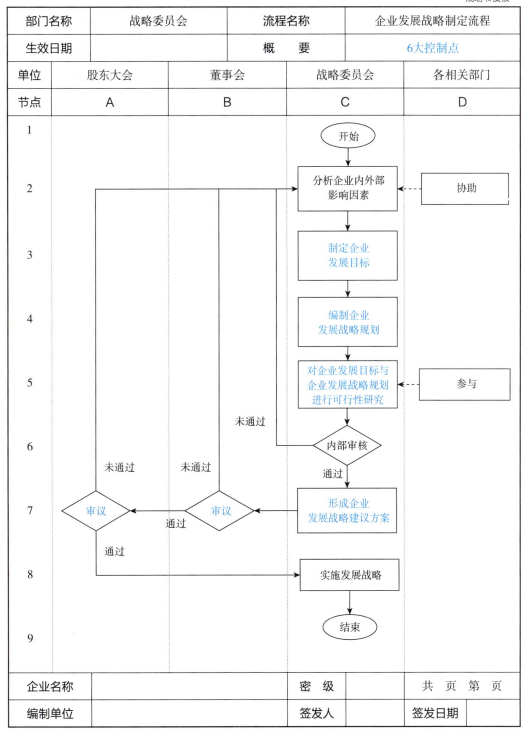

部门名称	战略委员会		流程名称		企业发展战略制定流程
生效日期			概　要		6大控制点
单位	股东大会	董事会		战略委员会	各相关部门
节点	A	B		C	D

（流程图）

1　开始

2　分析企业内外部影响因素　←　协助

3　制定企业发展目标

4　编制企业发展战略规划

5　对企业发展目标与企业发展战略规划进行可行性研究　←　参与

6　内部审核（未通过／通过）

7　审议　审议（未通过／通过）　形成企业发展战略建议方案

8　实施发展战略

9　结束

企业名称		密　级		共　页　第　页
编制单位		签发人	签发日期	

2. 企业发展战略制定内部控制矩阵

控制点	风险描述	控制目标	内控要求				
			控制措施	控制频率	控制类型	责任部门（岗）	控制依据
C3	企业发展目标制定得不合理、不切实际，无法对企业生产经营提供正常的引导作用	确保企业发展目标符合企业实际	1. 确保企业发展目标与企业主营业务紧密贴合 2. 遵循市场规律，不将企业发展目标制定得过于激进或保守	按需不定期	职责分工	战略委员会主席	"企业章程""战略委员会工作办法"
C4	企业发展战略规划制定得不合理，导致不能体现企业发展的阶段性和发展程度	确保企业发展战略规划符合企业实际	制定每个发展阶段的具体目标和工作任务以及达到发展目标必经的实施路径	按需不定期	职责分工	战略委员会主席	"企业章程""战略委员会工作办法"
C5	可行性研究工作未进行，导致制定的企业发展目标和企业发展战略规划出现错误，不符合企业发展实际	确保制定的企业发展目标和企业发展战略规划都经过缜密分析和多次论证	1. 明确可行性研究的程序，确保研究论证后的结果是正确的 2. 若可行性论证未通过，不可力求通过而轻易改变程序，而应重新进行企业内外部影响因素分析	按需不定期	职责分工	战略委员会主席	"企业章程""战略委员会工作办法"

续表

控制点	风险描述	控制目标	内控要求				
			控制措施	控制频率	控制类型	责任部门（岗）	控制依据
D5	可行性研究没有邀请相关部门的专业人员参与，导致研究程序不正当，研究结果无说服力	确保各相关部门的专业人员数量都达到相应的参会比例，体现可行性研究的科学性与公正性	1. 提前设置可行性研究的人员参与要求，确保参与人员的构成是科学的 2. 要尊重各部门的意见，不能忽视来自各部门的第一手经验 3. 要保证各部门的发言权，作决策时不可武断	按需不定期	职责分工	战略委员会主席	"企业章程""战略委员会工作办法"
C7	企业发展战略建议方案内容不可取，出现明显错误，无法对决策形成有效指导	确保企业发展战略建议方案内容完整、准确，有实际指导意义	1. 提前制定好企业发展战略建议方案的编制规范，确保其内容完整、格式正确 2. 要指派有相关经验的工作人员编写企业发展战略建议方案，并注意对相关资料进行严格保密	按需不定期	审查核对	战略委员会主席	"企业章程""战略委员会工作办法"

续表

控制点	风险描述	控制目标	内控要求				
			控制措施	控制频率	控制类型	责任部门（岗）	控制依据
A7、B7	企业发展战略建议方案未经董事会及股东大会审议，或审议过程不严谨，导致最终的企业发展战略建议方案是错误的或不符合要求的	确保企业发展战略建议方案是根据企业有关规定进行严格审议而通过的	1. 遵守企业有关制度要求，按规定召开董事会与股东大会并对企业发展战略建议方案进行审议 2. 对于确实不符合要求无法通过审议的企业发展战略建议方案，要果断中止其审议流程，将有关方案退回战略委员会，责其修改、完善	按需不定期	授权及审批	各大股东、董事长	"企业章程""股东大会议事规则""董事会议事规则"

2.2　发展战略的实施流程

2.2.1　发展战略分解流程与内部控制矩阵

1. 发展战略分解流程

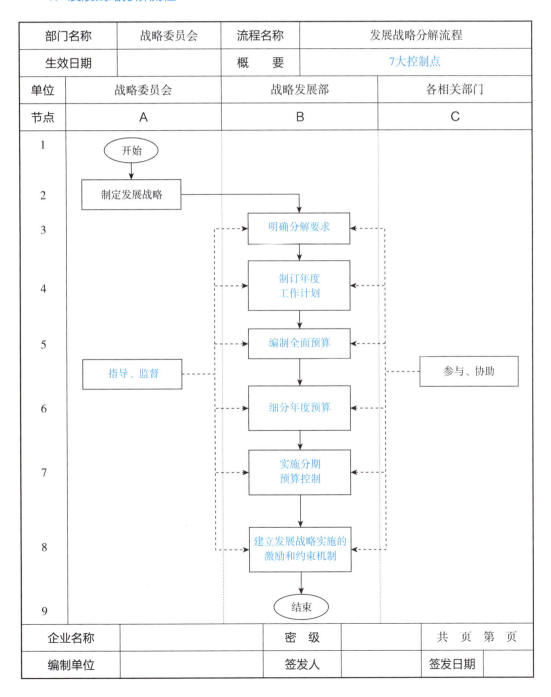

部门名称	战略委员会	流程名称		发展战略分解流程	
生效日期		概　要		7大控制点	
单位	战略委员会		战略发展部		各相关部门
节点	A		B		C

1	开始
2	制定发展战略
3	明确分解要求
4	制订年度工作计划
5	编制全面预算
	指导、监督 　 参与、协助
6	细分年度预算
7	实施分期预算控制
8	建立发展战略实施的激励和约束机制
9	结束

企业名称		密　级		共　页　第　页	
编制单位		签发人		签发日期	

2. 发展战略分解内部控制矩阵

控制点	风险描述	控制目标	内控要求				
			控制措施	控制频率	控制类型	责任部门（岗）	控制依据
B3	分解要求不明确，分解工作没有标准、没有章法，导致无法得到正确的结果，影响发展战略的实施	保证发展战略的分析工作按统一要求和标准进行	1. 制定明确的发展战略分解要求，明确工作标准 2. 明确分解工作的人员、日期等细节 3. 设置分解过程控制机制，及时跟进分解工作进度	按需不定期	关键绩效指标	战略发展部经理	"战略发展部工作制度" "发展战略分解工作规范"
B4	年度工作计划缺失或不明确、不规范，导致年度工作没有明确目标	确保年度工作计划的制订符合企业要求	1. 规范年度工作计划制订程序，确保计划制订工作符合要求 2. 强化对年度工作计划内容的审核，确保计划内容完整、准确	按需不定期	关键绩效指标	战略发展部经理	"战略发展部工作制度" "发展战略分解工作规范"
B5	全面预算编制错误或不详细，导致各部门生产经营活动无法正常开展	保证全面预算编制的准确性	要按照上下结合、分级编制、逐级汇总的原则编制全面预算，将发展目标分解并落实到产销水平、资产负债规模、收入及利润增长幅度、投资回报、风险管控、技术创新、品牌建设、人力资源建设、制度建设、企业文化、社会责任等可操作层面	按需不定期	关键绩效指标	战略发展部经理	"战略发展部工作制度" "发展战略分解工作规范"

续表

控制点	风险描述	控制目标	内控要求				
			控制措施	控制频率	控制类型	责任部门（岗）	控制依据
B6	未对年度预算进行细分或细分不合理，导致年度预算使用不合理，造成资源浪费	确保年度预算得到合理细分	要提前设置年度预算细分原则，进一步将年度预算细分为季度、月度预算	按需不定期	关键绩效指标	战略发展部经理	"战略发展部工作制度""发展战略分解工作规范"
B7	分期预算控制缺失或不恰当，导致预算使用出现阶段性问题	确保预算得到有效的分期控制	建立分期预算控制机制，通过实施分期预算控制，促进年度预算目标的实现	按需不定期	关键绩效指标	战略发展部经理	"战略发展部工作制度""发展战略分解工作规范"
B8	激励和约束机制缺失或执行不当，导致发展战略实施工作得不到有效的监督和考核	确保激励和约束机制得到有效的监督和考核	通过建立发展战略实施的激励和约束机制，将各责任单位年度预算目标完成情况纳入绩效考评体系，切实做到有奖有惩、奖惩分明，以促进发展战略的有效实施	按需不定期	关键绩效指标	战略发展部经理	"战略发展部工作制度""发展战略分解工作规范"
A3~A8	发展战略分解工作没有在战略委员会的指导与监督下进行，导致工作出现方向性、准确性问题	确保发展战略分解工作得到战略委员会的有效指导与监督	指派专人跟踪发展战略的分解工作，了解最新动态，及时接收与反馈问题并提供指导	按需不定期	职责分工	战略委员会主席	"战略发展部工作制度""战略委员会工作办法"

2.2.2　发展战略实施流程与内部控制矩阵

1. 发展战略实施流程

部门名称	战略委员会		流程名称		发展战略实施流程
生效日期			概　　要		6大控制点
单位	战略委员会		战略发展部		各相关部门
节点	A		B		C

企业名称		密　级		共　页　第　页
编制单位		签发人		签发日期

2. 发展战略实施内部控制矩阵

控制点	风险描述	控制目标	内控要求				
			控制措施	控制频率	控制类型	责任部门（岗）	控制依据
A3	企业发展战略管理制度缺失或不完善、不健全	确保企业发展战略相关工作有制度可依	1. 制定详尽、完善的企业发展战略管理制度，用以规范发展战略相关工作 2. 定期检查、梳理企业发展战略管理制度，确保其与时俱进，不断符合企业发展实际的需要	按需不定期	职责分工	战略委员会主席	"战略委员会工作办法""企业发展战略管理制度"
B5	没有培育与发展战略相匹配的企业文化，导致发展战略实施不顺畅	形成有利于发展战略实施的企业文化	向企业文化管理部门下达任务，充分利用企业文化所具有的导向、约束、凝聚、激励等作用，统一全体员工的观念和行为，促使员工共同为发展战略的有效实施而努力奋斗	每月	职责分工	战略发展部经理	"战略发展部工作制度""企业发展战略管理制度"
B6	组织结构臃肿、滞后，不适应企业发展实际，严重影响企业的生产经营	确保组织结构的设计与选择科学、合理	发展战略制定后，尽快调整、优化组织结构、业务流程、权责关系等，以适应发展战略的要求	按需不定期	职责分工	战略发展部经理	"战略发展部工作制度""企业发展战略管理制度"
B7	企业内外部资源未得到有效整合，利用率低，未发挥其应有作用，影响发展战略的实施进程	确保企业内外部资源得到有效整合	1. 科学、高效地调动和分配企业不同领域的人力、财力、物力和信息等资源来适应发展战略 2. 对拥有的资源进行优化配置，促使战略与资源之间达到高度匹配	每月	职责分工	战略发展部经理	"战略发展部工作制度""企业发展战略管理制度"

控制点	风险描述	控制目标	内控要求				
			控制措施	控制频率	控制类型	责任部门（岗）	控制依据
B8	管理方式一成不变，未根据实际情况进行调整，导致管理问题日益累积，影响发展战略的实施	确保企业管理方式与时俱进，并能够不断改善以适应企业新的发展需要	1. 要克服各种阻力，改变企业日常惯例，在管理体制、机制及管理模式等方面实施变革，由粗放、层级制管理向集约、扁平化管理转变，为发展战略的有效实施提供强有力的支持 2. 要坚持持续地评估已有管理方式，时刻注意行业内的管理信息，不断推陈出新，自我提升	按需不定期	职责分工	战略发展部经理	"战略发展部工作制度""企业发展战略管理制度"
B9	未针对企业发展战略作培训宣传工作或培训宣传不到位，导致企业内、外部对发展战略没有正确、清晰的认识	确保企业发展战略被正确、清晰的认识	1. 在企业董事、监事和高级管理人员中树立战略意识和战略思维，充分发挥其在战略制定与实施过程中的模范带头作用 2. 通过采取内部会议、培训、讲座、知识竞赛等多种行之有效的方式，把发展战略及其分解落实情况传递到内部各管理层级和全体员工，营造战略宣传的强大舆论氛围 3. 促进企业高级管理层与广大员工的沟通，使全体员工充分认清企业的发展思路、战略目标和具体举措，自觉地将发展战略与自己的具体工作结合起来，促进发展战略的有效实施	每月	职责分工	战略发展部经理	"战略发展部工作制度""企业发展战略管理制度"

2.2.3　发展战略监控、调整流程与内部控制矩阵

1.　发展战略监控、调整流程

部门名称	战略委员会	流程名称	发展战略监控、调整流程
生效日期		概　　要	5大控制点
单位	董事会	战略委员会	战略发展部
节点	A	B	C

节点		
1	开始	
2	制定发展战略	领导发展战略实施
3	监控发展战略执行	
4	定期收集和分析相关信息	
5	发现执行偏差或需要调整、升级的情况	
6	组织对发展战略实施情况的评估	收集各部门的评估报告与修订意见
7	提出修订后的发展战略规划草案	
8	未通过　审议　通过　对修订后的发展战略规划草案进行评估、论证	参与
9	下发各战略执行单位遵照执行	协调各部门执行
10	结束	

企业名称		密　级		共　页　第　页
编制单位		签发人		签发日期

2. 发展战略监控、调整内部控制矩阵

控制点	风险描述	控制目标	内控要求				
			控制措施	控制频率	控制类型	责任部门（岗）	控制依据
B4	未持续关注发展战略实施情况，没有收集到有效信息，导致无法对发展战略实施进行科学调整	确保发展战略实施过程中的各项信息都被及时收集与分析	1. 指派专人负责信息收集与分析工作 2. 设置信息收集与反馈时间节点，相关工作人员定时记录与报告	每日	关键绩效指标	战略委员会主席	"战略委员会工作办法" "企业发展战略管理制度"
B5	对发展战略实施情况不关注或对风险不敏感，未及时意识到发展战略实施的问题或转型升级的契机，导致错过调整或升级机会	确保发展战略的实施情况被时刻监督，有实施问题或调整机会能被迅速发现	1. 重点关注经济形势、产业政策、技术进步、行业竞争态势以及不可抗力等因素是否发生变化并做好记录 2. 重点关注企业内部经营管理是否发生较大变化并做好记录	每日	关键绩效指标	战略委员会主席	"战略委员会工作办法" "企业发展战略管理制度"

续表

控制点	风险描述	控制目标	内控要求				
			控制措施	控制频率	控制类型	责任部门（岗）	控制依据
B6	发现问题后未对问题进行评估或评估不到位，导致发展战略调整不切实际	确保发展战略每次调整前都能得到充分的评估	1．建立事前、事中、事后评估机制，并将重点放在实施中及实施后的评估 2．采取定性与定量相结合、财务指标与非财务指标相结合的方法，及时发现问题 3．结合战略期内每一年度工作计划和经营预算完成情况，侧重对战略执行能力和执行效果进行分析、评价 4．结合战略期末发展目标实现情况，侧重对发展战略的整体实施效果进行概括性的分析、评价，总结经验教训，并为新一轮发展战略的制定提供信息、数据和经验	按需不定期	关键绩效指标	战略委员会主席	"战略委员会工作办法""企业发展战略管理制度"
B7	发展战略规划草案不切实际，内容调整不当，没有针对性，导致发展战略调整工作没有落到实处	确保发展战略规划草案内容的完整性和有效性	1．要汇总各相关部门的意见后再提出修改后的发展战略规划草案，不可主观判断或独断专行 2．要事先设置发展战略的调整规范，确保发展战略规划草案的制定程序是正当的	按需不定期	关键绩效指标	战略委员会主席	"战略委员会工作办法""企业发展战略管理制度"

续表

控制点	风险描述	控制目标	内控要求				
			控制措施	控制频率	控制类型	责任部门（岗）	控制依据
B8	未对修订后的发展战略规划草案进行评估、论证，或评估、论证方法不当	确保修订后的发展战略规划草案得到有效评估、论证，被认定是切实可行的	1．评估、论证前明确人数、程序、时间、次数等要求 2．采用科学的评估、论证方法，确保评估、论证结果的正确性 3．加强对评估、论证过程的监督，评估、论证流程须遵守企业相关程序	按需不定期	关键绩效指标	战略委员会主席	"战略委员会工作办法" "企业发展战略管理制度"

第 3 章

人力资源

3.1　人力资源的引进及开发流程

3.1.1　年度人力资源需求计划流程与内部控制矩阵

1. 年度人力资源需求计划流程

人力资源引进
任用不当风险

部门名称	人力资源部		流程名称	年度人力资源需求计划流程
生效日期			概　　要	6大控制点
单位	董事会	总经办	人力资源部	各相关部门
节点	A	B	C	D

企业名称			密　级		共　页　第　页
编制单位			签发人		签发日期

2. 年度人力资源需求计划内部控制矩阵

控制点	风险描述	控制目标	内控要求				
			控制措施	控制频率	控制类型	责任部门（岗）	控制依据
B2	未对任务进行全面分析，未明确任务要求，导致传达给下级部门时指代不清，使得下级部门对任务理解出现偏差	确保任务被正确地理解并传达给下级部门	1. 充分理解董事会的任务要求，积极与之沟通，明确任务的各项细节 2. 充分与人力资源部沟通，向其交代清楚任务要求，并要求人力资源部准确反馈	按需不定期	职责分工	总经理	"企业总经办工作制度"
C3	没有完整或准确地收集与分析现有人力资源信息，导致信息分析出现偏差	确保收集与分析的信息完整、准确、真实	1. 建立信息收集工作办法，明确信息收集的人员、对象、频率 2. 及时检查信息更新情况，如有遗漏，及时补充	按月控制	关键绩效指标	人力资源部经理	"人力资源部工作制度"
C4	需求预测方法使用不当或操作失误，导致预测结果偏差严重	确保需求预测结果与实际需求偏差值处于合理范围内	1. 采取多种方法进行需求预测 2. 确保需求预测步骤的规范性	按需不定期	关键绩效指标	人力资源部经理	"人力资源部工作制度"

控制点	风险描述	控制目标	内控要求				
			控制措施	控制频率	控制类型	责任部门（岗）	控制依据
C5	未实际与相关用人部门进行有效沟通，仅凭预测进行需求管理，导致人力资源引进结果不符合用人部门需要	提高与用人部门的沟通效率，确保后期决策是以此为依据的，并检验预测结果	1. 充分进行人才盘点，提前了解企业各部门人力资源需求现状 2. 与各部门负责人进行有效沟通，寻找最合适的引进方式 3. 将人力资源需求预测结果与用人部门讨论，使其了解潜在的用人需求	按需不定期	关键绩效指标	人力资源部经理	"人力资源部工作制度"
C6	未将需求预测与实际需求对比分析就编制需求计划草案，导致需求计划草案不合理，不能指导人力资源年度工作	确保需求计划草案建立在需求预测与实际需求对比分析的基础上	事先设置好需求计划草案编制规范，确保编制的需求计划草案内容完整、格式规范、需求准确	按需不定期	关键绩效指标	人力资源部经理	"人力资源部工作制度"
A7、B7	年度人力资源需求计划未经总经办与董事会审批、审议或审批、审议工作敷衍了事、程序不当，导致人力资源需求计划存在未得到排查的隐患	确保人力资源需求计划经过总经办、董事会的严格审批、审议并通过	1. 明确人力资源需求计划的审批、审议工作流程，不得越级审议 2. 当总经办发现问题后，应将人力资源需求计划退回，请人力资源部修改、完善，直至总经办审批通过才能由董事会审议	按需不定期	授权及审批	董事长、总经理	"董事会议事规则""企业总经办工作制度""人力资源部工作制度"

3.1.2　高管人员引进及开发流程与内部控制矩阵

1. 高管人员引进及开发流程

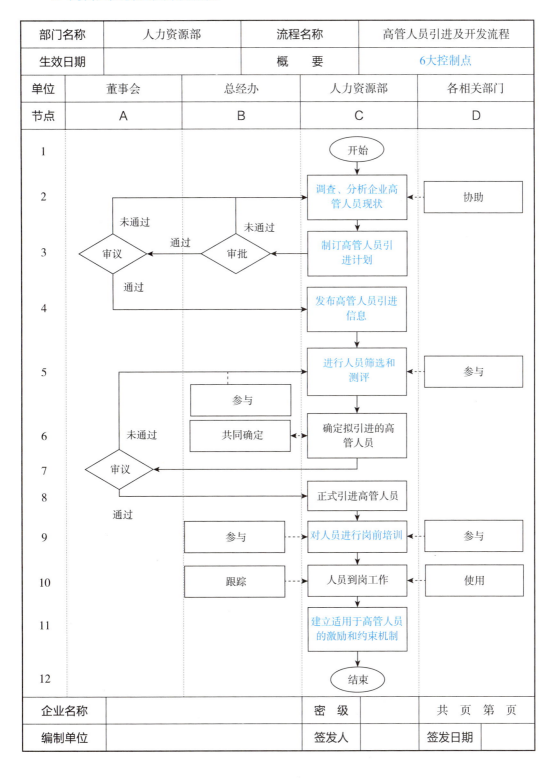

部门名称	人力资源部		流程名称	高管人员引进及开发流程
生效日期			概　要	6大控制点
单位	董事会	总经办	人力资源部	各相关部门
节点	A	B	C	D

2. 高管人员引进及开发内部控制矩阵

控制点	风险描述	控制目标	内控要求				
			控制措施	控制频率	控制类型	责任部门（岗）	控制依据
C2	未调查、分析企业高管人员现状或分析不全面，导致引进的高管人员不符合企业需要	确保引进的高管人员是企业明确需要且专业对口的	1. 事前进行详尽的人才盘点，梳理企业高管人员现状 2. 积极与管理层、各用人部门沟通，明确其实际用人需求	按需不定期	关键绩效指标	人力资源部经理	"人力资源部工作制度" "企业人力资源引进制度"
C3	未制订高管人员引进计划或计划制订不完善、不合理，不符合企业发展战略需要，不符合企业当前和长远需要，导致高管人员引进工作开展不顺利	确保高管人员引进计划详尽、完善、合理、符合实际	1. 严格遵循企业有关规定并编制高管人员引进计划 2. 高管人员引进计划须经过总经办的审批，审批通过后由董事会审议，审议通过后方可正式发布信息	按需不定期	职责分工	人力资源部经理	"人力资源部工作制度" "企业人力资源引进制度"
C4	对外信息发布不及时、不准确或发布渠道不合理，导致高管人员引进信息未受到充分关注	确保高管人员人才引进信息受到充分关注，收获足够多的候选人	1. 指派专人负责信息发布工作，并做好跟踪记录，及时检查相关工作 2. 事前针对高管人员特性确定恰当的信息发布渠道，确保信息不漏发、不滥发 3. 适当在特定渠道进行高管人员人才引进宣传，提高企业的知名度	每日	关键绩效指标	人力资源部经理	"人力资源部工作制度" "企业人力资源引进制度"

续表

控制点	风险描述	控制目标	内控要求				
			控制措施	控制频率	控制类型	责任部门（岗）	控制依据
C5	人员筛选和测评流程不公正、不专业，导致无法筛选出真正符合需求的人员	确保筛选过程的公正、合理，确保筛选结果满足需要	1. 设置正确的筛选条件。引进的高管人员必须对企业所处行业及其在行业的发展定位，优、劣势等有足够的认知，对企业的文化和价值观有充分的认同 2. 设置合理的门槛。引进的高管人员必须具有全局性的思维，对全局性的重大事项进行谋划的能力；必须具有解决复杂问题的能力；必须具有综合分析能力和敏锐的洞察力，广阔的思路和前瞻性、宽广的胸怀等；必须精明强干并具备奉献精神。在引进高管人员过程中，还要坚持重真才实学，不唯学历的筛选标准	按需不定期	关键绩效指标	人力资源部经理	"人力资源部工作制度""企业人力资源引进制度"
C9	未对引进的人员进行岗前培训或岗前培训不充分、不合理、不适配，导致引进的人员无法及时适应工作	确保引进的高管人员在上岗前经过充分的培训，能够适应岗位工作	1. 事先制订详尽的岗前培训计划，并根据实际人员情况作适当调整 2. 根据各高管人员所任岗位特性，开展有针对性的差异化培训，培训内容主要有岗位技能、企业规章制度、企业文化等 3. 必要时可聘请外部专家参与培训工作	按需不定期	关键绩效指标	人力资源部经理	"人力资源部工作制度""企业人力资源引进制度"

续表

控制点	风险描述	控制目标	内控要求				
			控制措施	控制频率	控制类型	责任部门（岗）	控制依据
C11	未创建适用于高管人员的激励和约束机制或激励和约束机制不合理，导致高管人员无法在相应岗位发挥应有作用，影响人才引进工作的质量	确保引进的高管人员在相应岗位得到合理的激励与恰当的约束，发挥其应有作用	1. 详细了解引进的高管人员的特点及其岗位职责，并结合企业发展实际，制定合理的激励与约束机制 2. 定期跟踪引进的高管人员的工作情况，与其进行沟通，询问其对激励与约束机制的建议，以便调整	每月	职责分工	人力资源部经理	"人力资源部工作制度""企业人力资源引进制度"

3.1.3　专业技术人员引进及开发流程与内部控制矩阵

1. 专业技术人员引进及开发流程

部门名称	人力资源部	流程名称		专业技术人员引进及开发流程	
生效日期		概　要		7大控制点	
单位	总经办		人力资源部		各相关部门
节点	A		B		C

企业名称		密　级		共　页　第　页	
编制单位		签发人		签发日期	

2. 专业技术人员引进及开发内部控制矩阵

控制点	风险描述	控制目标	内控要求				
			控制措施	控制频率	控制类型	责任部门（岗）	控制依据
B2	未调查、分析企业专业技术人员现状或分析不全面，导致引进的专业技术人员不符合企业实际需要	确保引进前对企业专业技术人员现状有充分的了解	1. 事前进行专业技术人员信息收集，梳理企业专业技术人员现状 2. 分析企业当前专业技术人员的种类、数量、专业等级、人员分布等信息	按需不定期	关键绩效指标	人力资源部经理	"人力资源部工作制度" "企业人力资源引进制度"
B4	未与各用人部门进行详细沟通，而盲目以数据分析的结果为准，导致引进的企业专业技术人员不符合相关部门实际需要	确保引进的企业专业技术人员符合各用人部门实际需求	与各用人部门进行充分沟通，制定企业专业技术人员引进表单并请相关部门负责人查看	按需不定期	关键绩效指标	人力资源部经理	"人力资源部工作制度" "企业人力资源引进制度"
B5	未制定企业专业技术人员引进计划或计划内容不能满足企业当前实际生产经营需要，导致企业专业技术人员引进工作开展不顺利	确保企业专业技术人员引进计划详尽、完善、合理、符合实际	1. 严格遵循企业有关规定并编制企业专业技术人员引进计划 2. 企业专业技术人员引进计划须经过总经办的审批，审批通过后方可正式对外发布	按需不定期	职责分工	人力资源部经理	"人力资源部工作制度" "企业人力资源引进制度"

续表

控制点	风险描述	控制目标	内控要求				
			控制措施	控制频率	控制类型	责任部门（岗）	控制依据
B6	人员引进信息对外发布不及时、不准确或发布渠道不合理，导致人员引进信息未受到充分关注	确保人员引进信息受到充分关注，收获足够多的候选人	1. 指派专人负责人员引进信息发布工作，并做好跟踪记录，由相关工作领导及时检查 2. 事前针对企业专业技术人员特性确定恰当的人员引进信息发布渠道，确保信息不漏发、不滥发 3. 适当在特定渠道进行人员引进宣传，提升企业和引进计划的知名度	每日	关键绩效指标	人力资源部经理	"人力资源部工作制度""企业人力资源引进制度"
B7	人员筛选和测评流程不专业，筛选要求设置不合理，导致没有筛选到真正合适的人员	确保筛选过程的专业性、合理性，确保筛选结果满足企业需要	1. 要注重企业专业技术人员的专业素质、科研能力 2. 要关注企业专业技术人员的道德素质、协作精神以及对企业价值观和文化的认同感 3. 要重点关注企业专业技术人员的事业心、责任感和使命感	按需不定期	关键绩效指标	人力资源部经理	"人力资源部工作制度""企业人力资源引进制度"
B8	未对引进的人员进行岗前培训或培训不充分、不合理、不适配，导致引进的企业专业技术人员无法及时适应工作	确保引进的企业专业技术人员在上岗前经过充分的岗前培训	1. 事先制订详尽的培训计划，并根据实际人员情况作适当调整 2. 必要时可聘请外部专家参与培训工作	按需不定期	关键绩效指标	人力资源部经理	"人力资源部工作制度""企业人力资源引进制度"

控制点	风险描述	控制目标	内控要求				
			控制措施	控制频率	控制类型	责任部门（岗）	控制依据
C9	未给企业专业技术人员提供技术升级与创新方面的帮助，导致其专业技术水平停滞不前	确保引进的企业专业技术人员的发展得到有效保障	注重技术知识的持续更新，紧密结合企业技术攻关及新技术、新工艺和新产品开发来开展各种专题培训等继续教育，帮助企业专业技术人员不断补充、拓宽、深化和更新专业技术知识	每月	职责分工	人力资源部经理	"人力资源部工作制度""企业人力资源引进制度"

3.1.4　一般员工引进及开发流程与内部控制矩阵

1.　一般员工引进及开发流程

部门名称	人力资源部	流程名称		一般员工引进及开发流程
生效日期		概　　要		6大控制点
单位	总经办	人力资源部		各相关部门
节点	A	B		C

节点	流程图
1	开始
2	审查年度人力资源计划
3	分析企业生产经营情况
4	分析各用人部门实际用人需求　←　协助
5	审批（未通过）　←　编制一般员工招聘计划
6	对外发布招聘信息（通过）
7	进行人员筛选和测评　←　参与、协助
8	录用人员并培训　→　使用人员
9	指导　→　完善人员考评、激励机制／加强岗位培训，拓展员工技能
10	结束／善待员工，保障员工权益

企业名称		密　级		共　页　第　页
编制单位		签发人		签发日期

2．一般员工引进及开发内部控制矩阵

控制点	风险描述	控制目标	内控要求				
			控制措施	控制频率	控制类型	责任部门（岗）	控制依据
B4	未做人员需求分析就盲目地进行人员引进，导致人员冗余与资源浪费	确保引进的一般员工是企业明确需要、专业对口的	1．事前仔细审查企业的用人计划与企业经营现状 2．做好定岗、定员、定编工作，规范各部门的岗位设置 3．积极与各用人部门沟通，明确其实际用人需求	每月	关键绩效指标	人力资源部经理	"人力资源部工作制度" "企业人力资源引进制度"
B5	未编制一般员工招聘计划或一般员工招聘计划不符合生产经营的实际需要，导致一般员工招聘工作进行不畅	确保一般员工招聘计划详尽、完善、合理、符合实际	1．根据年度人力资源计划和生产经营的实际需要，编制一般员工招聘计划 2．一般员工招聘计划须经过总经办的审批，审批通过后方可正式对外发布	按需不定期	关键绩效指标	人力资源部经理	"人力资源部工作制度" "企业人力资源引进制度"
B7	人员筛选和测评流程不公正、不专业，导致无法筛选出真正符合企业需求的人员	确保筛选过程的公正性、合理性，确保筛选结果满足企业需要	1．设置合理的筛选条件与门槛，准备好笔试、面试问题 2．根据实际情况，灵活选择社会招聘、校园招聘等方式，通过线下、线上等途径进行人员招聘	按需不定期	关键绩效指标	人力资源部经理	"人力资源部工作制度" "企业人力资源引进制度"

续表

控制点	风险描述	控制目标	内控要求				
			控制措施	控制频率	控制类型	责任部门（岗）| 控制依据
B8	未对录用的员工进行岗前培训，导致录用的人员无法及时适应工作	确保录用的员工能够尽快上岗开展工作	1．开展岗前培训，岗前培训可邀请所有新员工一起参加，集中进行企业文化、职业道德、安全意识等方面的培训 2．协同各部门对录用的员工进行适职培训，确保录用能尽快开展工作	按需不定期	关键绩效指标	人力资源部经理	"人力资源部工作制度" "企业人力资源引进制度"
B9	未建立完善的人员考评和激励机制，导致员工疏于职守、消极怠工等	规范人员考评机制，完善人员激励机制，确保员工发挥其应有价值并得到自我认同	1．对员工开展培训时要强调企业规章制度，强化员工责任意识 2．加强企业制度建设，弥补相关制度缺陷	每月	关键绩效指标	人力资源部经理	"人力资源部工作制度" "企业人力资源引进制度"
C10	违规使用员工，忽视法律风险，容易引发员工与企业的冲突，为企业带来负面影响	确保员工权益得到保障，为企业带来更多效益	善待员工，在最低工资标准、保险保障标准等方面严格按照国家或地区的要求办理，努力营造宽松的工作环境	每月	职责分工	人力资源部经理	"人力资源部工作制度" "企业人力资源引进制度"

3.2 人力资源的使用与退出流程

3.2.1 业绩考核管理流程与内部控制矩阵

1. 业绩考核管理流程

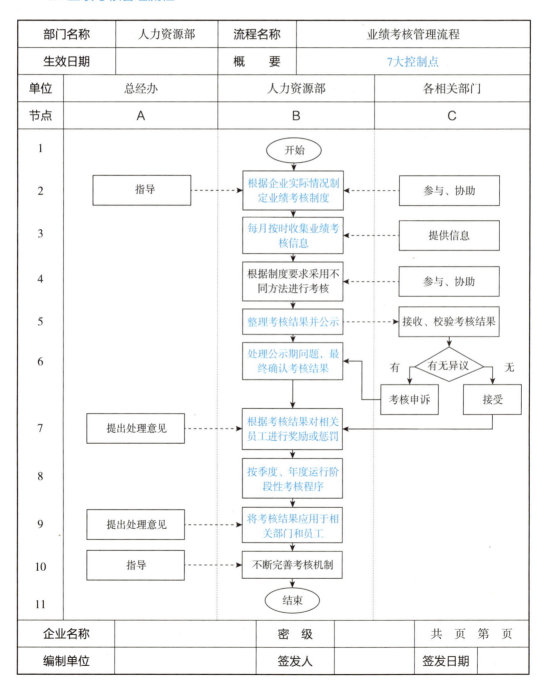

部门名称	人力资源部	流程名称	业绩考核管理流程
生效日期		概　要	7大控制点

单位	总经办	人力资源部	各相关部门
节点	A	B	C
1		开始	
2	指导	根据企业实际情况制定业绩考核制度	参与、协助
3		每月按时收集业绩考核信息	提供信息
4		根据制度要求采用不同方法进行考核	参与、协助
5		整理考核结果并公示	接收、校验考核结果
6		处理公示期问题，最终确认考核结果	有无异议　有　考核申诉　无　接受
7	提出处理意见	根据考核结果对相关员工进行奖励或惩罚	
8		按季度、年度运行阶段性考核程序	
9	提出处理意见	将考核结果应用于相关部门和员工	
10	指导	不断完善考核机制	
11		结束	

企业名称		密　级		共　页　第　页
编制单位		签发人		签发日期

2. 业绩考核管理内部控制矩阵

控制点	风险描述	控制目标	内控要求				
			控制措施	控制频率	控制类型	责任部门（岗）	控制依据
B2	业绩考核制度缺失或不完善、不合理，导致业绩考核工作执行不畅	确保业绩考核工作有制度可依	1. 在总经办及各相关部门的参与、协助下，制定业绩考核制度 2. 视需要及时修订业绩考核制度，使其符合企业发展需要	按需不定期	职责分工	人力资源部经理	"人力资源部工作制度" "企业总经办工作制度"
B3	收集到的业绩考核信息不完整、不准确、不及时，导致考核结果不公正	确保收集到的业绩考核信息完整、准确、及时	1. 规定业绩考核信息收集的时间与人员，强化相关人员责任意识 2. 加强对收集到的业绩考核信息的审查力度	每月	关键绩效指标	人力资源部经理	"人力资源部工作制度" "企业员工业绩考核制度"
B5	考核结果未按要求公示或以其他形式告知企业员工，导致考核结果不公开、不透明	确保每次考核结果都得到公示，受到企业员工的检验	1. 设置合理的公示期，并在公示期内受理企业员工的申诉 2. 反复审查数据，公示正确的内容	每月	关键绩效指标	人力资源部经理	"人力资源部工作制度" "企业员工业绩考核制度"
B6	未处理或未妥善处理公示期问题，引发员工不满，导致业绩考核公信力下降	妥善解决业绩考核问题，提高考核部门的公信力	1. 设置科学、合理的业绩申诉程序，按程序解决员工的业绩考核问题 2. 将有异议处理后的结果和无异议的结果再次整理，形成最终业绩考核结果，并请相关部门确认	每月	关键绩效指标	人力资源部经理	"人力资源部工作制度" "企业员工业绩考核制度"

控制点	风险描述	控制目标	内控要求				
			控制措施	控制频率	控制类型	责任部门（岗）	控制依据
B7	未按考核结果对相关员工进行奖励或惩罚，导致业绩考核工作的激励与约束作用下降	确保表现优秀的员工得到应有的奖励，表现差的员工受到适当的惩罚	1. 强化考核结果与奖惩的因果关系，使员工明确业绩考核的作用 2. 规范奖励与惩罚的标准，避免员工出现懈怠或抵触情绪	每月	关键绩效指标	人力资源部经理	"人力资源部工作制度""企业员工业绩考核制度"
B8	季度、年度考核程序缺失或对其不重视，导致业绩考核没有阶段性，激励性不强，无法完全发挥考核应有的作用	确保季度、年度的阶段性考核程序有效运行	1. 规范阶段性考核的程序，并设置区别于月度考核的处理方法 2. 加强阶段性考核程序对员工薪资、晋升等方面的影响，以此激励和约束员工	每年	关键绩效指标	人力资源部经理	"人力资源部工作制度""企业员工业绩考核制度"
B9	未根据考核结果对相关部门和员工进行阶段性的奖励或惩罚，导致员工工作失去目标与动力，影响企业运作效率	确保一定阶段内相关部门和员工因其工作表现得到恰当的奖励或受到适当的惩罚	将阶段性的奖惩与除工资外的晋升、福利等联系起来，刺激员工的工作积极性	每年	关键绩效指标	人力资源部经理	"人力资源部工作制度""企业员工业绩考核制度"

3.2.2 薪酬激励管理流程与内部控制矩阵

1. 薪酬激励管理流程

部门名称	人力资源部		流程名称	薪酬激励管理流程
生效日期			概　要	5大控制点
单位	总经办	薪酬委员会	人力资源部	各相关部门
节点	A	B	C	D

企业名称		密　级		共　页　第　页
编制单位		签发人		签发日期

2. 薪酬激励管理内部控制矩阵

控制点	风险描述	控制目标	内控要求				
			控制措施	控制频率	控制类型	责任部门（岗）	控制依据
C3	企业薪酬激励体系缺失或不完善、不合理，导致薪酬管理工作执行不畅	确保薪酬管理工作有制度可依、有规范可循	在充分研究企业部门与人员结构后，设计包含分配制度、激励制度、福利政策等在内的企业薪酬激励体系	按需不定期	职责分工	人力资源部经理	"人力资源部工作制度""企业薪酬激励体系"
C7	薪酬分配未按规定进行或薪酬分配不合理，引起员工不满，打击员工积极性	强化薪酬分配对员工的激励作用，确保员工得到公平的对待	1. 规范薪酬分配的程序，严格遵守企业有关制度进行 2. 加强分配前的审核、审查，确保分配结果准确无误 3. 及时进行薪酬分配，避免工资拖欠	每月	关键绩效指标	人力资源部经理	"人力资源部工作制度""企业薪酬激励体系"
C9	未按规定向员工发放相关福利，导致员工不满，甚至引发法律纠纷	确保员工应得的福利按时发放	1. 明确规定福利的内容、发放形式、发放时间等 2. 遵循相关制度，按时发放福利 3. 加强对福利发放前的审查，确保福利内容准确无误	每月	关键绩效指标	人力资源部经理	"人力资源部工作制度""企业薪酬激励体系"

续表

控制点	风险描述	控制目标	内控要求				
			控制措施	控制频率	控制类型	责任部门（岗）	控制依据
C10	未对企业薪酬激励体系的运作情况进行监控或关注度不够，导致不能及时发现体系漏洞，不能及时解决员工切身关心的问题	确保企业薪酬激励体系得到有效监控，避免或减少因关注度不够导致员工积极性下降	1．设立监控程序，指派专人对体系的运作情况进行监控，并做好记录，及时反馈存在的问题 2．加强对相关人员责任意识的培养，提升其工作上的全局意识和统筹意识 3．按时检查相关人员的监控记录，确保其切实地履行职责	按需不定期	审查核对	人力资源部经理	"人力资源部工作制度""企业薪酬激励体系"
C11	忽视对已有企业薪酬激励体系的调整、升级，未发现体系不适应企业实际发展的情况，导致体系已无法正常发挥其应有的激励与约束作用，影响企业员工的工作心态，导致企业正常生产经营受到不必要的干扰	推动企业薪酬激励体系不断调整、升级，不断适应企业实际发展需要，具备很强的激励和约束作用	1．建立企业薪酬激励体系优化程序，在定时检查的基础上，对其进行优化 2．不断调整监控方向和监控内容，随之不断调整优化方向与内容 3．严格审查所有薪酬数据，监督相关人员的工作情况，确保企业薪酬激励体系健康运行	按需不定期	职责分工	人力资源部经理	"人力资源部工作制度""企业薪酬激励体系"

3.2.3　调整岗位工作流程与内部控制矩阵

1.　调整岗位工作流程

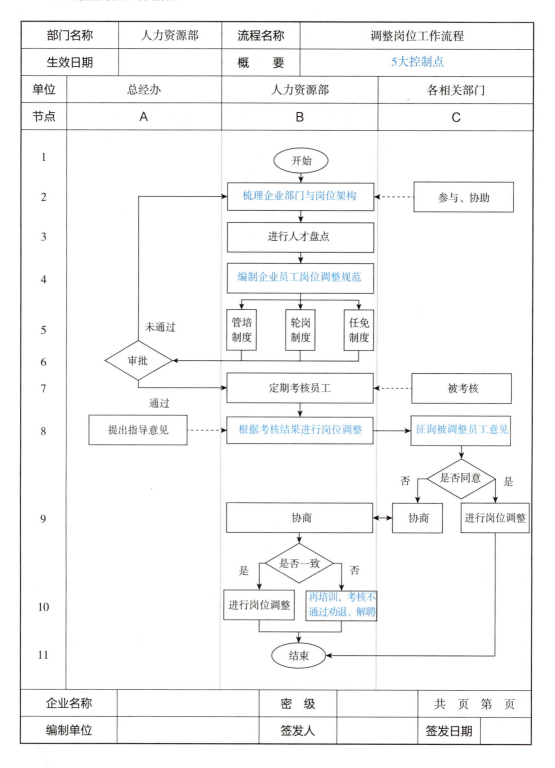

部门名称	人力资源部		流程名称	调整岗位工作流程	
生效日期			概　要	5大控制点	
单位	总经办		人力资源部		各相关部门
节点	A		B		C

企业名称 ｜ ｜ 密　级 ｜ ｜ 共　页　第　页

编制单位 ｜ ｜ 签发人 ｜ ｜ 签发日期

2. 调整岗位工作内部控制矩阵

控制点	风险描述	控制目标	内控要求				
			控制措施	控制频率	控制类型	责任部门（岗）	控制依据
B2	未对企业现有部门与岗位架构有全面认识，不了解企业部门与岗位配置情况，盲目地开展岗位调整工作，导致调整结果不合理，起到反作用	确保岗位调整工作是建立在对企业部门与岗位架构有深刻认识的前提下的	1. 制定详细的梳理方案，明确时间、人员、方向、内容、方式等，全面地梳理企业现状 2. 与各相关部门紧密配合，加强梳理工作的规范性与公开性	按需不定期	职责分工	人力资源部经理	"人力资源部工作制度"
B4	未编制企业员工岗位调整规范或企业员工岗位调整规范不合理、不完善，导致岗位调整工作没有规范可依，盲目进行，没有起到应用的效果	提高岗位调整工作的规范性，确保岗位调整工作有规章制度可依、可循	1. 事先明确企业员工岗位调整规范的编制要求，按要求编制内容完整、符合要求的企业员工岗位调整规范 2. 将企业员工岗位调整规范送审，审核通过后方可执行	按需不定期	职责分工	人力资源部经理	"人力资源部工作制度" "企业员工岗位调整规范"
B8	没有考核结果做支撑，盲目地进行岗位调整，导致岗位调整结果不合理，影响岗位调整效果	确保岗位调整是在长期的绩效考核这一实际依据下进行的	1. 依据企业员工岗位调整规范来开展工作 2. 加强对岗位调整工作的监督，提高工作人员的责任意识 3. 加强对考核结果的审查，遵循企业薪酬激励体系有关规定，合理地使用考核结果	按需不定期	职责分工	人力资源部经理	"人力资源部工作制度" "企业员工岗位调整规范"

控制点	风险描述	控制目标	内控要求				
			控制措施	控制频率	控制类型	责任部门（岗）	控制依据
C8	未充分与被调整员工沟通，不尊重被调整员工意见，导致被调整员工对调整结果不满意，引发纠纷	确保岗位调整是在与被调整员工充分沟通、双方协商一致的情况下进行的	1. 加强与被调整员工的沟通，充分听取其意见 2. 向被调整员工解释说明岗位调整的原因与目的，以获得被调整员工理解 3. 可与被调整员工签订相关协议，保证被调整员工与企业双方权益	按需不定期	职责分工	人力资源部经理	"人力资源部工作制度""企业员工岗位调整规范"
B10	与员工协商不一致对其做劝退、解聘等处理时，未遵守国家相关规定，违法违规地劝退员工，引发纠纷，影响企业形象，给企业带来损失	确保劝退、解聘等程序符合相关规定，避免因忽视法律规定而给企业带来损失	1. 严格遵守企业规章制度和国家法律规定，合法地劝退或解聘员工 2. 根据法律规定需要对员工进行赔偿的，要对其进行赔偿 3. 根据员工岗位重要性须与其签订诸如竞业禁止等有关协议的，必须与其签订有关协议	按需不定期	职责分工	人力资源部经理	《中华人民共和国劳动法》《中华人民共和国劳动合同法》"企业员工岗位调整规范"

3.2.4　人力资源退出流程与内部控制矩阵

1.　人力资源退出流程

部门名称	人力资源部		流程名称		人力资源退出流程
生效日期			概　要		6大控制点
单位	总经办	人力资源部		法务部	各相关部门
节点	A	B		C	D

企业名称			密　级		共　页　第　页
编制单位			签发人		签发日期

2. 人力资源退出内部控制矩阵

控制点	风险描述	控制目标	内控要求				
			控制措施	控制频率	控制类型	责任部门（岗）	控制依据
B3	人力资源退出标准与机制未建立或不完善、不合理，导致人力资源退出流程不畅	确保人力资源退出工作有制度、规范、标准可遵循	调查企业现状，研究法律法规，指派专门人员或团队，建立起完善的人力资源退出标准与机制，使人力资源退出标准与机制程序化、公开化，有效消除人力资源退出时可能造成的不良影响	按需不定期	职责分工	人力资源部经理	"人力资源部工作制度"
B4	未将退出标准与机制纳入企业文化之中，导致人力资源退出从计划到操作不能获得员工的理解与支持	营造有关退出机制的企业文化，使得退出标准与机制深入人心	1．将退出标准与机制纳入企业文化，在企业员工手册、各类活动上进行宣传 2．加强对退出标准与机制文化氛围的营造，对员工心理预期进行科学的引导	按需不定期	职责分工	人力资源部经理	"人力资源部工作制度"
B5	人力资源退出标准与机制未以科学的绩效考核机制为前提，导致退出程序、退出对象、退出方式不合理，引发纠纷	确保企业人力资源退出标准与机制更加公平、公正，确保员工退出有依据	1．严格遵循企业绩效考核制度，规范考核程序，正确对待考核结果 2．定期统计绩效考核结果，根据绩效考核数据决定员工是否退出	每月	职责分工	人力资源部经理	"人力资源部工作制度"

续表

控制点	风险描述	控制目标	内控要求				
			控制措施	控制频率	控制类型	责任部门（岗）	控制依据
B7	相关人员退出方式选择不合理，导致退出机制不能实现人力资源的优化配置和战略目标	确保相关人员退出的方式正确、合理	1. 要通过自愿离职、再次创业、停职待命、提前退休、离岗转岗等途径，让不适合企业战略或流程的员工直接或间接地退出，让更优秀的人员充实相应的岗位 2. 要在企业总经办的指导和建议下确定被退出人选，并视情况选择适当的退出方式	按需不定期	职责分工	人力资源部经理	"人力资源部工作制度"
B9	退出时未按国家法律法规有关规定对员工做好退出保障赔偿，引发劳动关系纠纷	确保所有员工的退出程序都是合法的	1. 退出方案要根据相关法律的规定制定，要通过书面材料记录员工相关行为，使员工退出具有充分证据 2. 要和劳动部门做好沟通，并按法律法规有关要求给予退出员工相应补偿	按需不定期	审查核对	人力资源部经理	《中华人民共和国劳动法》《中华人民共和国劳动合同法》"人力资源部工作制度"
D9	对于服务期内员工、保密部门员工、存在竞业禁止关系的员工，未与之签订相关协议，可能给企业带来损失	确保特殊类型的员工退出时，员工和企业的权益都得到保障	与特殊类型的员工签订协议，清算双方权利与义务	按需不定期	审查核对	人力资源部经理	《中华人民共和国劳动法》《中华人民共和国劳动合同法》"人力资源部工作制度"

第 4 章

社会责任

4.1 安全生产管理流程

4.1.1 制度、规范、预案建设流程与内部控制矩阵

1. 制度、规范、预案建设流程

部门名称	安全部		流程名称		制度、规范、预案建设流程
生效日期			概　要		7大控制点
单位	董事会	总经办		安全部	各相关部门
节点	A	B		C	D

企业名称			密　级		共　页　第　页
编制单位			签发人		签发日期

2. 制度、规范、预案建设内部控制矩阵

控制点	风险描述	控制目标	内控要求				
			控制措施	控制频率	控制类型	责任部门（岗）	控制依据
A2	未确定安全生产的责任部门，导致安全生产管理工作混乱，落实不到位	确保安全生产管理工作有明确的责任部门指引	1. 在会议上明确规定或者设立责任部门，负责企业安全生产的日常监督管理工作 2. 明确该部门的具体职责以及主要负责人	按需不定期	职责分工	董事长	"董事会议事规则"
C3	对企业生产情况没有清晰、完整的认识，对生产人员、设备、流程、工艺等不完全熟悉，导致后续安全生产管理有漏洞	确保对企业生产相关工作有完整、清晰、正确的认识与了解	1. 各部门负责人梳理本部门工作流程和工作规范，加强对本部门工作的了解，排除认知死角 2. 指定专人定期汇报生产一线情况，确保对生产部门的管理不是流于形式、止于制度层面的	每月	审查核对	安全部经理	"安全部工作制度"
C4	安全生产操作规范缺失或不完善、不合理，导致相关部门在实际工作中无法对安全生产管理工作提供指导	确保安全生产操作规范内容完整、规定具体、条理清晰，对生产实际有指导作用	1. 明确安全生产操作规范的编写人员、内容、编写程序、审查程序等，确保该规范从编制程序上是正当、规范的 2. 加强对安全生产操作规范编写阶段的监督和审查	按需不定期	职责分工	安全部经理	《中华人民共和国安全生产法》"安全部工作制度"

控制点	风险描述	控制目标	内控要求				
			控制措施	控制频率	控制类型	责任部门（岗）	控制依据
C5	安全生产责任追究制度缺失或不完善、不合理，导致相关部门在实际工作中无法对安全生产管理工作提供指导	确保安全生产责任追究制度完整、准确、科学、合理	1．明确安全生产责任追究制度的编写人员、内容、编写程序、审查程序等，确保该制度在编制程序上是正当、规范的 2．加强对安全生产责任追究制度编写阶段的监督和审查	按需不定期	职责分工	安全部经理	《中华人民共和国安全生产法》"安全部工作制度"
C6	安全事故应急预案缺失或不完善、不合理，导致相关部门在实际工作中无法对安全生产管理工作提供指导	确保安全事故应急预案内容完整、合理	1．明确安全事故应急预案的编写人员、内容、编写程序、审查程序等，确保该预案从编制程序上是正当、规范的 2．加强对安全事故应急预案编写阶段的监督和审查	按需不定期	职责分工	安全部经理	《中华人民共和国安全生产法》"安全部工作制度"
C8	企业对安全生产不重视，相关资源投入较少，导致安全生产工作受阻或难以实现	确保企业对安全生产的投入满足相关需要	1．重视安全生产投入，在人力、物力、资金、技术等方面提供必要的保障，健全检查与监督机制，确保各项安全措施落实到位，不得随意降低保障标准和要求 2．重视安全生产投入，将员工的生命安全视为头等大事，加大安全生产的技术革新力度	每月	职责分工	安全部经理	"安全部工作制度"

续表

控制点	风险描述	控制目标	内控要求				
			控制措施	控制频率	控制类型	责任部门（岗）	控制依据
C9	不重视对员工开展与安全生产相关的教育，导致员工基本安全生产意识缺失，引发安全事故	确保安全生产意识在全体员工中得到宣贯	1. 坚持、贯彻预防为主的原则，采用多种形式增强员工安全意识，重视安全生产教育，对特殊岗位实行资格认证制度 2. 教育应当常态化、制度化，做到警钟长鸣，不能有丝毫放松和懈怠	每月	关键绩效指标	安全部经理	"安全部工作制度"

4.1.2 安全生产事故处理、责任追究流程与内部控制矩阵

1. 安全生产事故处理、责任追究流程

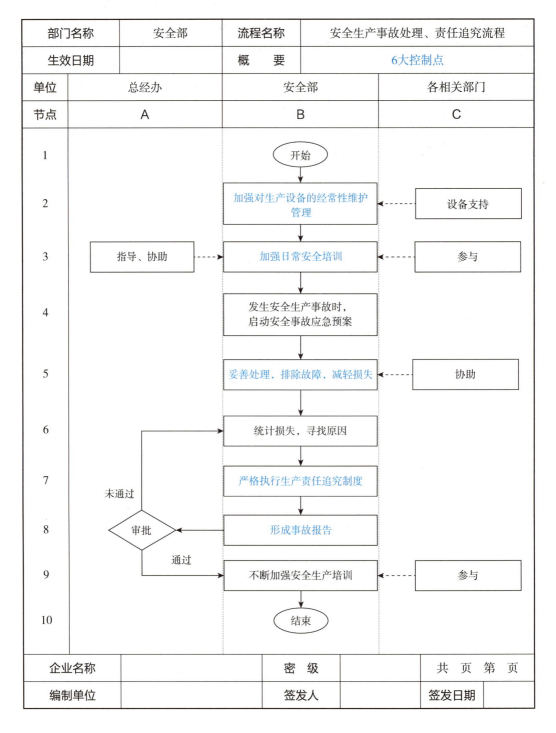

部门名称	安全部		流程名称	安全生产事故处理、责任追究流程	
生效日期			概　要	6大控制点	
单位	总经办		安全部	各相关部门	
节点	A		B	C	
1			开始		
2			加强对生产设备的经常性维护管理	设备支持	
3	指导、协助		加强日常安全培训	参与	
4			发生安全生产事故时，启动安全事故应急预案		
5			妥善处理，排除故障，减轻损失	协助	
6			统计损失，寻找原因		
7	未通过		严格执行生产责任追究制度		
8	审批		形成事故报告		
9	通过		不断加强安全生产培训	参与	
10			结束		
企业名称			密　级		共　页　第　页
编制单位			签发人		签发日期

2. 安全生产事故处理、责任追究内部控制矩阵

控制点	风险描述	控制目标	内控要求				
			控制措施	控制频率	控制类型	责任部门（岗）	控制依据
B2	不重视对生产设备的经常性维护管理，导致在生产过程中出现设备原因引发的生产事故，或者发生事故后没有可用设备用于更替	确保企业所有生产设备没有安全隐患	组织开展生产设备的经常性维护管理，及时排除安全隐患，切实做到安全生产	每日	关键绩效指标	安全部经理	"安全部工作制度""安全生产管理办法"
B3	不重视对员工开展与安全生产相关的培训，导致员工基本安全生产意识缺失，引发安全事故	确保安全生产意识在全体员工中得到宣贯	1. 坚持、贯彻预防为主的原则，采用多种形式增强员工安全意识，重视安全培训，对特殊岗位实行资格认证制度 2. 培训应当常态化、制度化，做到警钟长鸣，不能有丝毫放松和懈怠	每月	关键绩效指标	安全部经理	"安全部工作制度""安全生产管理办法"
B4	安全事故应急预案流于形式，启动缓慢，发生事故后无法快速响应，无法及时解决问题	确保安全事故应急预案切实可行，能够在危机时刻快速响应，降低企业损失，保护企业财产安全	1. 加强对安全事故应急预案相关人员的培训，确保在危机时刻相关员工能够快速根据预案进行操作 2. 在预案中明确发生紧急情况的现场负责人以及各岗位响应程序，确保预案启动后各岗位员工的工作有条不紊、快速高效地执行	按需不定期	审查核对	安全部经理	"安全部工作制度""安全生产管理办法"

控制点	风险描述	控制目标	内控要求				
			控制措施	控制频率	控制类型	责任部门（岗）	控制依据
B5	发生安全事故后无法快速解决问题，无法迅速排除故障，导致事故持续时间长，给企业带来重大损失	确保安全事故发生后，在应急预案的支持下，相关员工能快速排除故障并解决问题	加强常规性消防演习，使相关岗位员工具备安全事故处理能力，将安全培训落实到行动上，而非只停留在理论层面	按需不定期	关键绩效指标	安全部经理	"安全部工作制度" "安全生产管理办法"
B7	生产责任追究制度流于形式，引发事故的原因被弱化处理，事故主要负责人在事故后没有被追查责任并受到惩罚，导致事故白白发生，不能起到警示作用	推动生产责任追究制度的严格执行，避免相同意外的二次发生	1. 严格按照生产责任追究制度相关规定追究相关人员责任并作出惩罚，使其明确安全生产的重要性 2. 请事故主要责任人做公开检讨，让全体员工知悉，并引以为戒	按需不定期	职责分工	安全部经理	"安全部工作制度" "生产责任追究制度" "安全生产管理办法"
B8	安全事故解决后，没有形成相关的事故报告，或事故报告内容敷衍，对事故的原因、解决过程、规避措施等内容描述不深刻、不具体	确保事故报告内容完整、具体，具有很强的指导性与警示作用	1. 明确事故报告的编写人以及事故报告基本内容 2. 对事故报告进行严格审查，审查通过后在企业内进行公示，请全体员工引以为戒	按需不定期	审查核对	安全部经理	"安全部工作制度" "安全生产管理办法"

4.2　产品质量管理流程

4.2.1　产品质量控制、检验流程与内部控制矩阵

产品质量
检验管理制度

1. 产品质量控制、检验流程

部门名称	质量管理部		流程名称	产品质量控制、检验流程	
生效日期			概　要	7大控制点	
单位	仓储部		质量管理部	生产部	
节点	A		B	C	

节点	仓储部	质量管理部	生产部
1		开始	
2		建立健全产品质量标准体系	
3		制定质量控制和检验制度	
4	原材料检验	原材料检验	按规定进行生产
5		在制品检验	在制品检验
6			完成生产
7	按程序入库	产品成品检验	产品成品检验
8	妥善保管	是　合格　否	召回
9	销售出库检验	销售出库检验	
10		编制检验报告	
11		结束	

企业名称		密　级		共　页　第　页	
编制单位		签发人		签发日期	

2. 产品质量控制、检验内部控制矩阵

控制点	风险描述	控制目标	内控要求				
			控制措施	控制频率	控制类型	责任部门（岗）	控制依据
B2	产品质量标准体系缺失或不规范、不合理，导致质量管理工作不满足行业及国家有关规定	确保企业有满足需要、符合规定的产品质量标准体系	1．根据国家法律法规，结合企业产品特点，制定、完善产品质量标准体系，努力为社会提供优质、安全、健康的产品和服务，最大限度地满足消费者的需求，对社会和公众负责 2．产品质量标准体系包括生产设备条件、生产技术水平、原料组成、产品规格、售后服务等	按需不定期	职责分工	质量管理部经理	《中华人民共和国产品质量法》"质量管理部工作制度"
B3	质量控制和检验制度缺失或不规范、不合理，导致质量管理工作不满足行业及国家有关规定	确保质量控制和检验制度满足企业发展实际需要	1．规范从原材料进厂到产品销售等各个环节的工作标准和工作程序 2．加强对质量控制和检验制度的审查，及时修订、调整	按需不定期	职责分工	质量管理部经理	"质量管理部工作制度"
A4、B4	原材料检验流程缺失或不规范，导致原材料质量存在根本性问题	确保用于生产的原材料都是符合要求的	1．加强对原材料的检验，按要求对原材料的数量、质量、类型、性状等内容进行审查 2．将检验工作责任落实到具体岗位和具体人员，对其加强管理与培训	每日	关键绩效指标	仓储部经理、质量管理部经理	"质量管理部工作制度""企业质量控制管理办法"

续表

控制点	风险描述	控制目标	内控要求				
			控制措施	控制频率	控制类型	责任部门（岗）	控制依据
B5、C5	在制品检验流程缺失或不规范，导致在制品质量存在根本性问题	确保生产中的在制品都符合企业质量管理相关要求	1．与生产部紧密配合，每日定时检验在制品 2．确定清晰的抽样机制与检验标准，严格按照要求进行检验 3．对于有问题的在制品，要严格按照规定及时停止生产，禁止侥幸心理	每日	关键绩效指标	质量管理部经理、生产部经理	"质量管理部工作制度""企业质量控制管理办法"
B7、C7	产品成品检验流程缺失或不规范，导致产品成品质量存在根本性问题	确保生产的产品成品符合企业规定与购买方要求	1．严格遵守企业的相关制度与标准对产品成品进行检验，严禁未经检验合格的产品成品流入市场 2．建立对检验工作的考核工作，对检验失误的情况要进行处罚 3．将检验工作落实到具体岗位与人员，并请其做好检验记录，便于查询	每日	关键绩效指标	质量管理部经理、生产部经理	"质量管理部工作制度""企业质量控制管理办法"
A9、B9	销售出库检验流程缺失或不规范，导致产品质量存在根本性问题	确保产品出库时经过严格的检验，避免不合格品流入市场	1．与仓储部紧密配合，做好出库检验工作 2．对于有问题的产品，禁止出库，及时调配合格品	每日	关键绩效指标	仓储部经理、质量管理部经理	"质量管理部工作制度""企业质量控制管理办法"

控制点	风险描述	控制目标	内控要求				
			控制措施	控制频率	控制类型	责任部门（岗）	控制依据
B10	检验报告缺失或编制敷衍，没有详细记录每次检验情况，导致后续无法追踪产品检验情况	确保每一次的检验都有完整、详细的记录	1. 明确检验报告的内容、编制人员、编制程序、编制标准等 2. 加强对检验报告的当日审查和事后抽查 3. 加强对检验报告保管工作的重视程度，避免检验报告被损毁	每日	关键绩效指标	质量管理部经理	"质量管理部工作制度" "企业质量控制管理办法"

4.2.2　产品售后服务流程与内部控制矩阵

1. 产品售后服务流程

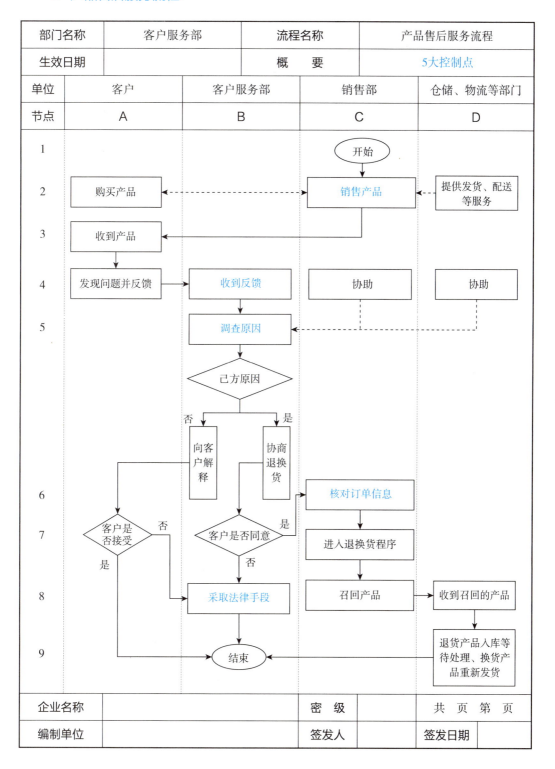

2. 产品售后服务内部控制矩阵

控制点	风险描述	控制目标	内控要求				
			控制措施	控制频率	控制类型	责任部门（岗）	控制依据
C2	产品销售过程中出现订单错误、发货错误、配送失误等问题，导致客户没有收到准确、完好的产品	确保客户收到的产品完好、准确、没有质量问题	1. 加强对销售订单的审查、核对，确保产品发货前没有产品名称、款式、数量等方面的错误 2. 加强对产品的出库检验和配送跟踪管理，确保产品在出库、运输过程中不发生事故 3. 与客户紧密联系，及时为客户更新产品信息	每日	审查核对	销售部经理	"销售部工作办法""产品发货、配送管理办法"
B4	对客户的反馈忽视或接收不及时，导致客户问题无法及时被解决，侵犯客户权益，影响企业在客户心中的形象	确保客户的反馈被及时处理，保障客户权益，提升企业形象	1. 安排专人接收客户反馈信息，并及时回复客户 2. 规范客服与客户的沟通话术，注意礼貌用语	每日	关键绩效指标	客户服务部经理	"客户服务部工作制度""产品售后管理办法"

续表

控制点	风险描述	控制目标	内控要求				
			控制措施	控制频率	控制类型	责任部门（岗）	控制依据
B5	没有准确调查客户反馈的问题出现的原因，导致后续服务没有针对性，不能完美解决问题	确认问题出现的原因，给客户提供完美的解决方案	1. 指派专人调查原因，全面排查从销售订单到客户收货的所有环节 2. 抓住主要矛盾，以尽快解决问题为主，不拖延、不推诿 3. 对于己方原因，要尽快向客户致歉，并与客户协商退换货或赔偿事宜；若为客户方原因，要耐心向客户解释，说明情况	按需不定期	审查核对	客户服务部经理	"客户服务部工作制度""产品售后管理办法"
C6	未审查、核对订单，导致退换货工作出现错误，耽误给客户退换货	确保退换货时相关订单信息是准确的，避免二次犯错	1. 仔细审查订单信息，确定需要退换的产品内容 2. 及时做后续处理，召回产品，为客户退换货	按需不定期	审查核对	销售部经理	"销售部工作办法""产品售后管理办法"
B8	客户不接受协调的情况下，放任客户对企业进行纠缠或无理取闹，甚至诋毁企业，影响企业正常销售工作，导致企业名誉受损	保证企业的合法权益和企业形象不受损失，提高企业的法律意识，避免因客户的纠缠给企业造成损失	1. 加强对客服人员的法律培训，提升其法律意识，确定法律维权启动机制，当符合情况时果断处理 2. 与顾客沟通时，除耐心、仔细外，必要时要加强对顾客的警示与规劝，告知其违法后果	按需不定期	职责分工	客户服务部经理	"客户服务部工作制度""产品售后管理办法"

4.3　环境保护与资源节约流程

4.3.1　环境保护管理流程与内部控制矩阵

1. 环境保护管理流程

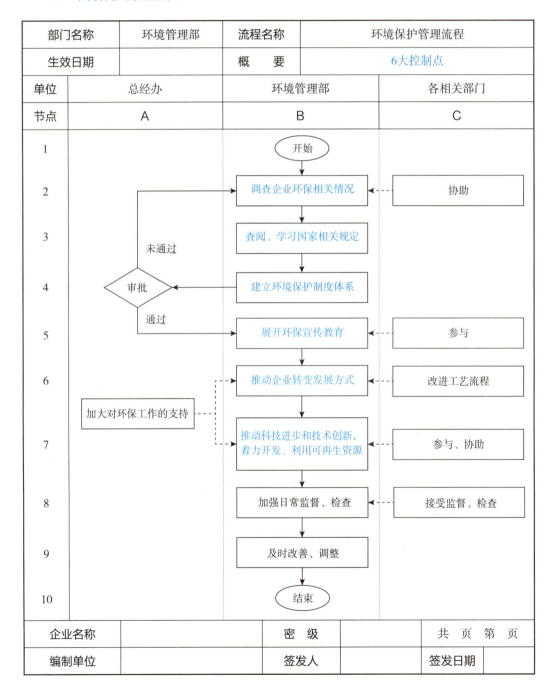

部门名称	环境管理部	流程名称	环境保护管理流程
生效日期		概　要	6大控制点

单位	总经办	环境管理部	各相关部门
节点	A	B	C

企业名称		密　级		共　页　第　页
编制单位		签发人		签发日期

2. 环境保护管理内部控制矩阵

控制点	风险描述	控制目标	内控要求				
			控制措施	控制频率	控制类型	责任部门（岗）	控制依据
B2	对企业已有环保相关情况不了解或了解不充分，导致环保工作有漏洞，后续工作无法正常开展	确保环保工作是建立在对企业环保相关情况有足够了解的前提下的	1. 确定调查内容和方法，安排专人调查企业环保情况 2. 将调查资料进行收集、整理，分析企业在环保方面的薄弱环节，思考日常环保建设方面需要加强的部分	按需不定期	职责分工	环境管理部经理	"环境管理部工作制度"
B3	在进行环境保护工作时，忽视国家法律法规的有关要求，导致企业环保管理工作不合规	确保企业环保管理工作符合国家法律法规有关要求	1. 全面梳理国家在环境保护管理方面对企业的有关要求 2. 分析国家要求与企业实际情况的区别，思考如何将国家要求落实到企业实际工作中	按需不定期	职责分工	环境管理部经理	《中华人民共和国环境保护法》"环境管理部工作制度"
B4	环境保护制度体系缺失或不完善，导致企业环境保护工作无规章制度可依，无法统一、规范地开展	推动完整、完善的环境保护制度体系的建设	1. 遵循国家要求和企业实际，规范环境保护制度体系建设的程序，确定相关人员，落实责任 2. 加强对环境保护制度体系建设的指导与监督，确保环境保护制度体系符合企业实际且切实可行	按需不定期	审查核对	环境管理部经理	《中华人民共和国环境保护法》"环境管理部工作制度"

控制点	风险描述	控制目标	内控要求				
			控制措施	控制频率	控制类型	责任部门（岗）	控制依据
B5	忽视对环保的宣传教育，导致企业员工环保意识不强，造成资源浪费和环境污染，损害企业形象，甚至使企业受到行政处罚	推动企业员工环保意识的建设，防止意识层面的不重视	定期开展相关培训，举行演讲、讲座、会议等活动，加强员工环保意识	每月	关键绩效指标	环境管理部经理	"环境管理部工作制度""企业环境保护制度"
B6	企业不转变发展方式，强行在外围进行环保工作，治标不治本，导致企业环保工作无法真正发挥作用	推动企业发展方式转型升级，带动企业向环保型、创新型企业发展	1. 与相关部门紧密配合，在企业快速发展中打破资源与环境的双重约束，在市场竞争中争取主动，必须转变发展方式，重视生态保护，调整产业结构，发展低碳经济和循环经济 2. 加大对环保工作的人力、物力、财力的投入和技术支持，不断改进工艺流程，加强节能减排，降低能耗和污染物排放，实现清洁生产 3. 加强对废气、废水、废渣的自行回收、利用和处置等综合治理，推动生产、流通和消费过程中对资源的减量化、再利用、资源化，以最小的资源消耗、最少的废物排放和最小的环境代价来换取最大的经济效益	按需不定期	职责分工	环境管理部经理	"环境管理部工作制度""企业环境保护制度"

续表

控制点	风险描述	控制目标	内控要求				
			控制措施	控制频率	控制类型	责任部门（岗）	控制依据
B7	不重视发展科技，推动科学进步，导致企业生产经营方式单一且没有竞争力，也无法支持环境保护工作的深入开展	推动企业科技进步和技术创新，开发、利用可再生资源	只有不断增强自主创新能力，通过技术进步推动替代技术和发展替代产品、可再生资源，降低资源消耗和污染物排放，坚持低投入、低消耗、低排放和高效率，才能有效实现资源节约和环境保护	按需不定期	职责分工	环境管理部经理	"环境管理部工作制度""企业环境保护制度"

4.3.2　资源节约管理流程与内部控制矩阵

1. 资源节约管理流程

部门名称	环境管理部	流程名称		资源节约管理流程	
生效日期		概　　要		6大控制点	
单位	总经办	环境管理部		各相关部门	
节点	A	B		C	

企业名称			密　级		共　页　第　页
编制单位			签发人		签发日期

流程节点内容：

1　开始
2　调查企业资源节约情况　——　协助
3　查阅、学习国家相关规定
4　制定资源节约管理办法　——　审批（未通过／通过）
5　展开资源节约宣传教育　——　参与
6　推动生产、流通和消费过程的资源节约　——　改进工艺流程
7　加强对废弃物的综合治理　——　参与、协助
（加大对资源节约工作的支持）
8　加强日常监督、检查　——　接受监督、检查
9　及时改善、调整
10　结束

2. 资源节约管理内部控制矩阵

控制点	风险描述	控制目标	内控要求				
			控制措施	控制频率	控制类型	责任部门（岗）	控制依据
B2	对企业已有资源使用情况不了解或了解不充分，导致资源节约工作有漏洞，后续工作无法正常开展	确保资源节约管理工作建立在对企业相关情况有足够了解的前提下	1. 确定调查内容和方法，安排专人调查企业资源节约情况 2. 收集、整理调查资料，分析企业资源节约管理方面的薄弱环节，思考日常资源节约工作方面需要加强的部分	按需不定期	职责分工	环境管理部经理	"环境管理部工作制度"
B3	在进行资源节约管理工作时，忽视国家法律法规的有关要求，导致企业资源节约管理工作不合规	确保企业资源节约管理工作符合国家法律法规有关要求	1. 全面梳理国家在资源节约管理方面对企业的有关要求 2. 分析国家要求与企业实际情况的区别，思考如何将国家要求落实到企业实际工作中	按需不定期	审查核对	环境管理部经理	《中华人民共和国节约能源法》"环境管理部工作制度"
B4	资源节约管理办法缺失或不完善，导致企业资源节约管理工作无规章制度可依，无法统一、规范地开展工作	推动完整、完善的资源节约管理办法的制定	1. 遵循国家要求和企业实际，规范资源节约管理办法制定的程序，确定相关人员，落实责任 2. 加强对资源节约管理办法制定工作的指导与监督，确保资源节约管理办法符合企业实际且切实可行	按需不定期	职责分工	环境管理部经理	《中华人民共和国节约能源法》"环境管理部工作制度"

续表

控制点	风险描述	控制目标	内控要求				
			控制措施	控制频率	控制类型	责任部门（岗）	控制依据
B5	忽视对资源节约的宣传教育，导致企业员工资源节约意识不强，造成资源浪费，给企业带来不必要的损失	推动企业员工对资源节约意识的培养，防止意识层面的不重视	定期开展相关宣传教育，举行演讲、讲座、会议等活动，加强员工资源节约意识	每月	关键绩效指标	环境管理部经理	"环境管理部工作制度""企业资源节约制度"
B6	资源节约涉及的环节不全面、有漏洞，导致仍有环节在造成不必要的资源浪费	完善企业资源节约工作的维度，推动企业资源节约工作的全面管理	仔细梳理企业的工艺流程和运作程序，将资源节约落实到企业生产经营的方方面面	每日	关键绩效指标	环境管理部经理	"环境管理部工作制度""企业资源节约制度"
B7	忽视对企业废弃物的管理，导致可再生资源的浪费以及环境污染	确保企业资源得到循环利用、完全利用	1. 加强对废气、废水、废渣的自行回收、利用和处置等综合治理 2. 推动生产、流通和消费过程中对资源的减量化、再利用、资源化，以最小的资源消耗、最少的废物排放和最小的环境代价来换取最大的经济效益	每日	关键绩效指标	环境管理部经理	"环境管理部工作制度""企业资源节约制度"

4.3.3 环境保护和资源节约监测考核流程与内部控制矩阵

1. 环境保护和资源节约监测考核流程

部门名称	环境管理部	流程名称	环境保护和资源节约监测考核流程	
生效日期		概　要	6大控制点	
单位	总经办	环境管理部		各相关部门
节点	A	B		C

企业名称			密　级		共　页　第　页	
编制单位			签发人		签发日期	

2. 环境保护和资源节约监测考核内部控制矩阵

控制点	风险描述	控制目标	内控要求				
			控制措施	控制频率	控制类型	责任部门（岗）	控制依据
B2	对企业环境保护和资源节约实际情况不了解或了解不充分，导致后续监测考核工作进行不畅	确保环境保护和资源节约监测考核工作建立在对企业相关情况有足够了解的前提下	确定调查内容和方法，安排专人调查企业环境保护和资源节约实际情况并作科学分析	按需不定期	职责分工	环境管理部经理	"环境管理部工作制度"
B3	在进行环境保护和资源节约监测考核工作前以及工作中，忽视国家法律法规的有关要求，导致后续工作不合规	确保企业环境保护和资源节约监测考核工作符合国家法律法规有关要求	全面梳理国家在环境保护和资源节约方面对企业的有关要求，并思考如何将要求落实到企业实际工作中	按需不定期	职责分工	环境管理部经理	《中华人民共和国环境保护法》《中华人民共和国节约能源法》"环境管理部工作制度"
B4	监测考核体系缺失或不完善，导致企业环境保护与资源节约工作没有受到监测、没有被考核，无法提升工作质量	推动完整、完善的监测考核体系的建设	1. 遵循国家要求和企业实际，规范监测考核体系建设的程序，确定相关人员，落实责任 2. 加强对监测考核体系建设工作的指导与监督，确保监测考核体系符合企业实际且切实可行	按需不定期	职责分工	环境管理部经理	《中华人民共和国环境保护法》《中华人民共和国节约能源法》"环境管理部工作制度"

控制点	风险描述	控制目标	内控要求				
			控制措施	控制频率	控制类型	责任部门（岗）	控制依据
B5	激励与约束机制缺失或不完善，导致企业环境保护与资源节约工作没有动力、没有约束	推动公平、合理的激励与约束机制的建立	建立健全激励与约束机制，将责任落实到岗位，明确各职责，让员工各司其职、各尽其责，并严格监督	按需不定期	职责分工	环境管理部经理	"环境管理部工作制度"
B6	未落实岗位责任制，导致相关员工责任心不强，发生问题后也无法第一时间追责处理	确保岗位责任制得到有效落实	落实岗位责任制，明确相关工作的实际责任人员与其工作要求，将环境保护和资源节约等各项工作落到实处	按需不定期	职责分工	环境管理部经理	"环境管理部工作制度"
B7	日常检查与监控不严格，导致问题无法被及时发现，让企业带着各种隐患生产经营	确保企业所有隐患得到及时排查、处理	加强日常监控，定期开展监督、检查，发现问题，及时采取措施予以纠正。发生紧急、重大环境污染事件时，应当立即启动应急机制，同时根据国家法律法规相关规定，及时上报，并依法追究相关责任人的责任	每日	关键绩效指标	环境管理部经理	"环境管理部工作制度"

4.4　促进就业与员工权益保护流程

4.4.1　促进就业流程与内部控制矩阵

1．促进就业流程

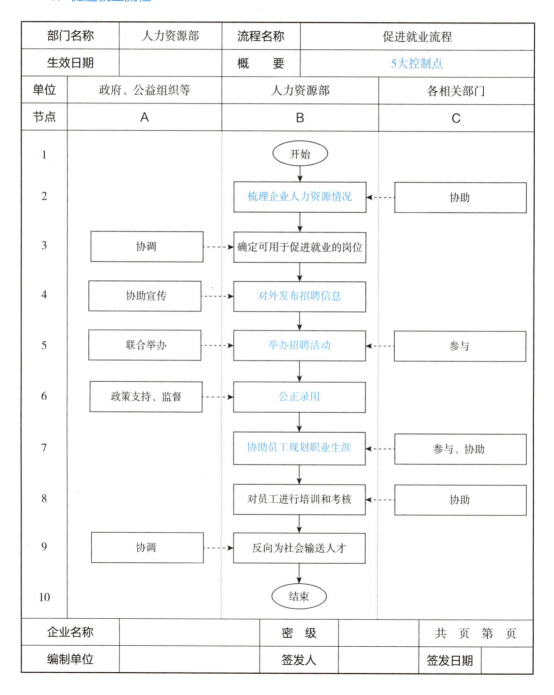

部门名称	人力资源部	流程名称		促进就业流程	
生效日期		概　要		5大控制点	
单位	政府、公益组织等	人力资源部		各相关部门	
节点	A	B		C	
1		开始			
2		梳理企业人力资源情况		协助	
3	协调	确定可用于促进就业的岗位			
4	协助宣传	对外发布招聘信息			
5	联合举办	举办招聘活动		参与	
6	政策支持、监督	公正录用			
7		协助员工规划职业生涯		参与、协助	
8		对员工进行培训和考核		协助	
9	协调	反向为社会输送人才			
10		结束			
企业名称		密　级		共　页　第　页	
编制单位		签发人		签发日期	

2. 促进就业内部控制矩阵

控制点	风险描述	控制目标	内控要求				
			控制措施	控制频率	控制类型	责任部门（岗）	控制依据
B2	对企业已有人力资源情况不了解或了解不充分，导致后续促进就业工作时无法平衡促进就业工作与企业实际用人需求	确保促进就业工作开展前已经对企业人力资源情况有足够了解	1. 开展全面的人才测评和盘点，统计各部门用人需求 2. 审查企业年度用人计划，在计划内根据促进就业要求作局部调整	按需不定期	职责分工	人力资源部经理	"人力资源部工作制度"
B4	对外发布招聘信息不及时、不准确或发布渠道选择不恰当，导致信息传播不及时、不广泛	确保对外发布的信息被广泛传播，起到宣传作用，同时提高企业影响力	1. 安排专人及时发布信息并跟踪信息传播状态 2. 与政府、公益组织等紧密配合，请其帮助发布与传播信息	按需不定期	关键绩效指标	人力资源部经理	《中华人民共和国就业促进法》"人力资源部工作制度"
B5	招聘活动前期规划和后期执行不到位，导致招聘到的人员的数量、质量不到位	确保招聘活动能够解决一定程度的就业问题	1. 与政府、公益组织等紧密配合，加强招聘活动的权威性，保证招聘活动的质量 2. 做好招聘规划，明确招聘程序和人员，选择合适的招聘渠道与方式	按需不定期	关键绩效指标	人力资源部经理	《中华人民共和国就业促进法》"人力资源部工作制度"

控制点	风险描述	控制目标	内控要求				
			控制措施	控制频率	控制类型	责任部门（岗）	控制依据
B6	录用过程不公正，存在歧视，影响招聘结果，甚至给企业带来不良影响	确保招聘录用过程公开、公正、合理	1．结合实际需要，转变陈旧或具有功利性的用人观念，在满足自身发展的情况下，公开招聘、公平竞争、公正录用，为社会提供尽可能多的就业岗位 2．在录用员工时，不能因民族、种族、性别、宗教信仰不同而歧视劳动者，要保证劳动者依法享有平等就业和自主择业的权利	按需不定期	关键绩效指标	人力资源部经理	《中华人民共和国就业促进法》"人力资源部工作制度"
B7	对招聘来的员工不负责，忽视对员工进行职业生涯规划，导致员工不能健康发展，同时也影响工作效率	推动员工科学、健康发展，为企业和社会作出更大贡献	1．积极与员工沟通、交流，帮助其建立职业目标 2．对员工进行职业生涯规划培训，帮助其增强规划意识 3．为员工提供发展机会，建立健全晋升机制	按需不定期	关键绩效指标	人力资源部经理	"人力资源部工作制度"

4.4.2 员工权益保护流程与内部控制矩阵

1. 员工权益保护流程

部门名称	人力资源部	流程名称	员工权益保护流程
生效日期		概　　要	5大控制点

单位	总经办	人力资源部	法务、党群等部门
节点	A	B	C

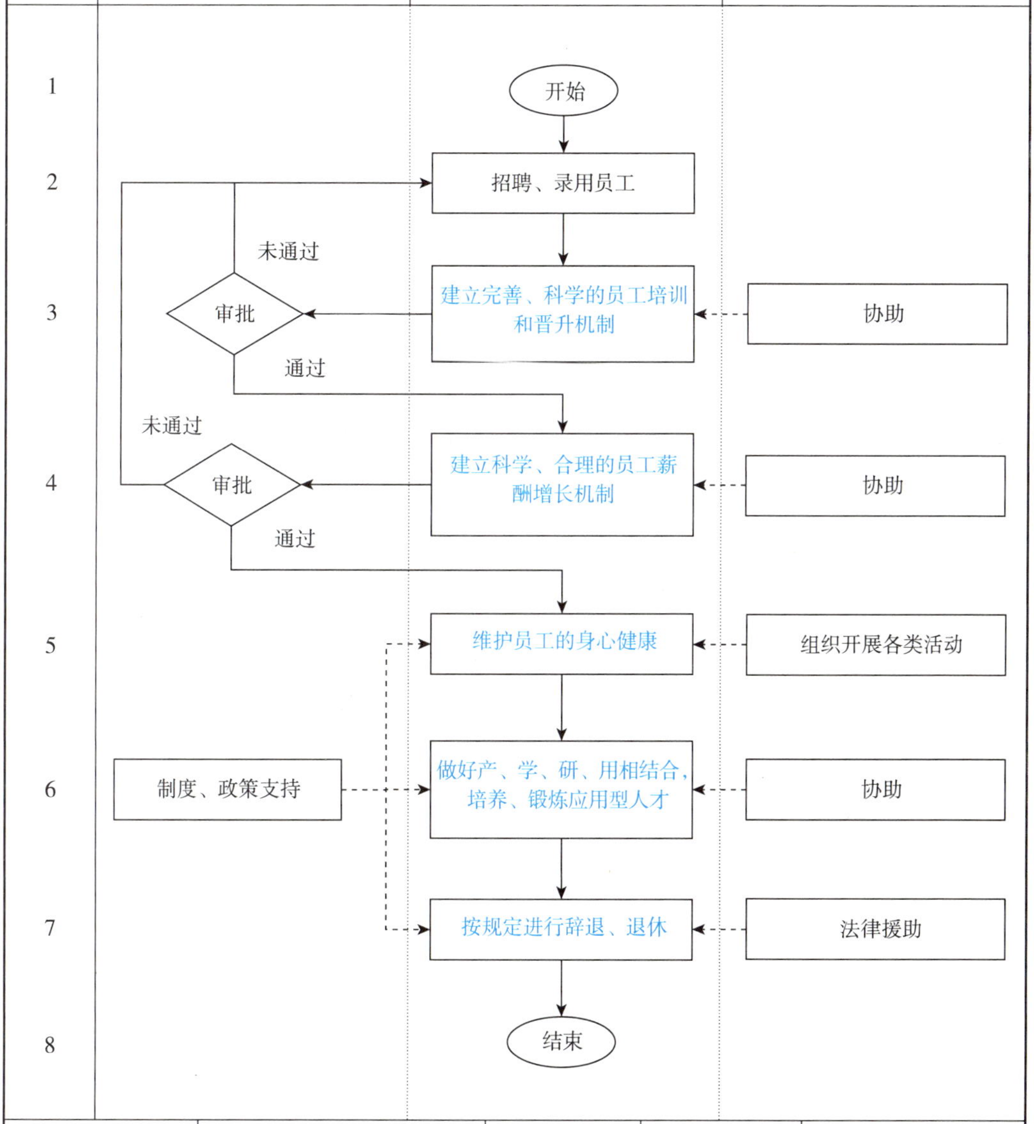
1
2
3
4
5
6
7
8
开始
招聘、录用员工
未通过
审批
建立完善、科学的员工培训和晋升机制
协助
通过
未通过
审批
建立科学、合理的员工薪酬增长机制
协助
通过
维护员工的身心健康
组织开展各类活动
制度、政策支持
做好产、学、研、用相结合，培养、锻炼应用型人才
协助
按规定进行辞退、退休
法律援助
结束

企业名称		密　级		共　页　第　页	
编制单位		签发人		签发日期	

2. 员工权益保护内部控制矩阵

控制点	风险描述	控制目标	内控要求				
			控制措施	控制频率	控制类型	责任部门（岗）	控制依据
B3	员工培训和晋升机制缺失或不健全，导致员工无法提升知识技能和进一步成长，影响员工工作积极性	确保员工得到有效的培训，工作表现优秀的员工能够得到合理的晋升	1. 保证晋升对每个人都是公平、公正的，每个人主宰自己的命运，适应快、能力强的人能迅速掌握各阶段的技能，自然能得到更快的晋升 2. 对员工采用个性化的培训，保证员工及时获得必要的知识储备，通过公平竞争和优越的机会吸引大批有能力的员工为企业真诚服务	每月	职责分工	人力资源部经理	"人力资源部工作制度"
B4	员工薪酬增长机制缺失或不健全，导致员工无法获得合理的工作报酬，削弱员工的工作积极性，导致其工作效率低下，影响企业长远发展	推动健全、科学、合理的员工薪酬增长机制的建立	1. 遵循按劳分配、同工同酬的原则，结合内外部因素和员工自身表现等，建立科学、有效的员工薪酬增长机制，最大限度地激发员工工作热情、敬业精神和工作绩效 2. 及时发放员工的工资等薪酬，及时足额缴纳员工各类社会保险 3. 重视、关注并积极缩小员工收入与高管薪酬的差距，促进企业员工与高管人员薪酬的有机协调、统一	每月	职责分工	人力资源部经理	"人力资源部工作制度"

控制点	风险描述	控制目标	内控要求				
			控制措施	控制频率	控制类型	责任部门（岗）	控制依据
B5	不重视对员工身心健康的维护，导致员工出现工伤、心理疾病等问题，影响企业生产运营效率，损害企业形象	确保员工的身心健康得到妥善维护	1. 按照有关规定做好健康管理工作，预防、控制和消除职业危害 2. 按期对员工进行非职业性健康监护，对从事有职业危害作业的员工进行职业性健康监护 3. 遵守法定的劳动时间和休息休假制度，确保员工的休息休假权利 4. 加强职工代表大会和工会组织建设，维护员工合法权益，创造平等发展机会 5. 尊重员工人格，维护员工尊严，杜绝性别、民族、宗教、年龄等各种歧视，保障员工身心健康	每月	关键绩效指标	人力资源部经理	《中华人民共和国职业病防治法》"人力资源部工作制度"
B6	不重视产、学、研、用相结合，导致企业无应用型人才或这类人才较少	推动企业产、学、研、用相结合，为企业与社会培养应用型人才	1. 重视产、学、研、用相结合，牢固确立企业技术创新主体地位这个核心，把产、学、研、用结合的基点放在人才培养方面 2. 按照产、学、研、用相结合的社会需求，积极创建实习基地，大力支持企业培养、锻炼社会需要的应用型人才 3. 重视和加强与高校和科研院所的人才培养和交流，加速科技成果的转化和产业化，引导技术创新要素聚集到企业创造社会财富过程中来，使企业获得持续创新的能力	按需不定期	关键绩效指标	人力资源部经理	《中华人民共和国就业促进法》"人力资源部工作制度"

续表

控制点	风险描述	控制目标	内控要求				
			控制措施	控制频率	控制类型	责任部门（岗）	控制依据
B7	不按国家与企业相关规定对员工进行辞退、退休处理，引发纠纷，损害企业形象	确保所有员工的辞退、退休等程序都符合国家与企业有关规定	1．按规定对员工进行辞退处理，需要对员工进行补偿的，按要求进行补偿 2．对满足要求可以退休的员工，按规定为其办理退休手续，并保障其相关权益 3．谨慎对待员工关系，避免与员工产生纠纷，必要时可采取法律手段维护企业权益	按需不定期	关键绩效指标	人力资源部经理	《中华人民共和国劳动法》《中华人民共和国劳动合同法》"人力资源部工作制度"

第 5 章

企业文化

5.1   企业文化建设流程

5.1.1   企业文化建设管理流程与内部控制矩阵

1.   企业文化建设管理流程

企业文化
内部控制职责

部门名称	企业文化部		流程名称		企业文化建设管理流程	
生效日期			概　　要		6大控制点	
单位	董事会	总经办		企业文化部		监事会
节点	A	B		C		D

企业名称			密　级		共　页　第　页	
编制单位			签发人		签发日期	

2. 企业文化建设管理内部控制矩阵

控制点	风险描述	控制目标	内控要求				
			控制措施	控制频率	控制类型	责任部门（岗）	控制依据
A2	未确定企业文化基调，导致后续建设的企业文化不符合要求，不能体现和提升企业核心竞争力	提高董事会的领导力，确保创建的企业文化基调符合董事会要求	设定企业文化基调，规定企业文化建设的大方向，明确企业文化建设的部门、主要人员等	按需不定期	职责分工	董事长	"董事会议事规则" "企业章程"
B2	未对建设任务进行全面分析，未明确建设任务要求，导致传达给下属部门时指代不清，从而使下级部门对建设任务理解出现偏差	确保建设任务被正确地理解并传达给下属部门	1. 充分理解董事会的建设任务要求，积极与之沟通，明确建设任务各项细节 2. 充分与企业文化部沟通，向其交代清楚建设任务要求，并要求企业文化部准确反馈	按需不定期	职责分工	总经理	"企业总经办工作制度"
C4	未重视塑造企业核心价值观，导致企业文化没有精神内核，不能深入影响企业发展	确保企业核心价值观是有精神内核的，能够实际地指导企业经营活动	1. 着力挖掘自身文化。要注意从企业特定的外部环境和内部条件出发，把共性与个性、一般与个别有机地结合起来，总结出本企业的优良传统和经营风格，挖掘、整理出本企业长期形成的宝贵的文化资源，在企业精神提炼、理念概括、实践方式上体现出鲜明的特色	按需不定期	关键绩效指标	企业文化部经理	"企业文化建设管理制度"

控制点	风险描述	控制目标	内控要求				
			控制措施	控制频率	控制类型	责任部门（岗）	控制依据
C4	未重视塑造企业核心价值观，导致企业文化没有精神内核，不能深入影响企业发展	确保企业核心价值观是有精神内核的，能够实际地指导企业经营活动	2. 着力博采众长。要紧紧把握先进文化的前进方向，以开放、学习、兼容、整合的态度，坚持以我为主、博采众长、融合创新、自成一家的方针，广泛借鉴国外先进企业的优秀文化成果，大胆吸取世界新文化、新思想、新观念中的先进内容	按需不定期	关键绩效指标	企业文化部经理	"企业文化建设管理制度"
C5	未将产品或劳务的品牌与企业的整体形象联系在一起，导致企业文化没有辨识度，没有号召力与感染力	确保企业文化与企业主业紧密相连，提高企业形象和知名度	将企业核心价值观贯穿于自主创新、产品质量、生产安全、市场营销、售后服务等方面的文化建设中，着力打造源于企业主业且能够让消费者长久认可、在国内国外市场上彰显强大竞争优势的品牌	按需不定期	关键绩效指标	企业文化部经理	"企业文化建设管理制度"
C6	未重视和体现以人为本的理念，导致企业文化不能被员工接受与认同	确保建设的企业文化信守了以人为本这一重要原则	1. 牢固树立以人为本的思想，坚持全心全意依靠全体员工办企业的方针	按需不定期	关键绩效指标	企业文化部经理	"企业文化建设管理制度"

续表

控制点	风险描述	控制目标	内控要求				
			控制措施	控制频率	控制类型	责任部门（岗）	控制依据
C6	未重视和体现以人为本的理念，导致企业文化不能被员工接受与认同	确保建设的企业文化信守了以人为本这一重要原则	2. 努力为全体员工搭建发展平台，提供发展机会，挖掘创造潜能，增强其主人翁意识和社会责任感，激发其积极性、创造性和团队精神 3. 尊重全体员工的首创精神，在统一领导下，有步骤地发动全体员工广泛参与	按需不定期	关键绩效指标	企业文化部经理	"企业文化建设管理制度"
B6	没有确定企业文化建设责任人，没有发挥其领导作用，导致企业文化建设群龙无首	确保企业领导高度重视、认真规划、狠抓落实企业文化建设	1. 站在促进企业长远发展的战略高度，重视企业文化建设，切实履行第一责任人的职责，对企业文化建设进行系统思考 2. 企业文化建设的领导体制要与现代企业制度和法人治理结构相适应，要明确企业文化建设的主管部门，安排专（兼）职人员负责此项工作，形成企业文化主管部门负责组织、各职能部门分工落实、员工广泛参与的工作体系	按需不定期	职责分工	总经理	"企业总经办工作制度"

续表

控制点	风险描述	控制目标	内控要求				
			控制措施	控制频率	控制类型	责任部门（岗）	控制依据
B6	没有确定企业文化建设责任人，没有发挥其领导作用，导致企业文化建设群龙无首	确保企业领导高度重视，认真规划、狠抓落实企业文化建设	3．着力将核心价值观转化为企业文化规范，通过梳理、完善相关管理制度，对员工日常行为和工作行为进行细化，逐步形成企业文化规范，以理念引导员工的思维，以制度规范员工的行为，使企业全体员工增强主人翁意识	按需不定期	职责分工	总经理	"企业总经办工作制度"

5.1.2 并购重组企业文化建设流程与内部控制矩阵

1. 并购重组企业文化建设流程

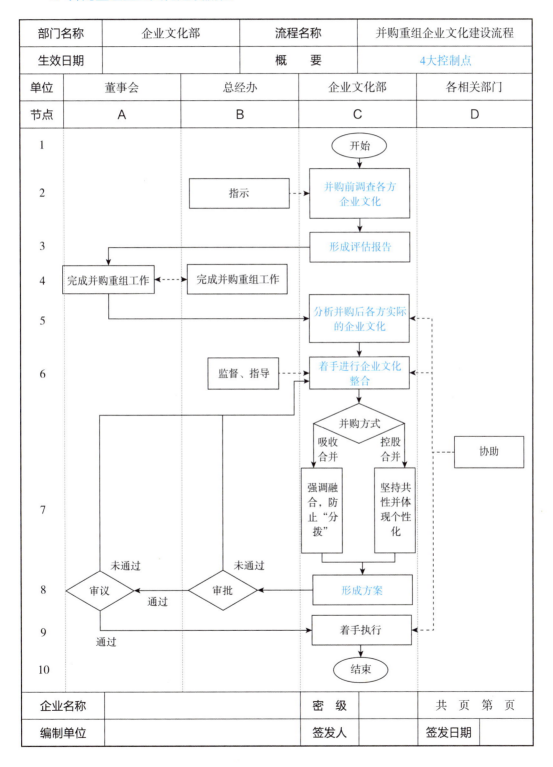

2. 并购重组企业文化建设内部控制矩阵

控制点	风险描述	控制目标	内控要求				
			控制措施	控制频率	控制类型	责任部门（岗）	控制依据
C2、C3	并购前未调查各方企业文化以及考虑并购后的文化磨合情况，或相关评估报告缺失，导致并购后各方人员发生各种矛盾，影响企业生产经营	确保并购前详细了解与评估企业间在文化上存在的各种差异	1. 加强对并购各方企业文化的调查与研究 2. 落实对并购各方在企业文化（甚至国家文化）之间的差异方面的研究，重点关注文化能否相互融合等问题 3. 及时编制详尽的评估报告，为并购后的企业文化融合工作做准备	按需不定期	职责分工	企业文化部经理	"并购重组企业文化建设办法"
C5	未对并购后还保留的各方企业文化作系统分析就盲目地开展企业文化建设工作，导致各方企业文化没有有机融为一体，对员工间关系造成不良影响	确保建设企业文化之前已经综合分析各方实际的企业文化，了解彼此之间的差别和共同点	1. 及时将并购后各方企业文化实际和并购前做的调查作对比 2. 加强对各种企业文化的深入了解，将视角投放到并购前不方便深入了解的地方	按需不定期	关键绩效指标	企业文化部经理	"并购重组企业文化建设办法"

续表

控制点	风险描述	控制目标	内控要求				
			控制措施	控制频率	控制类型	责任部门（岗）	控制依据
C6	不重视对各方企业文化进行整合，或整合方法不切合实际，导致并购后的企业没有鲜明且适用的企业文化	推动并购后的企业文化建设有序进行，确保并购后形成的企业有自己独特且适用的企业文化	1．在组织架构设计环节考虑企业文化整合因素。差异化地考虑"吸收合并""控股合并"等不同的并购方式 2．加强并购交易完成后企业在运行中进行的深度的企业文化整合。主要方式有以并购方的企业文化进行整合；以并购方的企业文化为主体，吸收被并购方企业文化中优秀的一面进行整合；以并购双方的企业文化为基础创建全新的、优秀的企业文化	按需不定期	关键绩效指标	企业文化部经理	《中华人民共和国公司法》"并购重组企业文化建设办法"
C8	并购后进行企业文化整合和建设时没有制定工作方案，或方案不具体、不详细、不正确，导致企业文化建设工作开展不顺利	确保工作开始前有详细、具体的方案且审核通过，保证工作程序的规范性和结果的准确性	1．规定方案编制的时间、人选、具体内容与要求，确保方案编制在程序上科学、合理 2．在方案内采取多种有效措施，促进文化融合，减少文化冲突，求同存异，优势互补，实现企业文化的有效对接，促进企业文化的整合与再造，确保企业并购真正成功	按需不定期	关键绩效指标	企业文化部经理	"并购重组企业文化建设办法"

5.2 企业文化评估流程

5.2.1 企业文化评估流程与内部控制矩阵

1. 企业文化评估流程

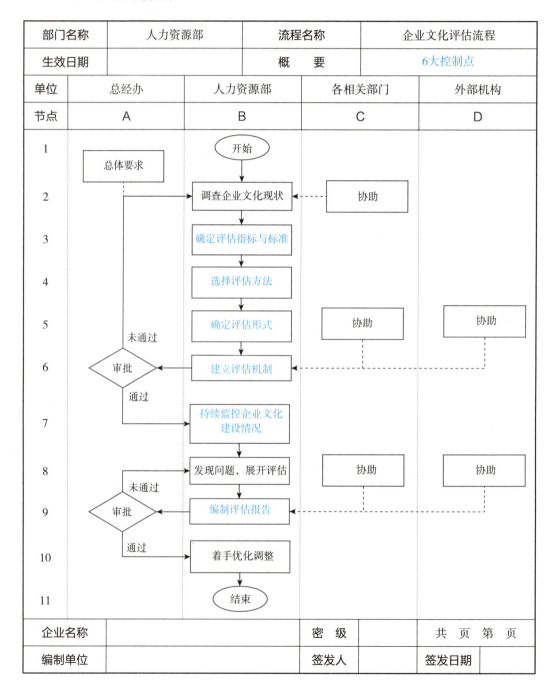

部门名称	人力资源部		流程名称		企业文化评估流程	
生效日期			概　要		6大控制点	
单位	总经办	人力资源部		各相关部门		外部机构
节点	A	B		C		D

企业名称			密　级		共　页　第　页	
编制单位			签发人		签发日期	

2．企业文化评估内部控制矩阵

控制点	风险描述	控制目标	内控要求				
			控制措施	控制频率	控制类型	责任部门（岗）	控制依据
B3	未选择合适的评估指标与标准，导致评估指标没有导向性和可操作性	确保选择的评估指标恰当、合理、有针对性、有导向性	1．坚持全面评估与重点评估相结合，注重评估指标的导向性 2．着重突出关键指标，确保评估指标的可操作性 3．根据评估内容和指标功能，量身定制不同的评估标准	按需不定期	职责分工	人力资源部经理	"企业文化建设管理制度""企业文化评估工作规范"
B4	未选择合适的评估方法，导致评估过程不顺畅，评估结果不准确	确保评估时采用恰当的、合适的评估方法	坚持定性与定量相结合，注重评估方法的科学性	按需不定期	职责分工	人力资源部经理	"企业文化建设管理制度""企业文化评估工作规范"
B5	未选择合适的评估形式或评估过程不专业，影响评估结果的准确性	确保评估时采用恰当、合理的评估形式	坚持内部评估与外部评估相结合，注重评估结果的准确性	按需不定期	职责分工	人力资源部经理	"企业文化建设管理制度""企业文化评估工作规范"
B6	未建立科学、合理的评估机制，导致评估工作无规范可依，无目的可言	推动过程合理、方法得当、结果公正的评价机制的建立	1．引导企业通过对照评估标准自我改进、自我完善，不断激发企业的积极性、主动性和创造性 2．兼顾社会公众以及企业利益相关者，借助专业机构力量，提升企业文化评估专业水平和公信力	按需不定期	职责分工	人力资源部经理	"企业文化建设管理制度""企业文化评估工作规范"

续表

控制点	风险描述	控制目标	内控要求				
			控制措施	控制频率	控制类型	责任部门（岗）	控制依据
B7	未坚持对企业文化建设情况进行监控，导致企业文化建设流于形式，不能及时发现并解决问题	推动企业文化建设情况监控工作的常态化进行	1. 指派专人进行企业文化建设情况监控工作，按时记录，及时汇报，定期总结、反馈 2. 规定企业文化监控的具体方向和内容，加强对文化缺失、偏移、否定等方面的管控	每月	关键绩效指标	人力资源部经理	"企业文化建设管理制度""企业文化评估工作规范"
B9	评估报告流于形式，内容不准确，不能准确反映企业文化真实情况，也不能为改善工作提供指导，使得后续工作难以开展，企业文化方面的问题积少成多	确保评估报告的真实性、准确性，提高评估报告的指导性与建设性，促进企业文化评估改善工作的高效进行	1. 事先规定评估报告的内容、格式、编写人、完成时间、编写程序等内容，在形式上强化评估报告的正确性 2. 加强对评估报告内容的审核，未经审核通过的评估报告严禁直接使用 3. 适当借助企业其他相关部门、企业外部专业机构的帮助，更加全面地看待问题，提高评估报告的专业性与全面性	按需不定期	关键绩效指标	人力资源部经理	"企业文化建设管理制度""企业文化评估工作规范"

5.2.2　企业文化创新管理流程与内部控制矩阵

1．企业文化创新管理流程

部门名称	企业文化部	流程名称		企业文化创新管理流程
生效日期		概　要		6大控制点
单位	总经办	企业文化部		各相关部门
节点	A	B		C

1		开始	
2		综合评估企业文化建设现状	
3		梳理企业文化不足之处	
4		调查影响企业文化各项因素的变化	
5		分析原因	
6		寻找解决措施和创新思路	参与、协助
7		论证解决措施和创新思路	
8	未通过　审批	形成企业文化创新方案	
9	通过	实施方案	
10		持续监控，不断调整	
11		结束	

企业名称				密　级		共　页　第　页	
编制单位				签发人		签发日期	

2．企业文化创新管理内部控制矩阵

控制点	风险描述	控制目标	内控要求				
			控制措施	控制频率	控制类型	责任部门（岗）	控制依据
B2	未对企业文化建设现状有全面认识，不了解企业文化对企业员工的实际影响，盲目地开展企业文化创新工作，导致创新工作进行困难	确保企业文化创新工作建立在对企业已有文化建设现状有深刻认识的前提下	1．建立科学、合理的评估机制，并定期、按时对企业文化现状进行评估，明确当前企业文化的优势与劣势 2．与各相关部门紧密配合，加强评估工作的规范性与公开性	按需不定期	职责分工	企业文化部经理	"企业文化建设管理制度""企业文化创新工作办法"
B3	无法发现企业文化的不足之处或梳理方向出现问题，导致后续创新工作没有准确的依据	确保企业文化的不足之处被发现且被正确对待	重视对企业文化评估结果的利用，既要巩固和发扬文化建设取得的成果，又要针对评估过程中发现的企业文化缺失情况，研究、分析深层次的原因	按需不定期	关键绩效指标	企业文化部经理	"企业文化建设管理制度""企业文化创新工作办法"
B4	对影响企业文化的各项因素的调查有缺失或调查不全面、不细致，导致后续工作无法分析出企业文化出现问题的真正原因	确保对影响企业文化的各项因素都进行详尽的调查	1．详细调查企业发展战略的调整以及企业内外部政治、经济、技术、资源等因素 2．加强对调查工作的监督，提高工作人员的责任意识 3．加强对调查结果的审查	按需不定期	关键绩效指标	企业文化部经理	"企业文化建设管理制度""企业文化创新工作办法"

续表

控制点	风险描述	控制目标	内控要求				
			控制措施	控制频率	控制类型	责任部门（岗）	控制依据
B5	没有仔细分析企业文化出现问题的原因或没有找到主要原因，导致后续调整和创新工作没有针对性	确保原因分析工作是有效的，且找到的原因是主要原因	1．组建专业的分析团队，对原因进行反复分析 2．可借助外部专业机构的力量，从第三方视角来寻找原因 3．加强与各部门员工的沟通与交流，听取员工的真实想法	按需不定期	关键绩效指标	企业文化部经理	"企业文化建设管理制度""企业文化创新工作办法"
B7	无法判断提出的文化创新思路的可行性或忽视对创新思路的论证环节，导致通过的创新思路在实际操作中无法指导企业文化创新	确保创新思路在创新的方向、内容、形式上符合企业实际需要	1．谨慎选择参与论证的人员，提高参与人员的专业性 2．增加论证的方法和次数，最大程度上保证论证结果的准确性 3．遵循企业内部制度和企业内外部环境的客观要求，不可故步自封，要与时俱进	按需不定期	关键绩效指标	企业文化部经理	"企业文化建设管理制度""企业文化创新工作办法"

续表

控制点	风险描述	控制目标	内控要求				
			控制措施	控制频率	控制类型	责任部门（岗）	控制依据
B8	企业文化创新方案所采用的措施可操作性不强，没有实际作用，导致创新工作沦为空谈，浪费企业的资源	确保制定的企业文化创新方案内容完整、具体，措施有力、可行，方法恰当、正确	1. 指派专人总结所有前期工作成果，按照企业相关规范要求编写企业文化创新方案 2. 企业文化创新方案内容要着力突出企业在价值观、经营理念、管理制度、品牌建设、企业形象等方面持续推动企业文化创新 3. 要特别注意通过不断打造以企业文化创新主业为核心的企业品牌，实现企业文化的创新和跨越	按需不定期	关键绩效指标	企业文化部经理	"企业文化建设管理制度" "企业文化创新工作办法"

第 6 章

资金活动

6.1　筹资流程

6.1.1　筹资方案提出、论证、审批流程与内部控制矩阵

1. 筹资方案提出、论证、审批流程

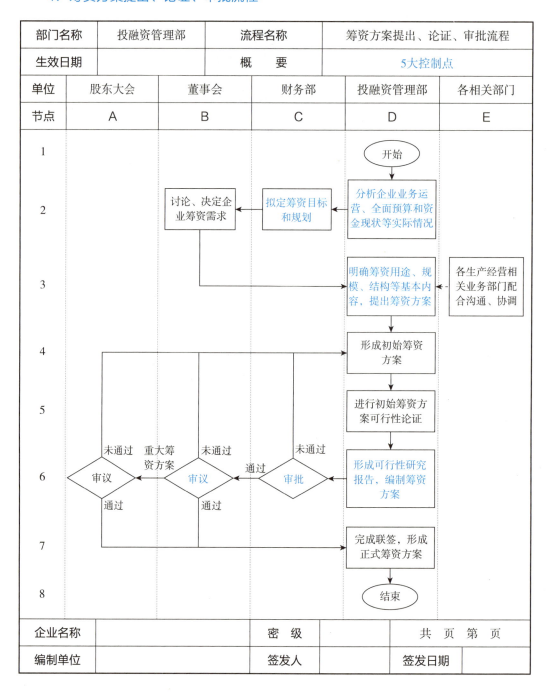

部门名称	投融资管理部		流程名称		筹资方案提出、论证、审批流程	
生效日期			概　要		5大控制点	
单位	股东大会	董事会	财务部	投融资管理部	各相关部门	
节点	A	B	C	D	E	

| 企业名称 | | | 密　级 | | 共　页　第　页 | |
| 编制单位 | | | 签发人 | | 签发日期 | |

2. 筹资方案提出、论证、审批内部控制矩阵

控制点	风险描述	控制目标	内控要求				
			控制措施	控制频率	控制类型	责任部门（岗）	控制依据
D2	对企业业务运营、全面预算、资金现状等实际情况缺乏全面认识，导致筹资活动存在潜在风险	确保对企业业务运营、全面预算与资金现状等实际情况有清晰、全面的认识	1. 明确企业经营战略和发展战略 2. 强化数据统计和信息分析等程序，实时把握企业业务运营、全面预算、资金现状等实际情况 3. 加强资金预算和资金管控工作	按需不定期	关键绩效指标	投融资管理部经理	"企业筹资管理制度"
C2	缺乏完整的筹资目标和规划，筹资决策可能引发企业资金结构、期限结构和利率结构风险，导致筹资成本过高或债务危机出现	确保筹资目标和规划明确、清晰，发挥指导作用	1. 加强筹资活动的目标和规划 2. 贯彻企业既定的资金战略 3. 以目标资本结构为指导，协调企业的资金来源、期限结构、利率结构等	按需不定期	授权及批准	财务部经理	"企业筹资管理制度"
D3	筹资方案的提出未解决企业的实际问题，筹资方案不合理或决策不当，导致方案成本过高，或筹资不足，损害企业利益，影响运营发展	确保初始筹资方案考虑全面，内容设计科学、合理	1. 强化与生产经营业务部门的沟通，了解企业实际需求 2. 提高筹资方案的规划设计能力 3. 不断优化初始筹资方案的产生程序	按需不定期	关键绩效指标	投融资管理部经理	"企业筹资管理制度"

续表

控制点	风险描述	控制目标	内控要求				
			控制措施	控制频率	控制类型	责任部门（岗）	控制依据
D6	可行性研究报告缺失，未制定筹资方案，或筹资方案不合理，导致筹资成本过高，或导致筹资不足，影响生产经营活动的开展	确保可行性研究报告、筹资方案论证全面，整体设计经济、合理，风险可控，能够帮助企业解决资金问题	1. 进行可行性研究报告、筹资方案的战略性评估 2. 进行可行性研究报告、筹资方案的经济性评估 3. 进行可行性研究报告、筹资方案的风险性评估	按需不定期	关键绩效指标	投融资管理部经理	"企业筹资管理制度"
B6、C6	缺乏完善的企业授权审批制度，决策机制不健全或信息收集不完整等，导致审批、审议失误，损害企业利益	确保企业授权审批制度、流程完善，选择批准最优的筹资方案，筹资活动管理有序	1. 建立健全分级授权审批制度 2. 按照规定程序严格审批经过可行性论证的筹资方案 3. 实行集体审议或联签制度	按需不定期	授权及批准	董事长	"企业筹资管理制度""企业授权审批制度"

6.1.2 筹资计划制订、执行流程与内部控制矩阵

1. 筹资计划制订、执行流程

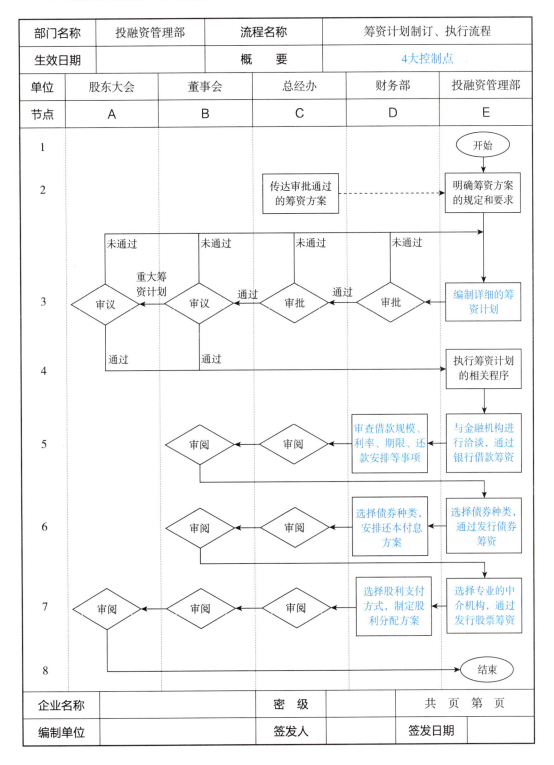

部门名称	投融资管理部		流程名称		筹资计划制订、执行流程
生效日期			概　要		4大控制点
单位	股东大会	董事会	总经办	财务部	投融资管理部
节点	A	B	C	D	E

| 企业名称 | | | 密　级 | | 共　页　第　页 |
| 编制单位 | | | 签发人 | | 签发日期 |

2. 筹资计划制定、执行内部控制矩阵

控制点	风险描述	控制目标	内控要求				
			控制措施	控制频率	控制类型	责任部门（岗）	控制依据
E3	未严格按照筹资方案的规定和要求制订筹资计划，导致筹资计划脱离企业实际，内容和质量无法得到保证，影响筹资活动的后续执行	制订切实可行的筹资计划，科学规划筹资活动，保证低成本、高效率筹资	1. 落实筹资计划的产生程序，根据筹资方案，结合当时经济金融形势，分析不同筹资方式的资金成本，正确选择筹资方式和明确不同筹资方式的筹资数量 2. 遵循企业授权审批制度，严格执行分级授权审批的程序 3. 实施严密的筹资程序控制和岗位分离控制	按需不定期	关键绩效指标	投融资管理部经理	"企业筹资管理制度""企业授权审批制度"
D5、E5	未认真审核银行借款筹资合同、协议等法律文件，或在合同签订过程中出现重大纰漏，导致筹资数额、期限、利率、违约责任等内容出现错误，给企业带来损失	保证企业银行借款筹资活动正确、合法且有效进行	1. 明确筹资计划中关于银行借款筹资的规定 2. 落实筹资计划的要求 3. 遵守国家相关法律法规 4. 设定严格的筹资条款审核流程	按需不定期	关键绩效指标	财务部经理、投融资管理部经理	"企业筹资管理制度""企业借款管理办法"

续表

控制点	风险描述	控制目标	内控要求				
			控制措施	控制频率	控制类型	责任部门（岗）	控制依据
D6、E6	未按照筹资方案和筹资计划的规定进行债券发行的种类选择和设计，未严格遵守国家法律法规，导致债券发行运作不合理或调整不当，影响筹资效果和正常生产经营活动的开展，阻碍发展目标的实现	保证企业发行债券筹资活动正确、合法且有效进行	1. 明确筹资计划中关于发行债券筹资的规定 2. 落实筹资计划的要求 3. 遵守国家相关法律法规 4. 设定严格的筹资条款审批流程	按需不定期	关键绩效指标	财务部经理、投融资管理部经理	"企业筹资管理制度""企业债券管理条例"《中华人民共和国证券法》
D7、E7	股票发行方案设计不当，股利分配方案设计不合理，未严格遵守国家相关法律法规，导致企业股票发行程序受阻或投资者积极性下降，影响企业筹资活动的正常开展，损害企业发展利益	保证企业发行股票筹资活动正确、合法且有效进行	1. 明确筹资计划中关于发行股票筹资的规定 2. 落实筹资计划的要求 3. 遵守国家相关法律法规 4. 设定严格的筹资条款审批流程	按需不定期	关键绩效指标	财务部经理、投融资管理部经理	"企业筹资管理制度""企业股票管理条例"《中华人民共和国公司法》《中华人民共和国证券法》

6.1.3　筹资活动评价及责任追究流程与内部控制矩阵

1．筹资活动评价及责任追究流程

部门名称	财务部		流程名称	筹资活动评价及责任追究流程	
生效日期			概　要	5大控制点	
单位	董事会	总经办	财务部	投融资管理部	监事会
节点	A	B	C	D	E
1			开始		
2		下达筹资活动评价与责任追究任务	建立筹资业务的记录、凭证和账簿		
3			编制贷款申请表、借款存量表、还款计划表等资金控制表单		
4			核算资金筹集、本息偿还、股利支付等活动数额	进行各类筹资活动	监督资金筹集、本息偿还、股利支付等活动
5			检查筹资合同、收款凭证、入库凭证等文件	妥善保管筹资活动中的重要文件，并及时上交	监督筹资活动的各类程序
6			检查资金使用情况，与资金提供方进行账务核对	按照筹资方案和计划使用资金	监督资金的使用情况
7	审议 ←未通过	审阅	形成筹资活动评价报告		
8	←通过		协调筹资的利率结构、期限结构等，降低成本	调查筹资过程中的违规人员	追究筹资过程中违规人员的责任
9					结束
企业名称			密　级	共　页　第　页	
编制单位			签发人	签发日期	

2. 筹资活动评价及责任追究内部控制矩阵

控制点	风险描述	控制目标	内控要求				
			控制措施	控制频率	控制类型	责任部门（岗）	控制依据
C2	未按照要求建立企业筹资业务的会计系统控制，导致筹资活动缺乏全面的会计审查控制	建立筹资业务的记录、凭证和账簿，设计资金活动的控制表单，确保筹资业务有迹可循	1. 加强筹资业务的会计系统控制 2. 按照国家统一会计准则制度，正确核算	按需不定期	审查核对	财务部经理	"企业筹资管理制度""企业会计制度"
C4	对于企业筹资业务中资金筹集、本息偿还、股利支付等活动数额的核算不准确，核算人员不专业，或与资金控制人员有相关利害关系，导致财务部的核算工作失实，损害企业利益	确保资金筹集、本息偿还、股利支付等活动数额准确、程序合规、审查有效	1. 组建专业化筹资核算队伍 2. 遵循筹资方案和筹资计划 3. 落实利害关系相关人员回避规定	按需不定期	审查核对	财务部经理	"企业筹资管理制度""核算回避管理规定"
C5	未按照要求和规定对筹资业务中的合同、收款凭证、入库凭证等文件进行妥善保管，导致文件丢失，影响筹资业务后续开展，或无法为经济纠纷提供合法证据证明	确保筹资合同、收款凭证、入库凭证等文件得到妥善保管，以备查询使用	1. 落实筹资业务重要文件的保管规定 2. 遵守企业筹资管理制度	按需不定期	审查核对	财务部经理	"企业筹资管理制度""企业合同管理制度"

续表

控制点	风险描述	控制目标	内控要求				
			控制措施	控制频率	控制类型	责任部门（岗）	控制依据
C6	对筹资业务程序和资金使用情况的检查不严格、不准确，或检查对账人员与资金控制人员有相关利害关系，导致资金安全风险增加	确保严格按照规定权限和程序筹集资金，严格按照筹资方案确定的用途使用资金	1. 审查筹资业务的资金运作 2. 遵循筹资方案和筹资计划 3. 落实利害关系相关人员回避规定	按需不定期	审查核对	财务部经理	"企业筹资管理制度""资金检查回避管理规定"
E8	未对企业筹资过程中的违规人员进行追责，导致企业利益损失进一步扩大，同时带来严重负面影响	保证依法依规追究违规人员责任，保护企业利益	1. 落实违规人员追责管理规定 2. 遵守企业筹资管理制度 3. 遵守国家相关法律法规	按需不定期	审查核对	监事会主席	"企业筹资管理制度"

6.2 投资流程

6.2.1 投资方案拟定、论证、决策流程与内部控制矩阵

1. 投资方案拟定、论证、决策流程

企业投资
管理制度

部门名称	投融资管理部		流程名称		投资方案拟定、论证、决策流程
生效日期			概　要		5大控制点
单位	股东大会	董事会	总经办	财务部	投融资管理部
节点	A	B	C	D	E

企业名称			密　级		共　页　第　页
编制单位			签发人		签发日期

2. 投资方案拟定、论证、决策内部控制矩阵

控制点	风险描述	控制目标	内控要求				
			控制措施	控制频率	控制类型	责任部门（岗）	控制依据
C2	投资规划与企业战略规划不相符或有冲突，导致投资活动对企业发展的作用有限，甚至可能出现阻碍企业未来发展前景的风险	确保投资目标和规划充分地考虑了企业发展战略和规划、企业资金状况、筹资可能性等要素	1．明确董事会关于企业投资活动的议事结果，整理综合性文件，指导投资活动的具体执行　2．加强投资业务的工作汇报与检查	按需不定期	授权及批准	总经理	"企业投资管理制度"
D3	在企业现阶段没有面临转型危机的前提下，资金投放安排不能突出企业主业，导致投资业务占用企业现金流，投资机会成本过高，实际收益水平较低	确保资金投放安排充分与企业主业相结合，进一步推动企业经营发展	1．强化对资金投放安排的监督和检查，严查职业犯罪等问题　2．考虑政治、经济、金融、法律、市场等环境因素	按需不定期	关键绩效指标	财务部经理	"企业投资管理制度"
E5	在投资方案中对股票或衍生金融工具等高风险投资项目的规划过多，导致企业投资资金本金损失的风险较高，影响企业投资活动的资金收回，损害企业利益	慎重规划和筛选投资项目，保证投资资金本金能够被最大限度地收回	1．提高风险意识，避免一味追求高收益　2．强化对投资项目规划筛选工作的监督和检查，严查职业犯罪等问题　3．提高投资方案拟定人员的专业能力和水平，不断优化投资方案	按需不定期	关键绩效指标	投融资管理部经理	"企业投资管理制度"

续表

控制点	风险描述	控制目标	内控要求				
			控制措施	控制频率	控制类型	责任部门（岗）	控制依据
E6	未对投资方案是否符合企业的发展战略、是否有可靠的资金来源、能否取得稳定的投资收益，投资风险是否处于可控或可承担范围内，投资活动的技术可行性、市场容量与前景等重要内容进行全面分析，导致投资方案可行性分析结果参考价值有限	确保投资方案可行性分析项目完善，方法科学，整体风险可控性较高	1．遵循规定的程序和要求进行投资方案可行性分析 2．提高可行性分析人员的专业能力和水平，保证可行性分析报告的合理性和科学性 3．聘请专业的第三方对投资方案整体风险进行可行性评估	按需不定期	关键绩效指标	投融资管理部经理	"企业投资管理制度"
B7、C7、D7	未建立完善的分级授权审批制度、集体决策制度，或未严格执行分级授权审批制度、集体决策制度，导致决策者与制定者没有妥善分离，影响投资方案的决策公平性，企业利益存在受损的风险	确保投资方案的审批过程符合规定，决策者与制定者分离，审批有效	1．建立健全分级授权审批制度和集体决策制度 2．按照规定程序审批经过可行性论证的投资方案 3．落实决策者和制定者分离的原则	按需不定期	授权及批准	董事长	"企业投资管理制度""企业授权审批制度"

6.2.2　投资计划编制、审批、实施流程与内部控制矩阵

1．投资计划编制、审批、实施流程

部门名称	投融资管理部		流程名称		投资计划编制、审批、实施流程
生效日期			概　要		5大控制点
单位	董事会	总经办	财务部	投融资管理部	被投资方
节点	A	B	C	D	E

1				开始	
2				与被投资方洽谈、沟通合作事宜	交流沟通
3			审阅、指导	拟定投资合同或协议	合作谈判
4	未通过	未通过	未通过	落实投资金额、项目进度、完成时间、质量标准与要求等内容	协商确认
5	审议 ←通过 审批 ←通过 审批			编制具体的投资计划	
6	通过			签订投资合同或协议	合作签约
7				安排专人对投资项目进行进度跟踪和管理管控	履行投资合同
8			关注财务状况、经营成果、现金流量等情况	收集投资项目财务报告，组织投资效益分析	提供财务资料
9			及时评估，妥善处理	进行价值评估，做好会计记录	配合
10				结束	

企业名称			密　级		共　页　第　页
编制单位			签发人		签发日期

2. 投资计划编制、审批、实施内部控制矩阵

控制点	风险描述	控制目标	内控要求				
			控制措施	控制频率	控制类型	责任部门（岗）	控制依据
D4、D5	投资活动忽略资产结构与流动性的关系，未保持合理的资产结构，导致资产结构与流动性之间相互冲突	保证企业资产在适度流动性的前提下追求最大营利性	1．保持合理的资产结构 2．重视资产流动性和营利性的关系	按需不定期	关键绩效指标	投融资管理部经理	"企业投资管理制度"
A5、B5、C5	缺乏严密的企业授权审批制度和不相容职务分离制度，导致投资计划的决策、审批存在人员失职等违纪风险，可能进一步损害企业利益	确保投资计划的决策、审批过程程序正当，合法合规	1．建立企业授权审批制度和不相容职务分离制度 2．建立严密的责任追究制度 3．遵循企业相关制度的规定	按需不定期	授权及批准	董事长	"企业授权审批制度""不相容职务分离制度"
D7	未按照企业投资管理制度的规定以及投资计划的要求安排专人跟踪投资项目的进度，导致企业无法掌握投资项目的实际情况，存在失控的风险	保证指定的专人对投资项目进行进度跟踪和管理管控	1．制订投资项目进度跟踪和管理管控专项计划 2．安排专人进行跟踪管控 3．关注投资项目的市场条件和政策变化	按需不定期	关键绩效指标	投融资管理部经理	"企业投资管理制度"

控制点	风险描述	控制目标	内控要求				
			控制措施	控制频率	控制类型	责任部门（岗）	控制依据
D8	未及时收集被投资方经审计的投资项目财务报告等相关资料，未定期组织投资效益分析，未关注被投资方的财务状况、经营成果、现金流量以及投资合同履行情况，导致对异常情况的发现不及时，不能快速制定妥善的处理方案，损害企业投资利益	保证指定的专门机构或人员对被投资方的项目运营情况、财务状况进行监督、检查	1. 设置投资项目财务状况监督、检查标准 2. 安排专门机构或人员进行监督、检查 3. 按照规定定期组织投资效益分析 4. 关注被投资方的财务状况、经营成果、现金流量以及投资合同履行情况	按需不定期	关键绩效指标	投融资管理部经理	"企业投资管理制度"
D9	未按照企业投资管理制度的规定以及投资计划的要求对投资项目进行价值评估和会计记录，导致在投资项目运作过程中存在贪污舞弊的可能性，使企业投资收益受损	确保投资项目价值评估准确、及时，会计系统控制有效	1. 加强对投资项目会计系统的控制 2. 建立投资管理台账，详细记录投资对象、金额、持股比例、期限、收益等事项 3. 建立严密的资产保管制度，明确保管责任	按需不定期	关键绩效指标	投融资管理部经理	"企业投资管理制度"

6.2.3　到期投资项目处理流程与内部控制矩阵

1. 到期投资项目处理流程

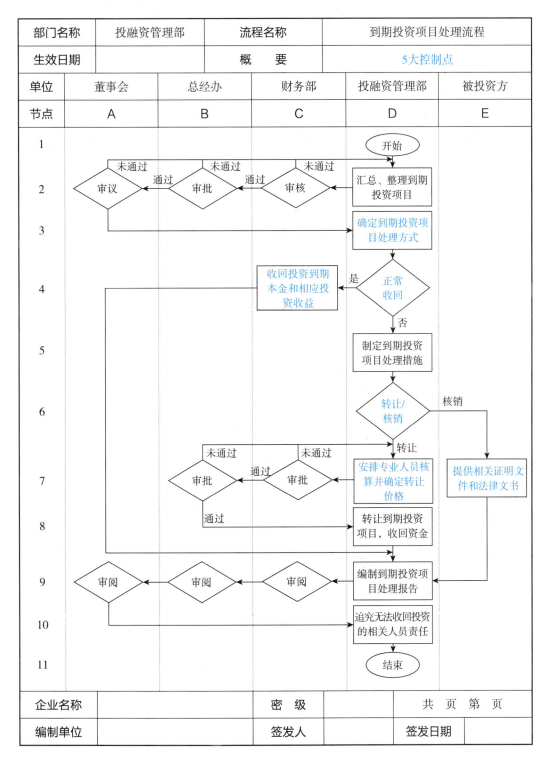

2. 到期投资项目处理内部控制矩阵

控制点	风险描述	控制目标	内控要求				
			控制措施	控制频率	控制类型	责任部门（岗）	控制依据
D3	未按照规定的审批流程确定到期投资项目的处理方式，或未对到期投资项目的处理方式进行审批，导致到期投资项目的处理方式错误，无法实现企业利益最大化或损害企业投资收益	合理确定到期投资项目的处理方式，并实现企业利益最大化	1. 遵循到期投资项目处理方式的审批流程 2. 加强对到期投资项目收回和处理环节的控制 3. 明确规定到期投资项目处理方式的决策和审批程序	按需不定期	授权及批准	投融资管理部经理	"企业投资管理制度"
C4、D4	未正确执行审批通过的到期投资项目处理决定，错误地对不应收回的到期投资项目进行收回处理，导致企业投资收益受损，甚至影响投资到期本金	确保到期投资项目的本金顺利收回，最大限度地收回企业投资收益	1. 落实企业管理层关于到期投资项目的决策和审批决定 2. 加强对到期投资项目收回和处理环节的控制 3. 重视投资到期本金的回收	按需不定期	关键绩效指标	财务部经理、投融资管理部经理	"企业投资管理制度"
D6	未正确执行审批通过的到期投资项目处理决定，对于应该转让或核销的到期投资项目不能正确区分，导致关于到期投资项目的处理措施失当，可能给企业带来经济纠纷等风险	确保到期转让和到期核销的投资项目处理方式正确，无程序失当	1. 明确到期投资项目转让和核销的处理标准 2. 遵循投资计划的规定 3. 加强对到期投资项目转让和核销的处理和控制	按需不定期	授权及批准	投融资管理部经理	"企业投资管理制度"

续表

控制点	风险描述	控制目标	内控要求				
			控制措施	控制频率	控制类型	责任部门（岗）	控制依据
D7	未按照企业投资管理制度的规定指定专人核算并确定转让到期投资项目的价格，转让价格未获得审批通过，存在徇私舞弊的操作空间，导致企业利益受损	合理确定到期投资项目的转让价格，保护企业投资收益	1. 落实到期投资项目转让的处理程序 2. 委托具有相应资质的专门机构进行价值评估 3. 加强对到期投资项目转让的处理和控制	按需不定期	关键绩效指标	投融资管理部经理	"企业投资管理制度"
E7	未按照企业投资管理制度的规定处理到期投资项目的核销工作，核销过程不清晰，核销手续不完善，项目处理有争议，导致企业利益受损	保证到期投资项目的核销处理程序合法、合规，手续完善、完备，企业利益得到保障	1. 明确到期投资项目核销需要的法律文书和相关证明文件 2. 加强对到期投资项目核销的审批和监督、审查 3. 加强对到期投资项目核销的处理和控制	按需不定期	关键绩效指标	投融资管理部经理	"企业投资管理制度"

6.2.4　企业并购管理流程与内部控制矩阵

1. 企业并购管理流程

部门名称	投融资管理部		流程名称		企业并购管理流程
生效日期			概　要		5大控制点
单位	董事会	总经办	财务部	投融资管理部	被并购企业
节点	A	B	C	D	E

企业名称		密　级		共　页　第　页	
编制单位		签发人		签发日期	

2. 企业并购管理内部控制矩阵

控制点	风险描述	控制目标	内控要求				
			控制措施	控制频率	控制类型	责任部门（岗）	控制依据
B2	企业并购目标和规划不完善，并购动机不明确，并购目标不清晰，盲目夸大企业并购能力，导致并购活动在前期的目标和规划上出现方向性错误	确保企业并购目标合理，并购规划详细，可行性高，通过并购活动能够推动企业进一步发展	1. 落实授权批准的审批流程和制度 2. 遵循企业的战略规划 3. 规范企业并购目标和规划的产生过程	按需不定期	授权及批准	总经理	"企业投资管理制度"
D5	未重点关注目标企业的财务状况，对目标企业的资产构成、股权配置、资产担保、不良资产等情况不了解，忽视目标企业隐性债务，导致企业并购成本估算错误，为企业埋下重大财务隐患	确保对目标企业的尽调充分、全面，估值客观、准确，没有遗漏的隐性债务	1. 收集、汇总、查阅目标企业的财务报表 2. 核对目标企业损失和收益情况，检查目标企业信息披露的真实性 3. 评估目标企业的资产、负债等一系列财务状况	按需不定期	关键绩效指标	投融资管理部经理	"企业投资管理制度"

控制点	风险描述	控制目标	内控要求				
			控制措施	控制频率	控制类型	责任部门（岗）	控制依据
D6	未重点关注目标企业的可持续发展能力，过于关注目标企业的经营现状而忽视未来发展，导致企业并购投资活动可能失去交易价值和战略意义	确保对目标企业的尽调充分、全面，依据企业战略规划，确定目标企业的可持续发展能力	1．编制目标企业可持续发展报告 2．强化协同意识，注重协同效率 3．配备专业的尽调团队	按需不定期	关键绩效指标	投融资管理部经理	"企业投资管理制度"
D7	未重点关注目标企业的员工状况及其与治理层和管理层的关联关系，导致并购之后企业核心员工流失，无法获得员工的支持和信任，无法实现协同效应，使得并购之后企业整合失败	确保对目标企业的尽调充分、全面，整合计划分类施策，实现成功并购	1．重视并购整合工作 2．制订完善的并购整合计划 3．配备专业的尽调团队	按需不定期	关键绩效指标	投融资管理部经理	"企业投资管理制度"
D8	对目标企业的估值过高，超过目标企业的实际交易价值，且对目标企业的协同价值评估失实，导致实际协同效率达不到预期水平，企业并购方案尽调不充分，影响企业并购结果	准确评估目标企业经济价值，正确评估目标企业协同价值	1．坚持企业并购目标，紧紧围绕并购目标对目标企业开展评估和尽调工作 2．聘用专业的第三方机构 3．遵循一定的保守原则，坚持并购交易底线	按需不定期	关键绩效指标	投融资管理部经理	"企业投资管理制度"

6.3　营运流程

6.3.1　资金支付流程与内部控制矩阵

1. 资金支付流程

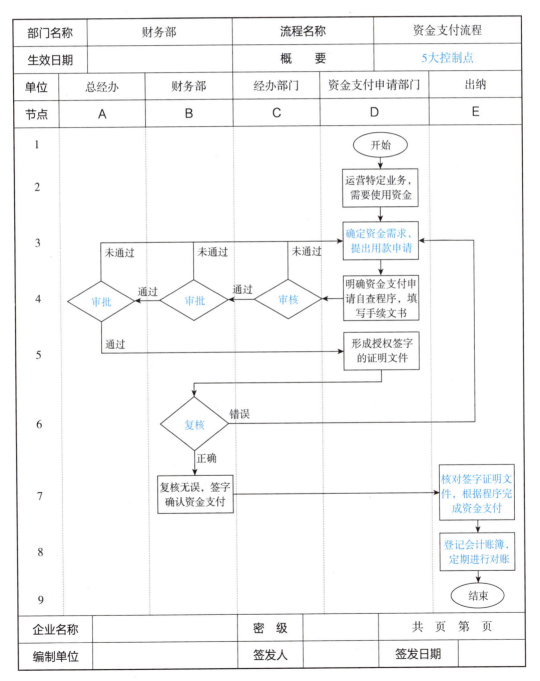

部门名称	财务部		流程名称		资金支付流程
生效日期			概　　要		5大控制点
单位	总经办	财务部	经办部门	资金支付申请部门	出纳
节点	A	B	C	D	E

企业名称		密　级		共　页　第　页	
编制单位		签发人		签发日期	

2. 资金支付内部控制矩阵

控制点	风险描述	控制目标	内控要求				
			控制措施	控制频率	控制类型	责任部门（岗）	控制依据
D3	资金需求的确定与实际业务经营发展要求不相符，或申请部门虚设资金用途，违规申请资金，导致企业资金营运过程中的潜在风险增加，资金支付损失的风险增大	确保每一项资金支付申请都有对应的业务发生，保证资金被合理安排、真实安排	1. 建立健全资金支付管理规定 2. 落实资金支付申请自查程序，填写手续文书 3. 规范资金支付申请提交流程	按需不定期	授权及批准	资金支付申请部门经理	"企业资金营运管理制度"
A4、B4、C4	未严格执行资金支付申请分级授权审批制度，或审批人与申请人有相关利害关系，导致资金支付申请出现违规审批、越权审批、虚假审批等现象，损害企业利益	严格审批资金支付申请发生业务的真实性、金额的准确性以及申请人提交的票据或者证明的合法性	1. 严格执行分级授权审批制度 2. 监督、检查资金支付申请审批过程的合法合规性 3. 强化对违规审批、越权审批、虚假审批等行为的追责管理	按需不定期	授权及批准	财务部经理	"企业资金营运管理制度" "企业授权审批制度"
B6	财务复核程序不到位，复核步骤不完善，复核结果流于形式，未能发现资金支付申请审批过程中的遗漏问题，导致财务复核流程名存实亡，资金营运风险增加	严格执行财务复核工作，准确发现遗漏问题、潜在问题，进一步增强资金控制	1. 落实财务复核流程，认真复核 2. 复核业务的真实性、金额的准确性 3. 复核相关票据的齐备性及相关手续的合法性和完整性	按需不定期	关键绩效指标	财务部经理	"企业资金营运管理制度"

续表

控制点	风险描述	控制目标	内控要求				
			控制措施	控制频率	控制类型	责任部门（岗）	控制依据
E7	未认真检查、核对签字证明文件的真实性，未严格按照程序进行资金支付，未获取收款人签字证明，导致资金支付出现严重失误	确保资金支付符合企业相关管理制度的规定，正确完成支付	1. 遵守资金支付相关管理规定和要求 2. 不断提高出纳人员职业素养和业务能力 3. 强化监督、检查的力度	按需不定期	授权及批准	出纳人员	"企业资金营运管理制度"
E8	未按相关规定进行资金支付记账、对账控制，导致企业资金支付凭证和账簿等资料管理混乱，增加经济纠纷风险	及时登记并妥善保管各类凭证、账簿等资料	1. 定期检查出纳人员的工作 2. 定期进行账证核对、账账核对、账表核对、账实核对等 3. 不断提高出纳人员职业素养和业务能力	每日	关键绩效指标	出纳人员	"企业资金营运管理制度"

6.3.2 资金授权审批流程与内部控制矩阵

1. 资金授权审批流程

部门名称	财务部		流程名称		资金授权审批流程
生效日期			概　要		5大控制点
单位	总经理	财务部经理	经办部门经理	经办部门主管	资金支付申请人
节点	A	B	C	D	E

企业名称			密　级		共　页　第　页
编制单位			签发人		签发日期

2. 资金授权审批内部控制矩阵

控制点	风险描述	控制目标	内控要求				
			控制措施	控制频率	控制类型	责任部门（岗）	控制依据
E3	资金支付申请人为了申请资金而虚造发生业务，虚设资金用途，使用虚假资金支付证明材料，导致企业在资金授权审批过程中违规人员徇私舞弊的风险增加	确保资金支付证明材料与发生业务保持一致，无虚假内容	1. 明确资金支付证明材料的整理要求 2. 强化监督、检查的力度	按需不定期	授权及批准	资金支付申请部门	"企业资金营运管理制度"
E5	未按照要求提交资金支付原始凭证，对用途、金额、时间等事项记录不清，导致资金授权审批未通过，影响企业经营业务的市场竞争效率	确保资金支付原始凭证符合提交要求，顺利进入审批流程	1. 规范资金支付原始凭证和相关手续的提交程序 2. 加强资金授权审批事项对各申请部门的培训说明	按需不定期	授权及批准	资金支付申请部门	"企业资金营运管理制度"
C5、D5	未合理划分经办人员的授权范围，导致未经授权的人员审批办理资金收支业务；未严格执行相关制度的管理规定，造成违规审批、越权审批、虚假审批等现象，损害企业利益	确保资金收支授权审批合法合规，程序正当，审批公正，维护企业利益	1. 严格履行分级审批制度 2. 明确、合理划分审批权限 3. 强化对经办审批过程监督、检查的力度	按需不定期	授权及批准	经办部门	"企业资金营运管理制度""企业授权审批制度"

控制点	风险描述	控制目标	内控要求				
			控制措施	控制频率	控制类型	责任部门（岗）	控制依据
A5、B5	审批控制无法保持企业生产经营各环节资金供求的动态平衡，不能促进资金合理循环和周转，不能确保资金安全，导致企业资金授权审批控制失败	保证资金供求与企业业务的平衡，不断提高资金使用效率，保证资金安全	1. 合理安排资金在企业各个生产经营环节的预算 2. 遵守实物流和资金流的相互协调、资金收支在数量上和时间上相互协调的要求 3. 减少资金闲置和沉淀等低效现象 4. 加强资金营运的内部控制，为短期资金寻找适当的投资机会	按需不定期	关键绩效指标	总经办	"企业资金营运管理制度"
E6	资金支付申请人违规获取或伪造授权签字的证明文件，以此骗取企业资金，导致企业资金流失	确保对资金收支相关业务的授权签字证明文件进行严格管理、准确对应	1. 加强对授权签字证明文件的查验、核对 2. 规范对授权签字证明文件的日常管理 3. 建立健全对违规人员的追责制度	按需不定期	审查核对	资金支付申请部门	"企业资金营运管理制度"

第 7 章

采购业务

7.1 购买流程

7.1.1 需求计划和采购计划编制流程与内部控制矩阵

1. 需求计划和采购计划编制流程

部门名称	采购部	流程名称	需求计划和采购计划编制流程	
生效日期		概　要	5大控制点	
单位	总经办	采购部		需求部门
节点	A	B		C

流程图节点内容：

- 1：开始（需求部门）
- 2：做好采购需求预测（采购部）；产生采购需求（需求部门）
- 3：汇总、分析采购需求（需求部门）
- 4：接收需求计划（采购部）；形成需求计划（需求部门）
- 5：归类、汇总、平衡现有库存物资（采购部）
- 6：审批（总经办，未通过／通过）；统筹安排采购计划（采购部）
- 7：进行采购工作（采购部）
- 8：结束（采购部）

企业名称		密　级		共　页　第　页
编制单位		签发人		签发日期

2. 需求计划和采购计划编制内部控制矩阵

控制点	风险描述	控制目标	内控要求				
			控制措施	控制频率	控制类型	责任部门（岗）	控制依据
B2	需求预测远离目标，结果失真，无法对采购工作形成有效指导，影响企业采购决策，不利于企业节约资金，合理分配预算	提高采购需求预测的准确性	1. 判断影响采购需求的因素，并尽量降低这些因素带来的影响。影响采购需求的主要因素有市场销售情况、生产情况、物流情况、仓储情况、资金情况等 2. 提高采购需求预测精细度，合理设置采购需求预测区间 3. 合理使用定量、定性方法进行采购需求预测	每月	职责分工	采购部经理	"采购部工作制度"
C4	需求计划与实际脱离，应变能力弱，计划的效用就会大打折扣，计划不能及时调整以应对需求变动，导致企业生产、采购、仓储、物流、交付等后续部分出现问题	增强需求计划的适变能力和实际性，确保其能满足需求变动的需要	1. 不断加强需求计划的数据化、数字化、专业化与智能化，重点关注新时代的新趋势，利用好科技手段，划分好专业人才，促使需求计划管理工作最终向精准化靠拢 2. 通过不断地掌握供应链各部分的信息，让需求计划更加准确，降低不确定性带来的风险，使需求计划的驱动效用最大化 3. 加强对企业供应链系统的了解，让需求计划以数据为基础，并在合理范围内共享数据	每月	关键绩效指标	需求部门经理	"采购部工作制度"

控制点	风险描述	控制目标	内控要求				
			控制措施	控制频率	控制类型	责任部门（岗）	控制依据
B4	对需求计划接收不及时，延误需求部门的采购需求，给需求部门的生产经营带来不利影响	确保需求部门的计划申请被及时查看并审阅，不耽误需求部门的正常运作	1. 指派专人负责需求计划的接收，落实岗位责任制 2. 加强对需求计划接收工作的监督与考评	每日	关键绩效指标	采购部经理	"采购部工作制度"
B5	未以现有库存物资为基础，而盲目地开展采购工作，导致库存过于冗余，增加了企业"两金"规模	确保采购工作是在充分归类、汇总、平衡现有库存物资后进行的	1. 仔细审查企业现有库存物资，并事先设置风险值，当低于风险值时就需要尽快采购，若高于风险值则优先清理库存 2. 根据发展目标实际需要，结合库存和在途情况，科学地安排采购计划，防止采购数量过高或过低	按需不定期	关键绩效指标	采购部经理	"采购部工作制度"
B6	采购计划缺失或内容不完整、不准确，没有满足需求计划的要求，也没有根据实际情况对需求计划作适当调整，导致采购工作无法紧贴企业生产经营实际	确保采购计划符合企业生产经营实际，提高采购计划的专业性与准确性	1. 采购计划要注意提高采购工作的集中性，避免多头采购或分散采购，以提高采购业务效率，降低采购成本，填补管理漏洞 2. 对办理采购业务的人员定期进行岗位轮换 3. 重要和技术性较强的采购业务，应当组织相关专家进行论证，实行集体决策和审批	按需不定期	关键绩效指标	采购部经理	"采购部工作制度"

7.1.2 采购申请流程与内部控制矩阵

1. 采购申请流程

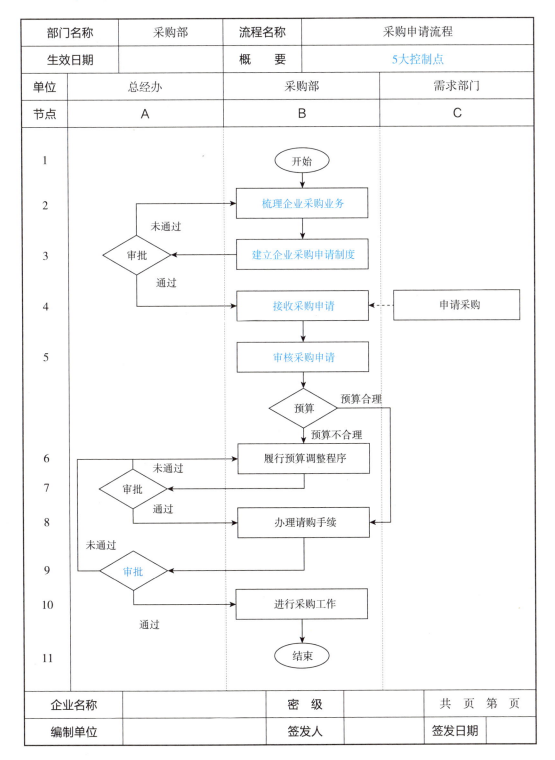

2. 采购申请内部控制矩阵

控制点	风险描述	控制目标	内控要求				
			控制措施	控制频率	控制类型	责任部门（岗）	控制依据
B2	对企业采购业务不熟悉，导致采购工作经常出现问题，也不能适应企业生产和市场发展的变化	提高对企业采购业务的熟悉程度与掌控能力，减少采购工作的失误	1. 定期开展分析会议，梳理、总结一段时间以内的采购业务成果与问题 2. 及时更新与维护企业采购业务资料 3. 加强对普通员工的培训，提升采购部门的整体能力	每月	职责分工	采购部经理	"采购部工作制度"
B3	企业采购申请制度缺失或不合理，影响企业正常采购业务的开展	推动内容合理、规章明确的企业采购申请制度的建立，以指导采购申请工作	以企业实际情况为基础建立健全企业采购申请制度，依据购买物资或接受劳务的类型，确定归口管理部门，并授予相应的请购权，明确相关部门或人员的职责权限及相应的请购和审批程序	按需不定期	职责分工	采购部经理	"采购部工作制度""企业采购申请制度"
B4	对采购申请接收与记录不及时，延误需求部门的采购需求，给需求部门的生产经营带来不利影响	确保采购申请被及时查看并审阅，不耽误需求部门的正常运作	1. 指派专人负责采购申请的接收，落实岗位责任制 2. 加强对采购申请接收工作的监督与考评	每日	关键绩效指标	采购部经理	"采购部工作制度""企业采购申请制度"

续表

控制点	风险描述	控制目标	内控要求				
			控制措施	控制频率	控制类型	责任部门（岗）	控制依据
B5	采购申请审核不严格，导致采购结果不符合需要或造成库存冗余、资金浪费等问题	确保每一次采购申请都是经过严格审核并符合要求的，降低采购工作失误率	1. 认真审核采购申请，对于预算内采购项目，应当严格按照预算执行进度办理请购手续 2. 对于预算外采购项目，应先履行预算调整程序，由具备相应审批权限的部门或人员审批后，再办理请购手续	按需不定期	关键绩效指标	采购部经理	"采购部工作制度""企业采购申请制度"
A9	请购审批不严，导致采购内容不符合要求，造成资源浪费或不足	确保通过的请购手续正当、符合程序	重点关注采购申请内容是否准确、完整，是否符合生产经营需要，是否符合采购计划，是否在采购预算范围内等。对不符合规定的采购申请，应要求请购部门调整请购内容或拒绝批准	按需不定期	关键绩效指标	生产部经理	"生产部工作制度""企业采购申请制度"

7.1.3　供应商选择流程与内部控制矩阵

1. 供应商选择流程

部门名称	采购部		流程名称	供应商选择流程
生效日期			概　要	6大控制点
单位	总经办	采购部	相关部门	供应商
节点	A	B	C	D

节点	A（总经办）	B（采购部）	C（相关部门）	D（供应商）
1		开始		
2	指导	建立科学的供应商评估和准入制度	建议	
3	指导	供应商市场调查		被调查
4		确定合格的供应商清单	建议	
5		与供应商对接洽淡		对接、洽淡
6	授权	签订合作协议		签订合作协议
7	指导	建立供应商管理信息系统和淘汰制度	建议	
8	指导	定期考评、调整供应商	建议	被考评
9		结束		

企业名称		密　级		共　页　第　页
编制单位		签发人		签发日期

2. 供应商选择内部控制矩阵

控制点	风险描述	控制目标	内控要求				
			控制措施	控制频率	控制类型	责任部门（岗）	控制依据
B2	供应商评估和准入制度缺失或不合理、不完善，导致企业无法选择合适的供应商，给企业采购业务带来麻烦，增加采购工作的成本，影响采购工作的质量	建立科学合理、公平公正、切合实际的供应商评估和准入制度	1．根据企业实际需求，安排专人根据企业有关规定建立科学的供应商评估和准入制度 2．加强对供应商评估和准入制度建设的评估与审查，确保制度的合理性	按需不定期	职责分工	采购部经理	"采购部工作制度" "供应商管理制度"
B3	忽视对供应商市场的调查或调查不充分，导致企业不能充分了解供应商市场，不能选择真正适合企业的供应商	确保企业对供应商市场有足够充分、准确的了解	1．安排专人开展调查工作，对调查内容、周期、数量作出明确要求 2．采用多种方式开展调查工作，必要时可与外部专业机构合作进行	按需不定期	关键绩效指标	采购部经理	"采购部工作制度" "供应商管理制度"

续表

控制点	风险描述	控制目标	内控要求				
			控制措施	控制频率	控制类型	责任部门（岗）	控制依据
B4	调查结果没有得到充分利用，调查工作流于形式，没有发挥调查的真正作用	确保调查工作的结果得到重视并被合理利用	1. 根据供应商市场调查结果，对供应商资质信誉情况的真实性和合法性进行审查，确定合格的供应商清单，健全企业统一的供应商网络系统 2. 对供应商提供的物资或劳务的质量、价格、交货及时性、供货条件及其资信、经营状况等进行实时管理和综合评价，根据评价结果对供应商进行合理选择和调整	按需不定期	关键绩效指标	采购部经理	"采购部工作制度""供应商管理制度"
B6、D6	没有与供应商签订完备的合作协议或合作协议内容不完整、有风险，或采取不正当的方式与供应商签订合作协议，为企业与供应商的后续合作埋下隐患	确保与供应商签订正当、合理、完备的合作协议	按照公平、公正和竞争的原则，择优选择供应商，在切实防范舞弊风险的基础上，与供应商签订质量保证的合作协议	按需不定期	授权及批准	采购部经理	"采购部工作制度""供应商管理制度"

控制点	风险描述	控制目标	内控要求				
			控制措施	控制频率	控制类型	责任部门（岗）	控制依据
B7	供应商管理信息系统和淘汰制度缺失或不完善，导致对已有供应商的管理无从下手，无法对已有供应商作出客观、公平的评价	提高对已有供应商的评价和甄别能力，提高供应商服务质量	1. 根据企业实际需求，安排专人依据企业有关规定建立供应商管理信息系统和淘汰制度 2. 加强对供应商管理信息系统和淘汰制度建设的评估与审查，确保制度的合理性	按需不定期	职责分工	采购部经理	"采购部工作制度""供应商管理制度"
B8	忽视对供应商的考评和调整工作，导致无法发现服务质量不高的供应商，影响企业采购业务的质量	确保企业能定期考评并调整服务质量不高的供应商	对供应商提供的物资或劳务的质量、价格、交货及时性、供货条件及其资信、经营状况等进行实时管理和考核评价，根据考核评价结果，提出供应商淘汰和更换名单，经审批后对供应商进行合理的选择和调整，并在供应商管理信息系统中作出相应记录	每月	关键绩效指标	采购部经理	"采购部工作制度""供应商管理制度"

7.1.4　采购价格确定流程与内部控制矩阵

1. 采购价格确定流程

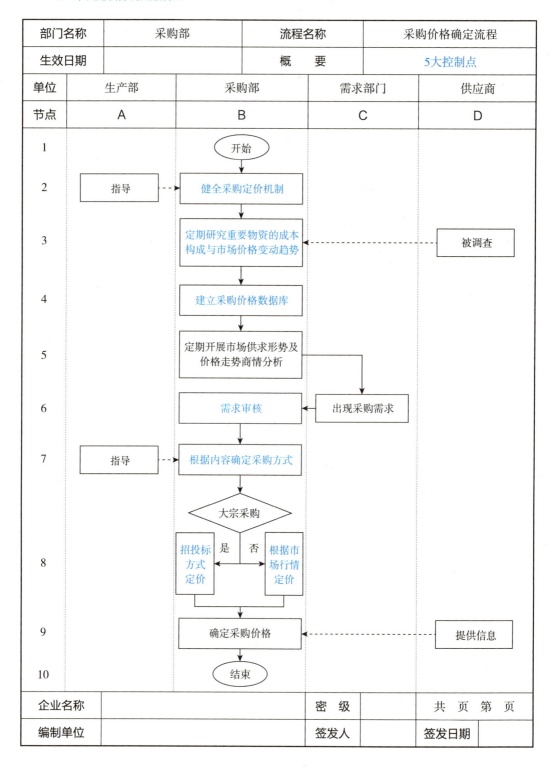

2. 采购价格确定内部控制矩阵

控制点	风险描述	控制目标	内控要求				
			控制措施	控制频率	控制类型	责任部门（岗）	控制依据
B2	采购定价机制缺失或不合理、不完善，导致企业无法确定合理的采购价格，无法缩减采购成本	建立科学合理、内容具体、指导性强的采购定价机制，确保采购定价工作有制度可依	1. 根据企业实际需求，安排专人依据企业有关规定建立采购定价机制 2. 加强对采购房价机制建设的评估与审查，确保机制的合理性	按需不定期	职责分工	采购部经理	"采购部工作制度" "采购定价工作规范"
B3	缺乏对重要物资的成本构成与市场价格变动趋势的了解，失去市场敏锐度，导致采购工作无法紧跟市场变化，无法确定合理价格，增加采购成本	加深对重要物资成本构成与市场价格变动的了解，确保采购定价有实际依据	定期研究重要物资的成本构成与市场价格变动趋势，确定重要物资品种的采购执行价格或参考价格	每月	关键绩效指标	采购部经理	"采购部工作制度" "采购定价工作规范"
B4	没有建立采购价格数据库，导致面对繁多的采购项目无从下手，不能根据采购内容精准定位采购价格	推动内容完善、数据丰富的采购价格数据库的建立	1. 妥善处理采购资料，分析后建立采购价格数据库 2. 将采购价格数据库用于分析、研究重要物资的市场供求形势及价格走势商情，并合理利用	每月	关键绩效指标	采购部经理	"采购部工作制度" "采购定价工作规范"

控制点	风险描述	控制目标	内控要求				
			控制措施	控制频率	控制类型	责任部门（岗）	控制依据
B6	需求审核程序不严或有遗漏，造成企业资金浪费	确保每次需求申请都经过严格的审核	1．安排专人进行需求审核工作，并定期检查其审核台账 2．加强对审核人员的监督、考核，并不定期更换审核人员，防止审核人员徇私舞弊	每日	审查核对	采购部经理	"采购部工作制度""采购定价工作规范"
B7	没有选择合适的采购方式，导致采购过程不顺利，或因采用了错误的采购方式，导致采购过程过长，采购成本过高	确保每次采购都选择最恰当的采购方式，采购价格得到合理控制，采购成本得到缩减	1．应当按规定判断采购是否为大宗采购，并据此选择采购方式 2．大宗采购应当采用招投标方式，合理确定招投标的范围、标准、实施程序和评标规则；一般物资或劳务等的采购可以采用询价或定向采购的方式并签订合同协议；小额零星物资或劳务等的采购可以采用直接购买等方式	按需不定期	关键绩效指标	采购部经理	"采购部工作制度""采购定价工作规范"

7.1.5 招标采购管理流程与内部控制矩阵

1. 招标采购管理流程

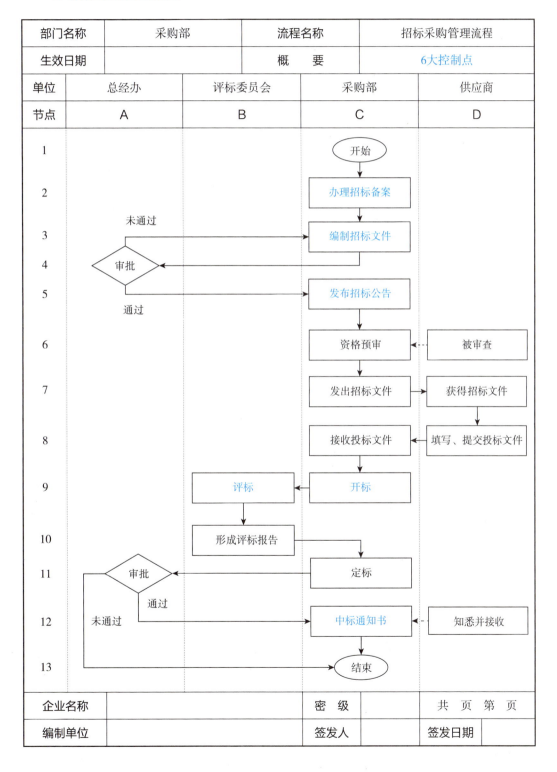

2. 招标采购管理内部控制矩阵

控制点	风险描述	控制目标	内控要求				
			控制措施	控制频率	控制类型	责任部门（岗）	控制依据
C2	招标工作没有备案，导致被有关部门发现，使招标工作被迫整改甚至中止，给企业带来不良社会影响	确保需要备案的招标工作在有关部门备案完毕	1．依法必须进行招标，并自行办理招标事宜的项目，应当及时向有关行政监督部门备案 2．严格审查备案文件，确保备案工作准确无误	按需不定期	关键绩效指标	采购部经理	《中华人民共和国招标投标法》"采购部工作制度"
C3	招标文件不规范、不完善，导致其公信力缺失，使得招标工作难以顺利开展	确保招标文件完整、规范	1．根据招标项目的特点和需要编制招标文件。招标文件应当包括招标项目的技术要求、对投标人资格审查的标准、投标报价要求和评标标准等所有实质性要求和条件以及拟签订合同的主要条款 2．加强对招标文件的审查，审查不通过的，不得发布公告	按需不定期	关键绩效指标	采购部经理	《中华人民共和国招标投标法》"采购部工作制度"
C5	未发布招标公告或公告内容、时间出错，影响招标工作的正常进行	确保招标公告被准确、及时地发布	1．依法必须发布招标公告的项目，应当通过国家指定的报刊、信息网络或者其他媒介发布 2．招标公告应当载明招标人的名称和地址、招标项目的性质、数量、实施地点和时间以及获取招标文件的办法等事项	按需不定期	关键绩效指标	采购部经理	《中华人民共和国招标投标法》"采购部工作制度"

续表

控制点	风险描述	控制目标	内控要求				
			控制措施	控制频率	控制类型	责任部门（岗）	控制依据
C9	开标时间、地点、流程出错，影响招投标工作的正常运行	确保在规定的时间、地点按规定的流程开标	1. 开标应当在招标文件确定的提交投标文件截止时间的同一时间公开进行；开标地点应当为招标文件中预先确定的地点 2. 开标时，由投标人或者其推选的代表检查投标文件的密封情况，也可以由招标人委托的公证机构检查并公证；经确认无误后，由工作人员当众拆封，宣读投标人名称、投标价格和投标文件的其他主要内容 3. 在招标文件要求提交投标文件的截止时间前收到的所有投标文件，开标时都应当众予以拆封、宣读 4. 应当记录整个开标过程，并存档备查	按需不定期	关键绩效指标	采购部经理	《中华人民共和国招标投标法》"采购部工作制度"
B9	评标过程不公正、不合理，影响企业声誉，也导致无法选择到最合适的供应商	确保评标过程公平、公正	1. 评标由招标人依法组建的评标委员会负责 2. 按照招标文件确定的评标标准和方法，对投标文件进行评审和比较；设有标底的，应当参考标底 3. 应当客观、公正地履行职务，遵守职业道德，对所提出的评审意见承担个人责任	按需不定期	关键绩效指标	采购部经理	《中华人民共和国招标投标法》《评标委员会和评标方法暂行规定》"采购部工作制度"

续表

控制点	风险描述	控制目标	内控要求				
			控制措施	控制频率	控制类型	责任部门（岗）	控制依据
C12	未及时发送中标通知书或发送给错误的对象，将影响整个招标工作的结果	确保中标人在规定的时间内收到正确的中标通知书	1. 向中标人发出中标通知书，并同时将中标结果通知所有未中标的投标人 2. 尊重中标通知书的法律效力，中标通知书发出后，招标人改变中标结果的，或者中标人放弃中标项目的，应当依法承担法律责任	按需不定期	关键绩效指标	采购部经理	《中华人民共和国招标投标法》"采购部工作制度"

7.1.6 框架协议或采购合同订立流程与内部控制矩阵

1. 框架协议或采购合同订立流程

部门名称	采购部		流程名称		框架协议或采购合同订立流程
生效日期			概　要		5大控制点
单位	总经办	采购部		其他相关部门	供应商
节点	A	B		C	D

节点	流程
1	开始
2	进行风险评估 ⇠⇠ 接受风险评估
3	再次确定采购细节
4	拟定采购合同 ⇠ 建议
5	专业人士参与 / 视情况进行洽谈 ⇠ 洽谈
6	未通过 审批 ← 确定最终合同 / 通过
7	授权 ⇢ 签订合同 ⇠ 签订合同
8	履行合同 ⇠ 履行合同
9	结束

企业名称		密　级		共　页　第　页
编制单位		签发人		签发日期

2. 框架协议或采购合同订立内部控制矩阵

控制点	风险描述	控制目标	内控要求				
			控制措施	控制频率	控制类型	责任部门（岗）	控制依据
B2	风险评估意识差或评估工作不到位，导致潜在风险没有被发现，为后续合作埋下隐患	确保对供应商和合作环境进行了全面的评估，尽可能地排查了风险	1. 加强对拟签订框架协议或采购合同的供应商的主体资格、信用状况等的风险评估 2. 框架协议的签订应引入竞争制度，确保供应商具备履约能力	按需不定期	关键绩效指标	采购部经理	"采购部工作制度"
B4	采购合同拟定得不合理、不完善、存在漏洞且未被发现，或采购合同没有以采购事实为依据，导致后续合作时双方出现偏差	提高拟定的采购合同的准确性、专业性，避免反复修改，浪费时间	应当根据确定的供应商、采购方式、采购价格等情况，拟订采购合同，准确描述合同条款，明确双方权利、义务和违约责任，按照规定权限签署采购合同	按需不定期	审查核对	采购部经理	"采购部工作制度" "企业合同管理制度"
B5	忽视与供应商进行洽谈，导致本可以争取的价格空间被忽略，重大项目的合作细节没有完全统一	确保合作前双方经过严密的洽谈，在方方面面都达成统一	1. 对于影响重大、涉及较高专业技术或法律关系复杂的合同，应当组织法律、技术、财会等专业人员参与洽谈，必要时可聘请外部专家参与相关工作 2. 对重要物资验收量与合同量之间允许的差异，应当作出统一规定	按需不定期	关键绩效指标	采购部经理	"采购部工作制度" "企业合同管理制度"

续表

控制点	风险描述	控制目标	内控要求				
			控制措施	控制频率	控制类型	责任部门（岗）	控制依据
B6	最终确定的合同仍存在漏洞，或很多风险没有被排查、修改，从而影响后续合作	确保最终确定的合同完整、准确、规范，确保合同内容是双方同意的	1．加强对最终合同的审核，企业法务部门、各部门专业人士多提意见 2．将最终合同报总经办审批，若有错误及时修改，审批通过后方可进行后续流程	按需不定期	关键绩效指标	采购部经理	"采购部工作制度" "企业合同管理制度"
B7	签订合同过程不规范或没有现场仔细审阅合同，导致签订的合同实际存在风险；没有得到管理层的授权就与供应商签订合同	确保签订合同的过程顺利进行，事后没有遗留问题，提升与巩固企业在诚实守信方面的形象	1．在指定时间、指定地点与对方指定代表签订合同 2．合同签订须得到总经办的授权 3．签订合同前须先多次、认真审阅合同内容 4．注意对合同进行备份与保管	按需不定期	授权及批准	采购部经理	"采购部工作制度" "企业合同管理制度"

7.1.7 采购合同跟踪流程与内部控制矩阵

1. 采购合同跟踪流程

部门名称	采购部		流程名称		采购合同跟踪流程
生效日期			概　要		7大控制点
单位	总经办	采购部		供应商	外部监造单位
节点	A	B		C	D

1		开始		
2	未通过	建立严格的采购合同跟踪制度		
3	审批			
4	通过	审核已签订的合同		
5		选择运输方式，办理运输、投保等事宜	参与	
6		跟踪合同履行情况	合作	
7		发现问题	报告	
8		提出方案，解决问题	参与	
			配合	
9	指导、授权	对重要物资执行点检、巡视和监造制度		合作
10		实行全过程的采购登记制度或信息化管理机制	配合	
11		结束		

企业名称			密　级		共　页　第　页
编制单位			签发人		签发日期

2. 采购合同跟踪内部控制矩阵

控制点	风险描述	控制目标	内控要求				
			控制措施	控制频率	控制类型	责任部门（岗）	控制依据
B2	未建立严格的采购合同跟踪制度或制度不完善、不健全，导致跟踪工作没有规范可依，流程不清	推动完善的采购合同跟踪制度的建立	1. 指派专人建立严格的采购合同跟踪制度，科学评价供应商的供货情况 2. 加强对采购合同跟踪制度的审核，确保制度没有漏洞且内容清晰、合理	按需不定期	职责分工	采购部经理	"采购部工作制度""采购合同跟踪制度"
B5	运输方式选择不合理，或忽视办理运输、投保工作，导致物资运输缓慢或货物受损且没有追溯手段	提高货物运输的效率和安全性	根据生产建设进度和采购物资特性等因素，选择合理的运输方式，办理运输、投保等事宜，实时掌握物资采购供应过程的情况	按需不定期	关键绩效指标	采购部经理	"采购部工作制度""采购合同跟踪制度"
B6	忽视对采购合同的跟踪，导致合同履行中出现问题无法及时被发现，给企业带来损失，也影响与供应商的合作关系	确保采购合同履行的过程可控	1. 指派专人执行跟踪工作，并派人定期检查 2. 建设可视化信息系统，加强对合同履行过程中的管控能力	每日	关键绩效指标	采购部经理	"采购部工作制度""采购合同跟踪制度"
B7	无法及时发现问题，导致隐患一直存在，给企业带来重大损失	确保采购合同履行过程中的所有问题都被检测到且及时报告	1. 加强与合同实际履行人的联络，时刻确认合同履行实际情况 2. 必要情况下安排专人现场跟进与监督合同履行情况 3. 及时报告问题，确立问题反馈机制，明确反馈的时间节点与时间限制	按需不定期	关键绩效指标	采购部经理	"采购部工作制度""采购合同跟踪制度"

控制点	风险描述	控制目标	内控要求				
			控制措施	控制频率	控制类型	责任部门（岗）	控制依据
B8	无法及时提出解决方案或解决方案不合理、不科学，无法解决问题，甚至加重问题的不利影响	确保发现的问题被及时反馈并得到解决	1．对于异常情况要及时报告，然后出具书面报告并及时提出解决方案 2．积极与企业相关部门、供应商沟通，发现主要矛盾，集中所有智慧，尽快解决问题	按需不定期	关键绩效指标	采购部经理	"采购部工作制度""采购合同跟踪制度"
B9	对重要物资的敏锐度不够，忽视对其的重点监督，且没有采取合适的方法跟进，导致采购效率不高	确保重要物资得到妥善监督、控制	1．对重要物资建立并执行合同履约过程中的巡视、点检和监造制度 2．对需要监造的物资，择优确定监造单位，签订监造合同，落实监造责任人，审核监造大纲，审定监造报告，并及时向技术等部门通报	每日	关键绩效指标	采购部经理	"采购部工作制度""采购合同跟踪制度"
B10	采购登记制度或信息化管理机制缺失或不完善，导致无法对采购合同履行情况进行更加全面的监控	推动企业建立健全采购登记制度或信息化管理机制，强化对采购合同的跟踪、控制	1．严格做好采购业务各环节的记录，严格实行全过程的采购登记制度或信息化管理机制，确保采购过程的可追溯性 2．加大对信息化管理机制的投入，并尽快在企业采购业务与其他业务上应用该机制	按需不定期	授权及批准	采购部经理	"采购部工作制度""采购合同跟踪制度"

7.1.8　采购验收流程与内部控制矩阵

1. 采购验收流程

采购质量
验收制度

部门名称	采购部		流程名称	采购验收流程
生效日期			概　要	6大控制点
单位	总经办	采购部	质量、仓储等部门	供应商
节点	A	B	C	D

企业名称		密　级		共　页　第　页
编制单位		签发人		签发日期

流程图节点：
1 开始
2 建立采购验收制度
3 审批（未通过/通过）
4 收到物资 —— 收到物资
5 根据清单检验物资 —— 检验物资
是否合格（否/是）
6 查明原因
7 视情况作出指示 ← 报告情况　入库
8 办理让步接收、退货、索赔等事宜　换货或赔偿处理
9 验收登记
10 结束

2. 采购验收内部控制矩阵

控制点	风险描述	控制目标	内控要求				
			控制措施	控制频率	控制类型	责任部门（岗）	控制依据
B2	未建立采购验收制度或制度不完善、不健全，导致验收工作没有规范可依，流程不清	推动完善的采购验收制度的建立，明确采购验收工作的流程与标准，让采购验收工作有规范可依	1. 指派专人建立严格的采购验收制度，确定检验方式、方法、步骤、标准等 2. 加强对采购验收制度的审核，确保采购验收制度没有漏洞且内容清晰、合理	按需不定期	职责分工	采购部经理	"采购部工作制度""采购验收制度"
B5、C5	物资检验不规范或不细心，导致检验结果出现问题，错误的、不合格的物资也被入库，给企业带来损失	确保检验入库的物资准确、合格，提高检验工作的规范性与准确性	1. 由专门的验收机构或验收人员对采购项目的品种、规格、数量、质量等相关内容进行验收，并出具验收证明 2. 涉及大宗和新、特殊物资采购的，还应进行专业测试，必要时可委托具有检验资质的机构或聘请外部专家协助验收	按需不定期	关键绩效指标	采购部经理	"采购部工作制度""采购验收制度"
B6、B7	对于验收过程中的异常情况，没有及时查明，及时报告，或报告后因为疏忽没有及时处理，导致验收了不合格物资	确保验收过程中的异常情况被及时查明并报告处理	验收过程中发现的异常情况，负责验收的机构或人员应当立即向企业有权管理的相关机构报告，相关机构应当查明原因并及时处理	按需不定期	关键绩效指标	采购部经理	"采购部工作制度""采购验收制度"

续表

控制点	风险描述	控制目标	内控要求				
			控制措施	控制频率	控制类型	责任部门（岗）	控制依据
C7	入库过程不规范，导致物资被放置在不合适的位置；入库过程中工作失误，导致物资损坏；入库后没有做好登记	确保物资被正确、规范地存放在合适的位置	1．及时、准确地进行入库处理，严格按照入库工作有关要求进行 2．验收合格的物资，填制入库凭证，加盖物资"收讫章"，登记实物账，及时将入库凭证传递给财会部门	按需不定期	关键绩效指标	采购部经理	"采购部工作制度" "采购验收制度" "仓储部工作办法"
B8	对于不合格的物资，没有采取正确的应对方式，没有与供应商进行有效沟通，影响采购工作的质量，耽误生产部的工作	确保不合格与异常物资被妥善处理	1．对于不合格物资，采购部依据检验办理让步接收、退货、索赔等事宜 2．对于因供应商延迟交货造成企业生产建设损失的，采购部要按照合同约定向供应商索赔	按需不定期	关键绩效指标	采购部经理	"采购部工作制度" "采购验收制度"
B9	没有做好验收登记工作，导致采购活动没有记录，不便于总结采购工作，也不便于出现问题后的追溯	确保每次验收都做好登记，并在各部门有详细记录	1．事先规定需要登记的环节与部门，指派专人进行登记工作 2．加强对登记人员与资料的审核，防止出现各种疏忽与失误	按需不定期	关键绩效指标	采购部经理	"采购部工作制度" "采购验收制度"

7.1.9　采购业务后评估管理流程与内部控制矩阵

1.　采购业务后评估管理流程

部门名称	采购部	流程名称		采购业务后评估管理流程
生效日期		概　要		5大控制点
单位	总经办	采购部		其他相关部门
节点	A	B		C

节点	流程图
1	开始
2	建立健全采购业务后评估制度　（未通过）
3	审批（通过/未通过）
4	结束采购工作
5	选择评估内容
6	组织评估　←　参与
7	编制评估报告（审批 未通过/通过）
8	根据报告调整
9	强化业绩考核
10	不断完善评估制度　←　协助
11	结束

企业名称		密　级		共　页　第　页
编制单位		签发人		签发日期

2. 采购业务后评估管理内部控制矩阵

控制点	风险描述	控制目标	内控要求				
			控制措施	控制频率	控制类型	责任部门（岗）	控制依据
B2	未建立健全采购业务后评估制度，导致采购工作没有总结或不知如何总结并进行提升，不利于采购工作的不断改进	推动完善的采购业务后评估制度的建立，明确采购验收工作的流程与标准	1. 指派专人建立完善的采购业务后评估制度，确定评估方式、方法、内容、标准等 2. 加强对采购业务后评估制度的审核，确保制度没有漏洞且内容清晰、合理	按需不定期	职责分工	采购部经理	"采购部工作制度" "采购业务后评估制度"
B5	评估内容选择不当或不全面，导致评估工作没有发挥实际作用，不能找到采购工作存在的实际问题，留下各种隐患	提高评估工作的准确性和全面性，确保每次评估都比较专业、全面、准确	应当定期对物资需求计划、采购计划、采购渠道、采购价格、采购质量、采购成本、协调或合同签约与履行情况等物资采购供应活动进行专项评估和综合分析，及时发现采购业务薄弱环节，优化采购流程	按需不定期	关键绩效指标	采购部经理	"采购部工作制度" "采购业务后评估制度"
B6	没有合理组织评估工作，对参与的评估人员、评估方式等细节选择不规范，导致评估工作进展得不尽如人意	提高评估工作的专业性与准确性	1. 慎重选择参与评估工作的人员，尤其注意参与人员的广泛性，不能只在内部进行，要多邀请各相关部门的专业人员参与评估工作 2. 尽可能采用更多的评估方法、角度对采购工作进行评估，避免评估结果的偶然性	按需不定期	关键绩效指标	采购部经理	"采购部工作制度" "采购业务后评估制度"

控制点	风险描述	控制目标	内控要求				
			控制措施	控制频率	控制类型	责任部门（岗）	控制依据
B7	评估报告内容敷衍，没有总结出主要问题，也没有提出指导性意见，不能对后续工作提供参考和指导	确保评估报告的专业性与指导性，提升相关人员对采购工作的总结能力，进而提升采购工作的质量	1. 事先确定评估报告的模板，规范评估报告的格式与内容 2. 指派专人进行评估报告的撰写，加强对评估报告的审核力度	按需不定期	授权及批准	采购部经理	"采购部工作制度" "采购业务后评估制度"
B9	没有采取有力措施对采购流程进行改善，对采购流程的关键节点考核不严，导致采购工作质量无法得到提升	强化采购工作的业绩考核，提升采购工作的质量	强化对采购过程的考核，将物资需求计划管理、供应商管理、储备管理等方面的关键指标纳入业绩考核体系，促进物资采购与生产、销售等环节的有效衔接，不断防范采购风险，全面提升采购效能	按需不定期	关键绩效指标	采购部经理	"采购部工作制度" "采购业务后评估制度"

7.2　付款流程

7.2.1　采购付款流程与内部控制矩阵

1. 采购付款流程

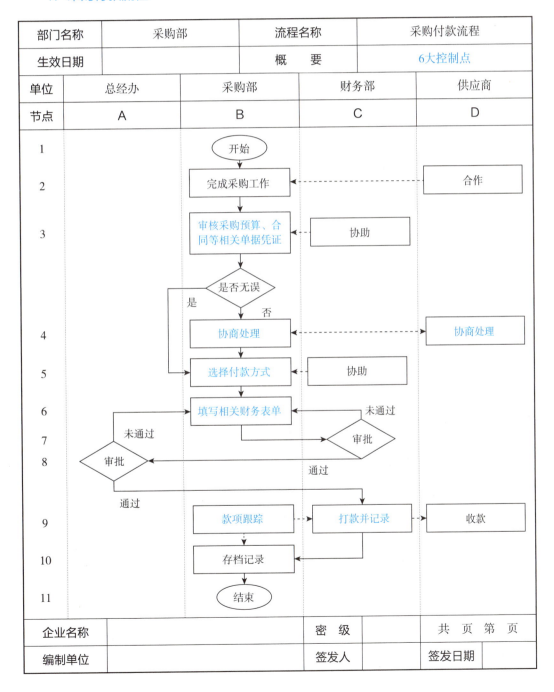

部门名称	采购部	流程名称	采购付款流程
生效日期		概　要	6大控制点

单位	总经办	采购部	财务部	供应商
节点	A	B	C	D

企业名称		密　级		共　页　第　页
编制单位		签发人		签发日期

2. 采购付款内部控制矩阵

控制点	风险描述	控制目标	内控要求				
			控制措施	控制频率	控制类型	责任部门（岗）	控制依据
B3	对相关单据凭证审核不严，未发现凭证中的问题，导致付款后出现问题，给企业带来经济损失	确保审核后的所有单据凭证准确无误，减少付款前的不确定因素	1. 严格审核采购预算、合同等相关单据凭证，如有疑问，应与财务部专业人员沟通，确认无误 2. 严格审查采购发票等票据的真实性、合法性和有效性，判断采购款项是否确实应予支付	按需不定期	关键绩效指标	采购部经理	"采购部工作制度" "财务部工作制度"
B4	对有问题的各类财务凭证没有及时处理或处理失误，导致付款工作无法正常进行，影响合作双方的信任关系	确保审核出现问题的各类财务凭证被及时、妥善处理，防止相关凭证过期或丢失	重视采购付款的过程控制和跟踪管理，如果发现异常情况，应当拒绝向供应商付款，避免出现资金损失和信用受损	按需不定期	关键绩效指标	采购部经理	"采购部工作制度" "财务部工作制度"
B5	付款方式选择不当或不符合合同要求，导致对方无法正常收款，影响合作关系	确保付款方式符合合同要求并且合法合规	1. 根据国家有关支付结算的相关规定和企业生产经营的实际，合理选择付款方式，并严格遵循合同规定，防范因付款方式不当带来的法律风险，保证资金安全 2. 除了不足转账起点金额的采购可以支付现金，采购价款应通过银行办理转账	按需不定期	关键绩效指标	采购部经理	"采购部工作制度" "财务部工作制度"

续表

控制点	风险描述	控制目标	内控要求				
			控制措施	控制频率	控制类型	责任部门（岗）	控制依据
B6	付款前未填写相关财务表单或财务表单填写错误，导致付款工作无法进行或延迟进行，违反合同有关要求，影响合作双方的关系，给企业带来不利影响	确保填写的财务表单准确无误，在付款前尽量降低风险	1. 严格按照企业付款工作有关要求填写财务表单，并与财务部工作人员反复确认，避免出错 2. 提高工作责任心，加强对财务表单的检查与审核	按需不定期	关键绩效指标	采购部经理	"采购部工作制度" "财务部工作制度"
C9	打款工作失误，没有及时或准确地进行款项支付，导致对方无法及时收款或无法收到正确的款项，影响双方合作关系	确保付款金额、时间、收款人等信息完全正确	1. 严格遵守财务部有关工作规定进行款项支付 2. 加强对支付信息的检查与核对	按需不定期	关键绩效指标	财务部经理	"采购部工作制度" "财务部工作制度"
B9	没有重视对款项的跟踪，导致对款项去向以及是否到账不清楚；忽略向收款方确认收款以及索要收款回执	确保对款项的去向以及到账状态有足够的掌控能力	1. 关注款项的到账状态，及时提醒对方收款 2. 对方收款后应向其索要收款回执，作为确认收款的凭证	每日	关键绩效指标	采购部经理	"采购部工作制度" "财务部工作制度"

7.2.2 采购预付款、定金支付流程与内部控制矩阵

1. 采购预付款、定金支付流程

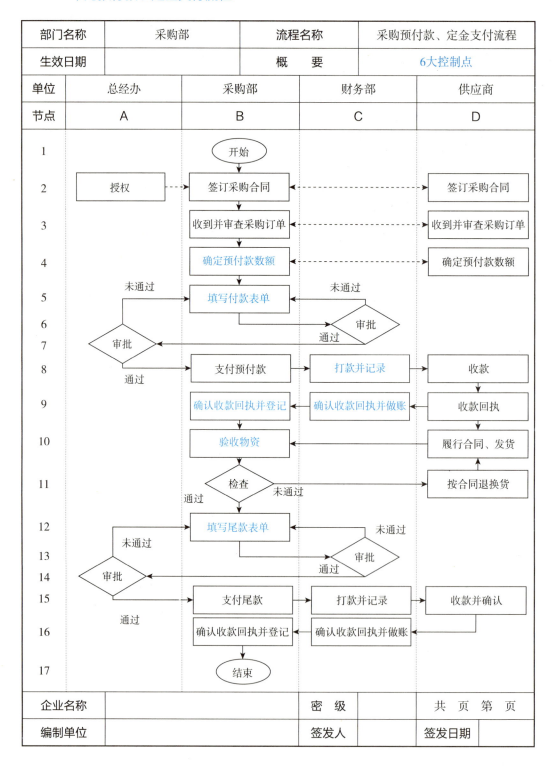

部门名称	采购部		流程名称	采购预付款、定金支付流程
生效日期			概　要	6大控制点
单位	总经办	采购部	财务部	供应商
节点	A	B	C	D

2. 采购预付款、定金支付内部控制矩阵

控制点	风险描述	控制目标	内控要求				
			控制措施	控制频率	控制类型	责任部门（岗）	控制依据
B4	未能准确确定预付款数额，导致企业错误支付款项，不符合合同要求，降低合作方的好感度，影响合作正常进行	确保确定的预付款项符合合同要求	仔细审查合同对于预付款的有关规定，并与合作方反复确认，确保预付款数额的准确性	按需不定期	关键绩效指标	采购部经理	"采购部工作制度""财务部工作制度"
B5	付款前未填写相关付款表单或付款表单填写错误，导致付款工作无法进行或延迟进行，违反合同有关要求，影响合作双方的关系，给企业带来不利影响	确保填写的付款表单准确无误，在付款前尽量降低风险	1. 严格按照企业付款工作有关要求填写付款表单，并与财务部工作人员反复确认，避免出错 2. 提高工作责任心，加强对付款表单的检查与审核	按需不定期	关键绩效指标	采购部经理	"采购部工作制度""财务部工作制度"
C9	没有及时确认收款回执并做账，导致相关款项支付交代不明确	确保款项到账后得到收款回执并准确入账	严格遵守财务部有关工作规定做账，并严格审核账单	按需不定期	关键绩效指标	财务部经理	"采购部工作制度""财务部工作制度"
B9	确认收款回执后，采购部没有及时向财务部确认并登记，导致工作没有留痕，后期无法追溯	确保及时、准确地登记款项支付情况	与财务部保持紧密联系，加大款项跟踪力度，一旦确认收款回执，立即按规定进行登记	按需不定期	关键绩效指标	采购部经理	"采购部工作制度""财务部工作制度"

续表

控制点	风险描述	控制目标	内控要求				
			控制措施	控制频率	控制类型	责任部门（岗）	控制依据
B10	未规范地进行物资验收工作，导致错误的、不合格的物资入库，影响采购工作的质量	确保入库的物资都检验通过	1．经检验后确认无误的物资，填写入库凭证后，按规定入库 2．经检验后不正确或不合格的物资，及时与供应商联系，说明问题，按合同要求请其退换货或赔偿	按需不定期	关键绩效指标	采购部经理	"采购部工作制度""财务部工作制度"
B12	付尾款前未按照合同要求确认尾款数额以及打款时间，未填写相关尾款表单或尾款表单填写错误，导致尾款支付工作无法进行或延迟进行，违反合同有关要求，影响合作双方的关系，给企业带来不利影响	确保尾款金额与填写的尾款表单都准确无误，在付款前尽量降低风险	1．严格按照合同要求与供应商的规定确认尾款金额并足额支付 2．严格按照企业付款工作有关要求填写尾款表单，并与财务部工作人员反复确认，避免出错 3．提高工作责任心，加强对尾款表单的检查与审核，加强对填单人员的考核	按需不定期	关键绩效指标	采购部经理	"采购部工作制度""财务部工作制度"

第 8 章

资产管理

8.1 　 存货管理流程

8.1.1 　 验收入库、仓储保管、出库流程与内部控制矩阵

1. 验收入库、仓储保管、出库流程

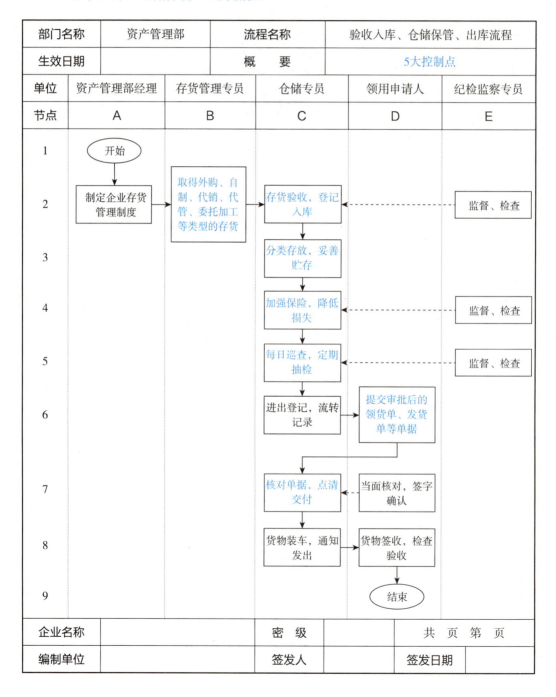

部门名称	资产管理部		流程名称		验收入库、仓储保管、出库流程	
生效日期			概　要		5大控制点	
单位	资产管理部经理	存货管理专员	仓储专员	领用申请人	纪检监察专员	
节点	A	B	C	D	E	

1　开始

2　制定企业存货管理制度　｜取得外购、自制、代销、代管、委托加工等类型的存货　｜存货验收，登记入库　→　监督、检查

3　分类存放，妥善贮存

4　加强保险，降低损失　→　监督、检查

5　每日巡查，定期抽检　→　监督、检查

6　进出登记，流转记录　｜提交审批后的领货单、发货单等单据

7　核对单据，点清交付　｜当面核对，签字确认

8　货物装车，通知发出　→　货物签收，检查验收

9　结束

企业名称			密　级		共　页　第　页	
编制单位			签发人		签发日期	

2. 验收入库、仓储保管、出库内部控制矩阵

控制点	风险描述	控制目标	内控要求				
			控制措施	控制频率	控制类型	责任部门（岗）	控制依据
B2	不能为诸如外购、自制、代销、代管、委托加工等多种方式取得的存货编制合理的采购计划或预算方案，导致存货存在积压或短缺的风险	合理确定存货采购日期和数量，确保存货能够处于最佳库存状态	1．建设信息系统，精确把握存货的采购间隔期和当前库存 2．综合考虑企业生产经营计划、市场供求等因素 3．制定预算编制和采购内部控制的应用指引	按需不定期	授权及批准	资产管理部	"企业存货管理制度"
C2	存货验收程序不规范、标准不明确，未能正确区分不同方式获取存货的对应验收程序和验收标准，导致存货验收过程中存在数量克扣、以次充好、账实不符等风险	确保存货的数量和质量符合合同等有关规定或产品质量要求	1．重视存货验收工作，规范存货验收程序和方法 2．验收外购存货应重点关注合同、发票等原始单据与存货的数量、质量、规格等是否一致 3．验收自制存货应重点关注产品质量，设置严格的半成品、产成品合格入库手续	按需不定期	关键绩效指标	资产管理部	"企业存货管理制度"

控制点	风险描述	控制目标	内控要求				
			控制措施	控制频率	控制类型	责任部门（岗）	控制依据
C3、C4、C5	存货贮存保管混乱，保管方式不当，未对不同类型的存货准备对应的保管条件，导致存货的价值贬值，存货毁损率上升	确保存货贮存保管方法得当、监管严密，没有损坏变质、价值贬损、资源浪费等情况发生	1．建立健全存货贮存保管制度，定期、及时对存货进行抽检 2．规范存货在不同仓库之间流动的手续 3．健全防火、防洪、防盗、防潮、防病虫害和防变质等管理规范 4．加强存货的保险投保，保证存货安全，合理降低存货意外损失风险	每日	关键绩效指标	资产管理部	"企业存货保管制度"
D6	存货领用、发出申请审核不严格、手续不完备，审批人与申请人之间存在可能的利害关系，导致货物流失，企业利益受损	确保存货领用和发出审批准确无误，存货流动手续完备，记录清晰	1．制定严格的存货准出制度，明确存货发出和领用的审批权限 2．健全存货出库手续，加强存货领用记录 3．对大批存货、贵重商品或危险品的发出实行特别授权	按需不定期	授权及批准	资产管理部	"企业存货准出制度"
C7	存货出库种类、数量清点错误，单据缺失，手续核对不严格，未当面清点交付，导致存货流失，发生出库纠纷	确保存货出库清点准确、手续完备、交付有效、监督严格、记录及时	1．核对单据，确保名称、规格、计量单位准确 2．落实当面核对、点清交付的出库原则 3．记录存货出库及库存情况，做到存货记录与实际库存相符	每日	关键绩效指标	资产管理部	"企业存货准出制度"

8.1.2　盘点、处置流程与内部控制矩阵

1. 盘点、处置流程

部门名称	资产管理部		流程名称		盘点、处置流程
生效日期			概　要		5大控制点
单位	资产管理部经理	存货管理专员	仓储专员		纪检监察专员
节点	A	B	C		D

企业名称		密　级	共　页　第　页
编制单位		签发人	签发日期

2. 盘点、处置内部控制矩阵

控制点	风险描述	控制目标	内控要求				
			控制措施	控制频率	控制类型	责任部门（岗）	控制依据
A2、B2	企业存货盘点清查制度不完善，工作规程设计不合理，未充分考虑企业的实际情况，导致盘点清查工作无法落到实处	确保企业存货盘点清查制度符合企业实际存货盘点清查工作的管理要求，工作规程设计合理	1. 建立健全企业存货盘点清查制度 2. 建立健全企业存货盘点清查工作规程	按需不定期	职责分工	资产管理部	"企业存货盘点清查制度" "企业存货盘点清查工作规程"
B5	盘点清查计划不可行，盘点方法和盘点内容等未结合企业业务经营现状，盘点人员安排不到位，导致盘点清查工作流于形式，无法查清存货的真实状况	确保盘点方法设计科学，盘点内容全面有序，盘点程序安排高效，盘点清查计划可行性高	1. 拟定详细的盘点清查计划 2. 合理安排盘点清查相关人员 3. 使用科学的盘点方法	每年	关键绩效指标	资产管理部	"企业存货盘点清查制度" "企业存货盘点清查工作规程"
C6	盘点记录不准确，数据真实性和有效性存疑，导致盘点清查数据统计失误，盘点表编制出错，盘点报告不可用或价值较低	确保盘点记录完整、准确，盘点数据真实、有效，盘点表编制及时，盘点报告真实反映存货管理的问题	1. 落实盘点记录管理要求，严格按程序要求做好盘点记录 2. 加强盘点清查数据统计核对 3. 及时编制盘点表，形成盘点报告	每年	关键绩效指标	仓储部	"企业存货盘点清查制度" "企业存货盘点清查工作规程"

续表

控制点	风险描述	控制目标	内控要求				
			控制措施	控制频率	控制类型	责任部门（岗）	控制依据
C8	存货报废处置责任不明确，处置管理流程不完善，处置监管过于宽松，导致在存货报废处置环节存在违规违纪的情况，损害企业利益	确保存货报废工作程序清晰、权责明确、监管有力	1. 明确存货报废处置工作管理职责 2. 强化对存货报废处置工作的监督、检查 3. 优化存货报废的处置程序	按需不定期	授权及批准	仓储部	"企业存货盘点清查制度" "企业存货盘点清查工作规程"
A8	对存货报废处置审批不到位，审批程序流于形式，导致企业利益受损	确保存货报废审批有效，无违规违纪现象，不损害企业利益	1. 按照规定的权限提交审批 2. 落实审批责任，加强管理追责	按需不定期	授权及批准	资产管理部	"企业存货盘点清查制度" "企业存货盘点清查工作规程"

8.2 固定资产流程

8.2.1 取得、造册、维护、改造、清查流程与内部控制矩阵

1. 取得、造册、维护、改造、清查流程

部门名称	资产管理部		流程名称		取得、造册、维护、改造、清查流程
生效日期			概　　要		6大控制点
单位	财务部	使用部门	资产管理部	供应商	建造单位
节点	A	B	C	D	E

企业名称		密　级		共　页　第　页	
编制单位		签发人		签发日期	

2. 取得、造册、维护、改造、清查内部控制矩阵

控制点	风险描述	控制目标	内控要求				
			控制措施	控制频率	控制类型	责任部门（岗）	控制依据
C3、C4	新增固定资产验收程序不规范，未区分不同类型固定资产的不同验收程序和技术要求，导致固定资产质量不符合要求，进而影响企业资产运行	确保固定资产验收严格，程序规范，验收结果真实、有效	1. 建立严格的固定资产交付使用验收制度 2. 根据合同、供应商发货单等对所购固定资产的品种、规格、数量、质量、技术要求及其他内容进行验收 3. 不得接收未通过验收的不合格资产，必须按照合同等有关规定办理退换货或其他弥补措施	按需不定期	关键绩效指标	资产管理部经理	"企业固定资产交付使用验收制度"
C5	固定资产投保制度不健全，新增固定资产未及时投保，旧固定资产保险缺失或保险过期且未及时续保，导致应投保资产未投保，资产受损时索赔不力，不能有效防范资产损失风险	确保固定资产投保及时，做到应投尽投，无遗漏、错漏固定资产的投保工作	1. 重视和加强固定资产的投保工作 2. 确定和严格执行固定资产的投保范围和政策 3. 规范投保行为，以应对固定资产损失风险 4. 采取招标方式确定保险人，防范固定资产投保舞弊	按需不定期	关键绩效指标	资产管理部经理	"企业固定资产投保政策"

控制点	风险描述	控制目标	内控要求				
			控制措施	控制频率	控制类型	责任部门（岗）	控制依据
C6	固定资产目录及卡片登记内容不完整，违规登记或虚假登记，导致资产流失、资产信息失真、账实不符，损害企业固定资产利益	确保固定资产登记内容全面，统计造册详细、准确	1．编制适合本企业的固定资产目录 2．列明固定资产编号、名称、种类、所在地点、使用部门、责任人、数量、账面价值、使用年限、损耗等内容 3．按照单项资产建立固定资产卡片	按需不定期	关键绩效指标	资产管理部经理	"企业固定资产登记造册管理规定"
C7	固定资产操作不当、失保、失修或维护过剩，导致固定资产使用效率低下，产品残次率高，甚至发生生产事故，或造成资源浪费	确保对固定资产进行保养、维护、修理及时，固定资产使用效率高，安全风险可控	1．定期检查固定资产使用情况 2．建立固定资产运行管理档案 3．制订合理的日常维修和大修理计划 4．进行充分的岗前培训，特殊设备实行岗位许可制度，持证上岗	每日	关键绩效指标	资产管理部经理	"企业固定资产运行管理制度"
C8	固定资产更新、改造不够，或对固定资产技改升级的重视程度较低，长期未进行技改升级，导致企业产品线老化，落后于行业的国内或国际标准，缺乏市场竞争力	定期或不定期地对固定资产进行升级改造，不断提升产品质量，降低能耗成本	1．定期评估固定资产的技术先进性 2．提出技改方案，进行预算可行性分析 3．加强管理，适时监控，定期或不定期进行审计	按需不定期	关键绩效指标	资产管理部经理	"企业固定资产运行管理制度"

续表

控制点	风险描述	控制目标	内控要求				
			控制措施	控制频率	控制类型	责任部门（岗）	控制依据
C9	未定期进行固定资产清查，对于固定资产丢失、毁损等问题不能及时了解、掌握，导致账实不符或资产贬值严重	定期进行全面清查，保证固定资产账实相符，及时掌握固定资产盈利能力和市场价值	编制固定资产清查报告，分析盘盈或盘亏原因，并追究相关人员责任	每年	关键绩效指标	资产管理部经理	"企业固定资产清查制度"

8.2.2　抵押、质押流程与内部控制矩阵

1. 抵押、质押流程

部门名称	财务部		流程名称		抵押、质押流程
生效日期			概　要		5大控制点
单位	董事会	总经办	财务部	资产管理部	银行等金融机构
节点	A	B	C	D	E

企业名称			密　级		共　页　第　页
编制单位			签发人		签发日期

2. 抵押、质押内部控制矩阵

控制点	风险描述	控制目标	内控要求				
			控制措施	控制频率	控制类型	责任部门（岗）	控制依据
D2	企业固定资产抵押、质押管理制度不完善，对资产抵押、质押的流程不清楚，导致固定资产抵押、质押操作时间过长，导致抵押、质押失败，影响企业借贷融资活动的进程，阻碍企业生产经营业务的正常资金周转	确保企业固定资产抵押、质押管理制度完善，抵押、质押流程清晰、明确，能够快速实现资金周转目标	1. 建立健全企业固定资产抵押、质押管理制度 2. 加强对固定资产抵押、质押的管理 3. 明确固定资产抵押、质押流程	按需不定期	关键绩效指标	资产管理部经理	"企业固定资产抵押、质押管理制度"
A4、B4、C4	未落实固定资产抵押、质押的审批程序和权限约束，造成固定资产抵押、质押活动的管理无序和审批混乱，增加固定资产抵押、质押过程中的违规风险，造成固定资产流失，损害企业利益	确保固定资产抵押、质押审批程序严格，监管有力，企业资产得到妥善保护	1. 规定固定资产抵押、质押的程序和审批权限 2. 强化固定资产抵押、质押的授权审批及相关程序	按需不定期	授权及批准	董事长	"企业固定资产抵押、质押管理制度" "企业授权审批制度"

控制点	风险描述	控制目标	内控要求				
			控制措施	控制频率	控制类型	责任部门（岗）	控制依据
C6、E6	中介机构委托不合理，专业性有待考证，其鉴定评估意见无法被银行等金融机构认可并采纳，影响企业抵押、质押的执行进程	选择企业和银行等金融机构双方认可的中介机构，考察其专业能力和权威地位	1. 加强对中介机构的筛选，确定合适的合作对象 2. 及时与银行等金融机构沟通中介机构的选择意见	按需不定期	关键绩效指标	财务部经理	"企业固定资产抵押、质押管理制度"
C7、D7、E7	固定资产鉴定评估和现场勘验出现问题，导致企业固定资产抵押、质押的最终评估结果低于其实际价值水平，影响固定资产抵押、质押的借贷额度，且严重损害企业利益	确保固定资产评估和现场勘验获取到真实、准确的固定资产价值评估结果	1. 落实资产评估程序中资产管理部、资产使用部门、财务部、中介机构和银行等金融机构同时在场的要求 2. 加强对固定资产现场勘验的管理 3. 核对中介机构的鉴定评估结果	按需不定期	关键绩效指标	财务部经理	"企业固定资产抵押、质押管理制度"
C10	到期不能归还借款，资金周转持续紧张，导致银行等金融机构对被抵押或质押的企业固定资产依法进行资产折价或拍卖	确保按期支付银行等金融机构的借贷款项	1. 加强企业资金周转管理 2. 制定被抵押、质押的固定资产面临被拍卖时的应对方案	按需不定期	关键绩效指标	财务部经理	"企业固定资产抵押、质押管理制度"

8.3　无形资产流程

8.3.1　取得、验收、使用、保护流程与内部控制矩阵

1.　取得、验收、使用、保护流程

无形资产
管理办法

部门名称	资产管理部		流程名称	取得、验收、使用、保护流程
生效日期			概　　要	6大控制点
单位	使用部门	资产管理部	研发管理部	转让方
节点	A	B	C	D

企业名称			密　　级		共　页　第　页
编制单位			签发人		签发日期

2. 取得、验收、使用、保护内部控制矩阵

控制点	风险描述	控制目标	内控要求				
			控制措施	控制频率	控制类型	责任部门（岗）	控制依据
C3	企业外购无形资产时未严格考察其先进性，导致外购的无形资产先进性不足，引发经济纠纷或使企业蒙受经济损失	准确认识外购的无形资产的先进性水平，确保外购的无形资产具备应有的先进性	1. 委托专业的第三方机构进行鉴定、评估 2. 要求研发管理部给出详细的查验报告 3. 落实无形资产先进性查验程序	按需不定期	审查核对	研发管理部经理	"企业无形资产交付使用验收制度"
B3	企业外购无形资产时未仔细审核有关合同协议等法律文件，对转让方无形资产的权属关系认识有误，导致企业无法获得无形资产所有权的有效证明文件，损害企业利益	严格审核外购无形资产的相关合同协议等法律文件，确保取得无形资产所有权的有效证明文件	1. 明确无形资产的权属关系 2. 审核外购无形资产的合同协议等法律文件 3. 及时取得无形资产所有权的有效证明文件	按需不定期	关键绩效指标	资产管理部经理	"企业无形资产交付使用验收制度"
C5、C6	企业自主开发无形资产的周期过长，致使其先进性优势消失或不具先进性，开发完成后产权登记手续办理不及时，导致企业资源被浪费或引发法律诉讼	保证企业自主开发无形资产的技术先进性，确保成功登记产权	1. 检查自主开发无形资产的先进性设计 2. 明确无形资产的权属关系 3. 及时办理产权登记手续	按需不定期	关键绩效指标	研发管理部经理	"企业无形资产交付使用验收制度"

续表

控制点	风险描述	控制目标	内控要求				
			控制措施	控制频率	控制类型	责任部门（岗）	控制依据
B8	缺乏严格的企业无形资产核心技术保密制度，致使体现在无形资产中的商业机密被泄露，损害企业利益	确保企业无形资产核心技术保密制度内容完善、管控严格	1. 建立健全企业无形资产核心技术保密制度 2. 落实保密程序和使用手续 3. 加强对无形资产的保密管理	按需不定期	关键绩效指标	资产管理部经理	"企业无形资产核心技术保密制度"
A8	企业无形资产使用效率低下，效能发挥不到位，造成无形资产价值浪费，使用保密控制不到位，导致无形资产核心技术被泄露，损害企业利益	确保无形资产使用效率高，价值利用水平高，使用保密严格	1. 加强对无形资产使用部门的监管 2. 统一对相关无形资产使用部门进行知识培训，扩大使用范围 3. 采取严格保密措施 4. 强化无形资产使用过程的风险管控	按需不定期	关键绩效指标	资产管理部经理	"企业无形资产核心技术保密制度"
B9	对企业各类无形资产疏于管理，导致其他企业侵害本企业权益，严重损害企业利益	保证无形资产的安全与完整，维护企业利益	1. 限制未经授权人员直接接触技术资料 2. 记录技术、资料等无形资产的保管及接触过程 3. 及时调查侵权方，制订追责计划	按需不定期	关键绩效指标	资产管理部经理	"企业无形资产核心技术保密制度"

8.3.2　评估、更新、处置流程与内部控制矩阵

1．评估、更新、处置流程

部门名称	资产管理部		流程名称		评估、更新、处置流程
生效日期			概　要		6大控制点
单位	总经办	财务部	使用部门	资产管理部	研发管理部
节点	A	B	C	D	E

节点					
1				开始	
2				评估无形资产的先进性	
3			淘汰影响企业经济收益的落后技术		提高研发投入，推动无形资产创新和升级
4				完成无形资产技术升级与更新换代	
5		未通过　未通过	协助、配合	清查无形资产使用情况	
6	审批	通过　审批		确定无形资产处置程序和审批权限	
7	通过	办理无形资产处置事项			
8	未通过　审批	确定无形资产处置价格		委托专业中介机构评估重大无形资产价格	
9	通过	完成无形资产处置工作			
10		结束			

企业名称		密　级		共　页　第　页	
编制单位		签发人		签发日期	

2. 评估、更新、处置内部控制矩阵

控制点	风险描述	控制目标	内控要求				
			控制措施	控制频率	控制类型	责任部门（岗）	控制依据
D2	未按照规定定期对专利、专有技术等无形资产的先进性进行评估，导致企业对无形资产的先进性水平没有准确、全面的认识，进而影响相关生产经营活动的进程	确保企业无形资产的先进性水平处于业内领先位置	1. 定期对专利、专有技术等无形资产的先进性进行评估 2. 安排专人跟踪无形资产的先进性变化情况 3. 增加与同专业研究机构的沟通和交流	按需不定期	关键绩效指标	资产管理部经理	"企业无形资产升级更新管理制度"
C3	未及时对落后技术进行淘汰，导致技术过时或存在重大技术安全隐患，致使无形资产给企业带来经济收益的能力受到重大不利影响	确保技术淘汰及时，企业产品或服务的盈利能力不受影响	1. 加强向优秀企业学习的力度，了解业内和市场上的最新技术 2. 及时评估无形资产的先进性水平对企业经济收益的影响程度 3. 减少技术淘汰的内部阻力	按需不定期	授权及批准	资产管理部经理	"企业无形资产升级更新管理制度"
E3	企业自主创新与技术升级的积极性较弱，推动创新和技术升级的力量和投入不足，造成无形资产先进性逐步丧失的局面，导致企业在市场经济竞争中渐渐趋于劣势地位，丢失市场份额	确保企业自主创新与技术升级能力强，在市场上的竞争能力强，处于优势地位	1. 增加企业的研发投入 2. 尊重创新、重视创新 3. 制定相关政策向自主创新和技术升级方面倾斜	按需不定期	关键绩效指标	研发管理部经理	"企业无形资产升级更新管理制度"

控制点	风险描述	控制目标	内控要求				
			控制措施	控制频率	控制类型	责任部门（岗）	控制依据
D5	未按照规定对无形资产使用情况进行清查，对无形资产长期闲置或低效使用的问题不了解，导致企业无形资产逐步失去使用价值	确保对无形资产的使用情况有全面的了解，提高无形资产的使用价值	1. 建立健全无形资产处置的相关管理规定 2. 落实定期或不定期的清查工作 3. 加强对无形资产使用情况的检查	每年	关键绩效指标	资产管理部经理	"企业无形资产处置管理制度"
D6	无形资产处置程序管理缺失，审批权限划分模糊，导致企业在无形资产处置过程中出现资产流失的问题，损害企业利益	确保企业无形资产处置程序完善，审批权限清晰	1. 明确无形资产处置的范围、标准、程序 2. 遵守无形资产处置的审批要求 3. 加强纪检监察的监督力度	按需不定期	授权及批准	资产管理部经理	"企业无形资产处置管理制度"
B8	无形资产处置价格确定不合理，导致无形资产处置价格低于其实际价值，损害企业利益	选择合理的方式确定无形资产处置价格，保护企业处置无形资产的利益	1. 落实无形资产处置价格的审批程序 2. 采用科学的方法确定无形资产的处置价格 3. 规定由独立于资产管理部和使用部门的人员办理无形资产处置	按需不定期	授权及批准	财务部经理	"企业无形资产处置管理制度"

第 9 章

销售业务

9.1　销售流程

9.1.1　销售业务管理流程与内部控制矩阵

1. 销售业务管理流程

部门名称	销售部	流程名称	销售业务管理流程
生效日期		概　　要	5大控制点

单位	总经办	销售部	客户
节点	A	B	C

节点		
1	开始	
2	进行销售预测，设定销售目标	
3	审批（未通过） ← 制定商品营销方案和销售计划	
4	开发客户，评估客户信用，建立客户信用动态档案（通过）	
5	审批（未通过） ← 确定商品的基准价格，设置价格浮动权限	
6	销售业务磋商、谈判，订立销售合同（通过）	沟通销售合同条款，进行销售合同谈判、签约
7	组织商品发货，按销售合同提供服务项目	
8	结算销售合同，收款	支付销售合同剩余款项
9	结束	

企业名称		密　级		共　页　第　页
编制单位		签发人		签发日期

2. 销售业务管理内部控制矩阵

控制点	风险描述	控制目标	内控要求				
			控制措施	控制频率	控制类型	责任部门（岗）	控制依据
B3	商品营销方案和销售计划缺失或不合理，或未经授权及审批，导致企业产品结构和生产安排不合理，难以实现企业生产经营的良性循环	确保商品营销方案和销售计划经济、合理，能够促进企业生产经营的良性循环	1. 根据企业发展战略和年度生产经营计划，结合企业实际情况制订年度营销方案和销售计划 2. 结合客户订单情况制订月度营销方案和销售计划 3. 分析区域销售额、进销差价、销售计划与实际销售情况 4. 结合生产现状，及时调整商品营销方案和销售计划	每月	授权及批准	销售部经理	"销售计划管理办法"
B4	现有客户管理不足、潜在市场需求开发不够，导致客户丢失或市场拓展不利；客户信用动态档案不健全，缺乏合理的资信评估，导致客户选择不当、销售款项不能如期收回或遭受欺诈，进而影响企业的资金流转和正常经营	成功开拓新市场，现有客户管理有力，客户信用动态档案建立及时、管理高效	1. 进行充分的市场调查，合理细分市场并确定目标市场 2. 运用灵活的销售折扣、销售折让、信用销售、代销和广告宣传等多种营销方式，不断提高市场占有率 3. 建立和不断更新、维护客户信用动态档案 4. 跟踪和监控客户付款情况，根据具体情况提出划分、调整客户信用等级的方案	按需不定期	关键绩效指标	销售部经理	"客户信用管理制度"

续表

控制点	风险描述	控制目标	内控要求				
			控制措施	控制频率	控制类型	责任部门（岗）	控制依据
B5	商品定价或调价不符合企业价格政策，未能结合市场供需状况、盈利测算等进行适时调整，导致价格过高或过低、销售受损；商品销售价格未经恰当审批，或存在舞弊问题，导致企业经济利益或者企业形象受损	确保商品定价或调价程序经过严格审批，基础价格确定科学、合理，能够获取最大化的经济利益	1. 综合考虑企业财务目标、营销目标、产品成本、市场状况及竞争对手情况等多方面因素，确定产品基准定价 2. 结合产品的市场特点，将价格浮动权限向下逐级递减分配，同时明确权限执行人 3. 遵守规定的价格浮动范围，不得擅自突破 4. 严格审核销售折扣、销售折让等政策的制定	按需不定期	授权及批准	销售部经理	"商品价格管理规定"
B6	销售合同内容存在重大疏漏和欺诈，未经授权而对外订立销售合同，导致企业合法权益受到侵害；销售价格、收款期限等条款违背企业销售政策，导致企业经济利益受损	确保销售合同内容正确、签约有效，能够维护企业经济利益	1. 指定专门人员与客户进行业务洽谈、磋商或谈判，重点关注客户信用状况 2. 明确销售定价、结算方式、权利与义务条款等相关内容 3. 建立健全销售合同订立及审批管理制度，明确必须签订销售合同的范围 4. 规范销售合同订立程序，确定具体的审核、审批程序和所涉及的部门人员及相应权责	按需不定期	关键绩效指标	销售部经理	"企业销售合同管理制度"

续表

控制点	风险描述	控制目标	内控要求				
			控制措施	控制频率	控制类型	责任部门（岗）	控制依据
B7	未经授权私自发货或发货不符合销售合同的条款约定，导致货物损失，客户与企业之间出现销售争议，销售款项不能正常收回	确保正确发货、准确发货、按要求发货，如期完成发货工作	1．落实出库、计量、运输等环节的岗位责任，对销售通知进行审核 2．严格按照所列发货品种和规格、发货数量、发货时间、发货方式、接货地点等组织发货，形成相应的发货单据并连续编号 3．以运输合同或条款等形式明确运输方式，商品短缺、毁损或变质的责任，到货验收方式，运输费用承担，保险等内容 4．做好各发货环节的记录工作，填制相应的凭证	按需不定期	审查核对	销售部经理	"企业销售合同管理制度"

9.1.2　客户服务管理流程与内部控制矩阵

1. 客户服务管理流程

部门名称	客户服务部		流程名称		客户服务管理流程	
生效日期			概　要		6大控制点	
单位	客户服务部经理	客服专员		客户		售后专员
节点	A	B		C		D

企业名称		密　级		共　页　第　页
编制单位		签发人		签发日期

2. 客户服务管理内部控制矩阵

控制点	风险描述	控制目标	内控要求				
			控制措施	控制频率	控制类型	责任部门（岗）	控制依据
A2	企业客户服务制度缺失或不合理，企业没有专业的客户服务系统，导致产品或服务销售业务整体客户服务水平低于行业标准，无法在与竞争对手的比较中获得优势	确保企业客户服务制度健全，企业与客户之间的沟通机制有效	1. 建立并完善企业客户服务制度 2. 参照竞争对手的客户服务系统，对标建设 3. 加强售前、售中和售后的客户服务	按需不定期	职责分工	客户服务部	"企业客户服务制度"
B3	未及时回复客户的咨询和问题，或对客户的咨询和问题解答不当，导致客户产生不满情绪，进一步造成订单流失，损害企业商品销售	确保对客户咨询和问题作出专业化的解答，营造良好的售前客服环境	1. 及时回复、解答和反馈客户问询 2. 加强对客服专员的职业培训 3. 引入智能化的客户服务系统，提高客户服务质量	每日	关键绩效指标	客户服务部	"客户服务管理办法"
B4	未按照规定处理客户投诉，对客户投诉问题的初步调查不到位，未及时安抚客户情绪，导致客户投诉问题时矛盾升级，增加企业舆情风险，影响企业品牌形象	正确识别客户投诉问题的类型，妥善接待客户投诉	1. 制定规范化的客户服务标准、方式等内容 2. 提高客服专员的专业化能力 3. 按产品线或地理区域建立客户服务中心	每日	关键绩效指标	客户服务部	"客户服务管理办法"

控制点	风险描述	控制目标	内控要求				
			控制措施	控制频率	控制类型	责任部门（岗）	控制依据
D6	未满足客户对于产品维修、销售退换、维护升级等服务的一般要求，带来售后问题的二次投诉，导致客户满意度进一步下降，忠诚度减弱，客户流失	确保客户对售后服务满意，不断提高客户满意度和忠诚度	1. 提高售后服务的规范化和专业化水平 2. 加强销售、生产、研发、质量检验等相关部门之间的沟通与协调 3. 将售后专员的薪酬与客户满意度挂钩	每日	关键绩效指标	客户服务部	"客户服务管理办法"
D9	未及时分析、研究客户投诉的问题，对于客户多次投诉的问题重视程度不够，忽略产品质量方面可能存在的问题和隐患，导致更大范围的客户投诉或重大安全事故	确保准确找到客户投诉问题的产生原因和相关责任人，解决此类或相关客户投诉问题	1. 提高对普遍性客户投诉问题的重视程度 2. 组织销售、生产、研发、质量检验等相关部门进行会议研究 3. 记录所有的客户投诉情况，分析产生原因及解决措施	按需不定期	关键绩效指标	客户服务部	"企业客户服务制度"
B9	未按照企业客户服务制度的相关规定和要求进行定期的客户回访，维护客户关系的手段和措施较弱，导致客户与企业之间的联系逐步减弱，客户流失加剧	按时进行客户回访，提高客户关系维护的质量	1. 设专人或部门进行客户服务和跟踪 2. 定期或不定期开展客户满意度调查 3. 落实客户回访的流程和要求	每月	关键绩效指标	客户服务部	"客户服务管理办法"

9.2 收款流程

9.2.1 销售收款流程与内部控制矩阵

销售发货
收款管理制度

1. 销售收款流程

部门名称	销售部		流程名称		销售收款流程	
生效日期			概　要		6大控制点	
单位	总经办	财务部		销售部		客户
节点	A	B		C		D

	总经办 A	财务部 B	销售部 C	客户 D
1			开始	
2		协助、指导	明确销售收款管理规定	
3			按照销售合同相关条款完成发货，检查、核对、保管各类凭证资料	接收商品，确定收货，签收凭证
4			定期函证，与客户核对应收款项	核对账目
5			到期催收，保存催收记录	
6	审批（未通过 / 通过）	审批（未通过 / 通过）	选定恰当的结算方式	沟通结算方式
7		收取现金、银行本票等		支付款项
8		审查商业票据，管理商业票据		开具商业票据
9			查明坏账原因和责任，处理坏账　结束	

企业名称			密级		共　页　第　页	
编制单位			签发人		·签发日期	

2. 销售收款内部控制矩阵

控制点	风险描述	控制目标	内控要求				
			控制措施	控制频率	控制类型	责任部门（岗）	控制依据
C3	未按照销售合同的相关条款执行发货流程，导致发货情况不符合客户要求或商品流失；未认真检查、核对、保管销售业务过程中的销售合同、销售通知、发运凭证等凭证资料，导致销售收款出现经济纠纷，损害企业利益	确保发货工作满足客户要求，妥善保管各类凭证资料，实现顺利收款	1. 加强对销售、发货过程的会计系统控制 2. 指定专人负责各类重要凭证资料的检查、核对、保管工作 3. 定期与客户核对应收账款、应收票据、预收账款等往来款项	按需不定期	关键绩效指标	销售部经理	"企业销售收款工作规范"
C5	未及时进行销售款项的催收，导致销售款项收回的难度增大，资金回笼速度变慢；未妥善保管各类催收记录，导致客户违约、坏账或者诉讼等情况的应对难度增大	保证销售订单发货完成后进行及时催收，如期收回货款，加速资金回笼速度	1. 设置多种催收手段，不断提高催收效率 2. 安排专人负责催收工作，进行专业化、规范化的催收 3. 委托专业的商账管理机构进行催收	每月	关键绩效指标	销售部经理	"企业销售收款工作规范"

续表

控制点	风险描述	控制目标	内控要求				
			控制措施	控制频率	控制类型	责任部门（岗）	控制依据
C6	客户信用管理不到位，未明确规定不同信用等级客户的企业授信范围，导致结算方式选择不当，销售收款坏账的风险增加，损害企业利益	根据客户信用情况选定企业可接受的结算方式，确保如期结算	1. 根据企业销售政策和客户信用档案确定企业可接受的结算方式 2. 加强销售收款结算方式选定的审批	按需不定期	关键绩效指标	销售部经理	"企业销售收款工作规范"
B7	销售人员违规直接收款，或必须由销售人员收取的款项未受财务部的监督，导致收款过程中存在舞弊的可能，使企业经济利益受损	确保由财务部统一收取现金、银行本票、汇票等，并及时缴存银行，登记入账	1. 落实销售收款的管理程序 2. 遵循"销售人员不直接收款，由财务部统一收取"的原则 3. 加强对于销售人员直接收款的监督、审查	按需不定期	关键绩效指标	财务部经理	"应收账款清收核查制度"
B8	商业票据管理不当、审查不严，导致销售款项不能正常收回或遭受欺诈	确保商业票据真实、可信，保护企业合法利益	1. 建立健全企业商业票据管理制度 2. 加强商业票据管理，明确商业票据的受理范围 3. 严格审查商业票据的真实性和合法性 4. 明确规定商业票据取得、贴现、背书、保管等活动的管理要求	按需不定期	关键绩效指标	财务部经理	"企业商业票据管理制度"

控制点	风险描述	控制目标	内控要求				
			控制措施	控制频率	控制类型	责任部门（岗）	控制依据
B9	缺乏有效的销售业务会计系统控制，导致企业账实不符、账证不符、账账不符或者账表不符，影响销售收入、销售成本、应收款项等会计核算的真实性和可靠性，增加坏账风险	确保在销售业务过程中实现高效、准确的会计系统控制	1. 加强对销售、发货、收款业务的会计系统控制 2. 建立健全应收账款清收核查制度 3. 及时收集应收账款相关凭证资料并妥善保管 4. 按照国家统一的会计准则规定计提坏账准备	每月	关键绩效指标	财务部经理	《企业会计准则》《企业会计制度》

9.2.2　赊销收款流程与内部控制矩阵

1. 赊销收款流程

部门名称	销售部		流程名称		赊销收款流程	
生效日期			概　要		5大控制点	
单位	总经办	财务部		销售部		客户
节点	A	B		C		D

企业名称			密　级		共　页　第　页	
编制单位			签发人		签发日期	

2. 赊销收款内部控制矩阵

控制点	风险描述	控制目标	内控要求				
			控制措施	控制频率	控制类型	责任部门（岗）	控制依据
C3	未按照规定审查客户的信用情况，或客户信用审查流于形式，导致赊销商品订单审批不严，数量过多，影响企业资金周转速度，增大货物流失及坏账的风险	确保客户信用更新及时、管理有效，赊销商品订单审批严格，没有违规赊销业务发生	1. 加强赊销业务客户信用审查 2. 落实赊销商品订单检查和审批流程 3. 加强赊销管理，根据客户信用等级确定赊销范围	按需不定期	授权及批准	销售部经理	"企业赊销收款工作规范"
C4	未取得赊销商品订单客户的书面材料，或取得的赊销书面材料未验证真实性和有效性，导致赊销商品订单管理程序不足，增大赊销商品订单收款时的经济纠纷风险	确保赊销商品订单客户的书面材料完善且具备相应法律效力，赊销业务程序完备	1. 加强对赊销商品订单客户的书面材料的审查 2. 规范赊销商品订单客户的书面材料提交内容 3. 妥善保管赊销商品订单客户的的各类书面材料	按需不定期	关键绩效指标	销售部经理	"企业赊销收款工作规范"
B6	未按规定要求大额赊销订单的客户办理资产抵押、担保等保证手续，无法有效保护企业债权利益，导致企业债权安全水平降低，赊销收款风险上升	确保赊销业务客户资产抵押、担保等保证手续办理成功，保障企业维权手段	1. 落实赊销业务客户资产抵押、担保管理规定 2. 指定专人负责大额赊销订单的财产保全和追诉工作	按需不定期	关键绩效指标	财务部经理	"企业赊销收款工作规范"

续表

控制点	风险描述	控制目标	内控要求				
			控制措施	控制频率	控制类型	责任部门（岗）	控制依据
C7	未及时进行赊销订单款项的催收，导致款项收回的难度增大，资金回笼速度变慢；未妥善保管各类催收记录，导致客户违约、坏账或者诉讼等情况的应对难度增大	确保赊销订单如期收回货款，加速资金回笼	1. 设置多种催收手段，不断提高催收效率 2. 安排专人负责催收工作，进行专业化、规范化的催收 3. 委托专业的商账管理机构进行催收	每月	关键绩效指标	销售部经理	"企业赊销收款工作规范"
B8	未严格执行收款规定，销售人员直接收取赊销商品订单的款项，或销售人员的收款行为未得到授权且未经监督，导致赊销收款过程中存在舞弊的风险，使企业经济利益受损	确保由财务部统一收取赊销商品订单的款项，并及时缴存银行，登记入账，确保企业会计信息真实、准确、完整	1. 加强对赊销业务的会计系统控制 2. 建立健全应收账款清收核查制度 3. 加强对于销售人员直接收取赊销商品订单款项的监督、审查	按需不定期	关键绩效指标	财务部经理	"应收账款清收核查制度"

第 10 章

研究与开发

10.1　立项与研究流程

10.1.1　专项管理流程与内部控制矩阵

1. 立项管理流程

项目可行性
研究报告模板

部门名称	研发管理部		流程名称	立项管理流程
生效日期			概　要	5大控制点
单位	董事会	总经办	研发管理部	评审小组
节点	A	B	C	D

节点1： 开始

节点2： 明确研发立项的申请条件和评估、审批流程等内容

节点3： 下达研发需求 ┈▶ 制订研发项目开发计划

节点4： 审批（未通过 ↩）◀ 提出研发项目立项申请

节点5： 通过 → 开展可行性研究，并编制研发报告

节点6： 审批（重大研发项目／未通过）◀ 审批（未通过）◀ 整理研发立项资料，提交立项审批 ◀ 进行评估论证，出具评估意见

节点7： 通过 / 通过 → 分析论证需求与效益、国内外研发现状、条件与基础等

节点8： 制订立项开题计划和编写报告

节点9： 结束

企业名称			密　级		共　页　第　页
编制单位			签发人		签发日期

2. 立项管理内部控制矩阵

控制点	风险描述	控制目标	内控要求				
			控制措施	控制频率	控制类型	责任部门（岗）	控制依据
C2	企业研发管理系列制度不完善，立项、评审、审批程序不健全，导致研发立项工作展开混乱，影响企业研发活动的整体进度，致使企业技术先进性与市场竞争力受损	确保研发活动具备完善的制度、流程、工具，为研发工作提供有力支撑	1. 建立健全企业研发管理系列制度 2. 提高企业对于研发管理的重视程度 3. 规范研发立项的工作程序和审批流程	按需不定期	关键绩效指标	研发管理部经理	"企业研发立项管理办法"
C3	研发项目开发计划与企业发展战略、市场及技术现状等情况不匹配，研发项目开发计划脱离实际，导致研发项目开发计划可行性较低或经济效益较差	确保研发项目开发计划与企业发展战略相辅相成，能切实推动企业技术进步和竞争力提升	1. 分析、研究企业实际情况，深入结合企业发展战略、市场占有率、技术储备水平等条件 2. 遵循客观规律，从企业实际需求出发 3. 保持研发关注范围的前瞻性和宽广视野	按需不定期	关键绩效指标	研发管理部经理	"企业研发立项管理办法"

控制点	风险描述	控制目标	内控要求				
			控制措施	控制频率	控制类型	责任部门（岗）	控制依据
C4	研发项目承办单位或专题负责人不具有相应资质，或资质条件不能完全满足立项条件，违规提交立项申请，导致企业研发立项工作存在潜在风险，损害企业利益	确保研发立项申请人资质齐备，项目技术先进性强、经济收益前景较好	1．严格审查研发项目立项申请资料 2．加强对于研发项目立项申请的管理 3．结合企业实际需要，给予研发项目立项申请一定的限制指导	按需不定期	授权及批准	研发管理部经理	"企业研发立项管理办法"
C5	未按规定对立项申请通过的研发项目进行科学的可行性研究或研究不充分，导致研发项目的研发报告缺失或报告参考价值较低，增加企业研发风险	确保研发项目经历科学的可行性研究并得出研发报告，提高研发风险的可控性	1．选择科学、合理的可行性研究方法 2．指定专业的人员开展可行性研究 3．委托外部专业机构进行可行性研究	按需不定期	关键绩效指标	研发管理部经理	"企业研发立项管理办法"

续表

控制点	风险描述	控制目标	内控要求				
			控制措施	控制频率	控制类型	责任部门（岗）	控制依据
A6、B6、D6	研发立项评审小组独立性缺失，与申请和审批环节的人员存在利害关系，导致评审结果失实；研发立项审批环节把关不严，导致立项项目创新不足或资源浪费	保证研发立项评审小组的独立性和审批环节的严谨性	1．组织独立于申请及立项审批之外的专业机构和人员进行可行性研究 2．按照规定的权限和程序进行审批 3．重大研发项目应当报经董事会或类似权力机构集体审议决策 4．着重关注研发项目促进企业发展的必要性、技术的先进性以及成果转化的可行性	按需不定期	授权及批准	董事长	"企业研发立项管理办法""企业研发活动评估制度"

10.1.2　自主研发管理流程与内部控制矩阵

1. 自主研发管理流程

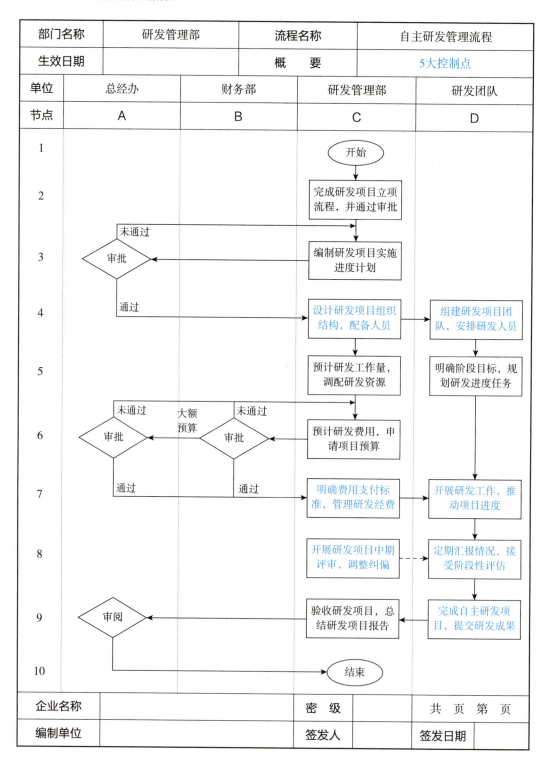

| 部门名称 | 研发管理部 | | 流程名称 | 自主研发管理流程 |

（表格内容见流程图）

企业名称　　　　　　　　　　密　级　　　　　　　共　页　第　页
编制单位　　　　　　　　　　签发人　　　　　　　签发日期

2. 自主研发管理内部控制矩阵

控制点	风险描述	控制目标	内控要求				
			控制措施	控制频率	控制类型	责任部门（岗）	控制依据
C4、D4	研发项目组织结构设计不科学，研发人员配备不合理，导致项目研发成本过高、出现舞弊或研发失败	确保研发项目组织结构设计和人员配备满足研发项目实际需求，量力而行、求真务实	1. 建立健全企业自主研发项目管理制度和技术标准 2. 科学规划研发项目的组织结构 3. 合理分配企业的科研力量	按需不定期	授权及批准	研发管理部经理	"企业自主研发项目管理制度"
C7	研发经费支持不足或项目费用管理失控，影响研发进度和产出效率，导致研发项目成本进一步提高或资产流失	确保费用支付标准明确，研发经费管理规范，为项目推动提供有力的经济支撑	1. 规范研发项目费用报销流程和手续 2. 设置费用支付标准和审批权限 3. 遵循不相容岗位牵制原则 4. 完善研发经费入账管理程序	按需不定期	授权及批准	研发管理部经理	"企业自主研发项目管理制度" "研发经费报销制度"
D7	研发项目落地管理安排不当，当多个项目同时进行时，出现相互争夺资源的情况，造成资源的短期、局部缺乏，导致研发项目进度管理失败，研发效率下降	确保研发项目的推进满足进度计划，资源管理有序，利用效率高	1. 精确预计工作量和所需资源，降低进度拖延和资源浪费的风险 2. 合理安排研发项目实施任务 3. 跟踪项目进展，建立良好的工作机制	每月	关键绩效指标	研发管理部经理	"企业自主研发项目管理制度"

控制点	风险描述	控制目标	内控要求				
			控制措施	控制频率	控制类型	责任部门（岗）	控制依据
C8、D8	未按照规定对研发项目进行阶段性评估和中期评审，在研发过程中未能及时发现错误，导致研发项目出现方向性错误，延误研发项目进度的同时增加修正成本	确保研发项目方向正确，进度计划平稳推进，重大问题得到及时解决	1. 检查、监控项目阶段性研发成果 2. 开展研发项目中期评审，及时调整纠偏 3. 加强对研发项目推进的过程控制	每月	审查核对	研发管理部经理	"企业自主研发项目管理制度""企业研发活动评估制度"
D9	研发项目成果不及预期，研发核心保密信息被泄露，研发人员违规操作，导致研发失败，或造成资产流失，损害企业利益	确保项目顺利结题，研发成果达到预期标准	1. 严格落实岗位责任制 2. 建立企业自主研发项目信息反馈制度和企业自主研发项目重大事项报告制度	按需不定期	审阅批准	研发管理部经理	"企业自主研发项目信息反馈制度""企业自主研发项目重大事项报告制度"

10.1.3 委托（合作）研发管理流程与内部控制矩阵

1. 委托（合作）研发管理流程

部门名称	研发管理部		流程名称		委托（合作）研发管理流程	
生效日期			概　　要		5大控制点	
单位	总经办	法务部		研发管理部		委托（合作）单位
节点	A	B		C		D

1			开始
2			完成研发项目立项
3			确定项目研发方式
4			委托/合作研发（委托　合作）
5	审批	审查指导，提供建议	确定委托要求，制作研发项目标书
6	未通过／通过		进行招标、评标，选择委托研发单位　选择合作研发单位，进行尽职调查
7			确定产权归属、研发进度和质量标准等内容　明确分工、权利与义务、产权归属等
8			进行委托（合作）研发谈判
9		审查指导，提供建议	编制委托协议，签订委托研发合同　制定合作方案，签订合作研发合同　签订合同
10			阶段性进度控制和管理监督　完成项目，产出研发成果
11			验收委托研发项目　评审合作研发项目
12			结束

企业名称			密　级		共　页　第　页	
编制单位			签发人		签发日期	

2. 委托（合作）研发管理内部控制矩阵

控制点	风险描述	控制目标	内控要求				
			控制措施	控制频率	控制类型	责任部门（岗）	控制依据
C6	未按规定采用招标、评标等适当方式确定委托研发单位，未对合作研发单位进行全面调查，候选单位选定程序失当，导致研发项目委托（合作）研发单位选择不当，增加舞弊和违法违规风险	确保通过规范的招投标流程选定委托研发单位；对合作研发单位实际情况有全面的了解	1. 落实对委托研发单位招标、协议的管理规定，严格审批 2. 开展尽职调查，掌握合作研发单位的实际情况	按需不定期	授权及批准	研发管理部经理	"企业委托（合作）研发管理制度"
C7	未对委托研发项目的产权归属、研发进度和质量标准等内容进行确定；未对合作研发项目的双方投资、分工、权利与义务、产权归属等内容进行确定，导致委托（合作）研发项目知识产权界定不清，权责利不能合理分配，增加后期纠纷和诉讼风险	明确规定委托（合作）研发项目的知识产权归属和权责利分配标准，降低不确定性和风险	1. 使用书面形式约定委托研发项目的知识产权归属 2. 使用书面形式约定合作研发项目的权责利分配标准	按需不定期	关键绩效指标	研发管理部经理	"企业委托（合作）研发管理制度"

续表

控制点	风险描述	控制目标	内控要求				
			控制措施	控制频率	控制类型	责任部门（岗）	控制依据
C9	与委托研发单位谈判失误，委托研发合同或委托协议编制不规范；与合作研发单位存在沟通障碍，合作方案设计不合理，合作研发合同编制不规范，导致委托（合作）研发项目的书面合同文件存在法律问题，增加后续纠纷和诉讼风险，损害企业利益	确保委托研发合同、委托协议、合作研发合同、合作方案等书面合同文本编制正确，无错误和漏洞项	1．制定规范、详尽的委托协议、委托研发合同 2．制定规范、详尽的合作方案、合作研发合同 3．具备书面的合同文本 4．安排专业的法律人员进行指导和协助	按需不定期	关键绩效指标	研发管理部经理	"企业委托（合作）研发管理制度"
C10	委托（合作）研发项目的资源整合不当，缺乏阶段性进度控制和管理监督，导致委托（合作）研发项目出现重大偏差，项目进度无法得到保证，增加修正成本，影响企业研发项目相关后续的生产经营活动	确保委托（合作）研发项目按期、保质完成，有效规避研究失败风险	1．加强对委托（合作）研发过程的管理，合理配备专业人员进行监督和控制 2．评估各阶段的研发成果，及时交流并反馈信息 3．根据项目进展情况、国内外技术最新发展趋势和市场需求变化，对项目的目标、内容、进度、资金进行适当调整	每月	关键绩效指标	研发管理部经理	"企业委托（合作）研发管理制度"

控制点	风险描述	控制目标	内控要求				
			控制措施	控制频率	控制类型	责任部门（岗）	控制依据
C11	研发成果验收、评审人员与委托（合作）研发单位存在利害关系，导致研发项目验收、评审结果失实，存在舞弊空间，损害企业利益	确保委托（合作）研发项目验收、评审结果真实、有效	1．落实利害人员回避原则 2．严格落实岗位责任制 3．加强对验收、评审环节的检查、监督	按需不定期	审查核对	研发管理部经理	"企业委托（合作）研发管理制度" "企业研发活动评估制度"

10.1.4　结题验收流程与内部控制矩阵

1.　结题验收流程

部门名称	研发管理部		流程名称		结题验收流程
生效日期			概　要		4大控制点
单位	总经办	研发管理部	评审小组		验收小组
节点	A	B	C		D

企业名称		密　级		共　页　第　页	
编制单位		签发人		签发日期	

2. 结题验收内部控制矩阵

控制点	风险描述	控制目标	内控要求				
			控制措施	控制频率	控制类型	责任部门（岗）	控制依据
C4	专家小组成员的技术水平不高、专业能力欠缺、独立性存疑，造成交付物与事实不符，影响研发项目的正常验收，产生资源浪费，损害企业利益	确保专家小组成员具备符合要求的专业能力和技术水平，且与结题项目没有相关利害关系	1. 组织具备专业胜任能力的人员进行评审工作 2. 进行充分、准确、详细的评审 3. 加强对专家小组成员的独立性审查	按需不定期	关键绩效指标	研发管理部经理	"企业自主研发成果验收制度" "企业委托（合作）研发成果验收制度"
D4	对交付物测试与鉴定环节的投入不足，硬件或设备落后，导致对交付物测试与鉴定不充分，不能有效降低技术失败的风险，影响结题验收的最终结果，损害企业利益	确保企业具备充分的测试与鉴定实力，能够准确、正确地反映出交付物的实际价值	1. 加大企业在测试和鉴定阶段的投入 2. 组织外部专业人员参加验收测试与鉴定 3. 提高企业测试与鉴定实力	按需不定期	关键绩效指标	研发管理部经理	"企业自主研发成果验收制度" "企业委托（合作）研发成果验收制度"

续表

控制点	风险描述	控制目标	内控要求				
			控制措施	控制频率	控制类型	责任部门（岗）	控制依据
C6	由于专家小组成员的知识水平、技术能力、职业素养、独立性等不足，造成评审结果与验收报告不符，带来潜在的研发成果后续应用风险，损害企业利益	确保专家小组成员的权威性和专业性，且与结题项目没有相关利害关系	1. 组织具备专业胜任能力的专家小组成员进行评审结果的验收、整理工作，并编制验收报告 2. 进行正式、系统、严格的评审 3. 加强对专家小组成员的独立性审查	按需不定期	关键绩效指标	研发管理部经理	"企业自主研发成果验收制度" "企业委托（合作）研发成果验收制度" "企业研发活动评估制度"
B7	未及时注册专利技术，导致研发利益受损；研发成果商业秘密管理不严，造成核心秘密被泄露，损害企业利益	确保研发成果商业秘密得到法律保护	1. 建立健全研发成果商业秘密管理制度 2. 严格落实岗位责任制 3. 加强对于研发成果商业秘密使用、保管的监督、检查	按需不定期	授权及批准	研发管理部经理	"企业自主研发成果验收制度" "企业委托（合作）研发成果验收制度"

10.2　开发与保护流程

10.2.1　研究成果开发流程与内部控制矩阵

1. 研究成果开发流程

部门名称	研发管理部	流程名称	研究成果开发流程
生效日期		概　要	5大控制点

单位	总经办	研发管理部	生产部	市场部
节点	A	B	C	D

流程图内容：

1. 开始
2. 明确研究成果开发程序和管理要求
3. 应用研究成果，开发、设计新产品 → 试生产新产品，测试、验证性能指标
4. 预估大批量生产能力，预测成本 → 制订调查计划，安排消费者试用活动
5. 研发/生产问题（研发问题 / 生产问题）；测试消费者反应，收集、反馈数据
6. 修改、调整研发成果应用方式 / 优化、提升生产工艺和质量水平
7. 测试市场反应，小范围投入市场
8. 审批（未通过 / 通过）；获得市场认可，申请批量生产 → 确定营销方向，制定营销策略
9. 进行新产品批量生产，正式投入市场
10. 结束

企业名称		密　级		共　页　第　页
编制单位		签发人		签发日期

2. 研究成果开发内部控制矩阵

控制点	风险描述	控制目标	内控要求				
			控制措施	控制频率	控制类型	责任部门（岗）	控制依据
B3	研究成果开发、应用不足，产品转化速度较慢或不及时，导致企业研究成果资源被闲置，造成资源浪费	确保能够将全部研究成果及时转化为产品并进行应用开发	1. 建立健全企业研究成果开发管理制度，促进研究成果及时、有效转化 2. 形成科研、生产、市场一体化的自主创新机制 3. 规范研究成果开发、应用的落地流程，降低开发、应用阻力	按需不定期	关键绩效指标	研发管理部经理	"企业研究成果开发管理制度"
C3、C4	新产品未经充分、严谨的测试，存在开发、应用技术或理论方面的缺陷，导致新产品大批量生产能力不成熟，生产质量不达标，综合成本过高	确保新产品在投入生产前经过严格、充分的测试，达到稳定的质量和状态水平	1. 组织专业人员对新产品进行各方面的针对性测试 2. 通过试生产验证新产品的性能和标准 3. 科学鉴定大批量生产的技术成熟度，力求降低产品成本	按需不定期	关键绩效指标	生产部经理	"企业研究成果开发管理制度"

续表

控制点	风险描述	控制目标	内控要求				
			控制措施	控制频率	控制类型	责任部门（岗）	控制依据
D5、D7	未对消费者的产品接受情况进行调查，未测试消费者反应和态度，新产品没有得到市场真实、有效的反馈，导致研究成果进行开发、应用并将产品投入市场时失败	确保得到消费者关于产品的真实反应，收集市场一手资料，提高产品的成熟度	1. 落实消费者调查和测试程序，充分收集、反馈信息 2. 安排专人负责消费者调查和测试工作 3. 安排产品开发、设计活动，增加与消费者的互动，不断调整和优化产品	按需不定期	关键绩效指标	市场部经理	"企业研究成果开发管理制度"
D8	研究成果开发、应用产品营销策略与市场需求不符，或主观偏见影响因素较强，导致营销活动效果较差，出现营销问题或营销失败	确保锁定目标客户群体，根据市场热点和主流价值方向确定营销策略	1. 获取市场需求信息和反应数据，结合产品特点制定营销策略 2. 剔除个人偏见，统一企业营销文化，避免营销事故的发生 3. 符合国家相关法律法规的规定	按需不定期	关键绩效指标	市场部经理	"企业研究成果开发管理制度"
B8	在未获得市场认可的情况下，盲目安排大批量的产品生产，导致产品积压，成本上升，资金周转压力增大	确保产品获得真实的市场反应，产品生产安排以市场需求为基础	1. 开展以市场为导向的新产品开发与消费者测试 2. 加强与市场一线人员的交流，充分听取其经验和建议 3. 建立研究项目档案，推进有关信息资源的共享和应用	按需不定期	授权及批准	研发管理部经理	"企业研究成果开发管理制度"

10.2.2　研究成果保护流程与内部控制矩阵

1. 研究成果保护流程

部门名称	研发管理部		流程名称	研究成果保护流程
生效日期			概　要	5大控制点
单位	总经办	研发管理部	研发团队	委托（合作）单位
节点	A	B	C	D

节点		
1	开始	
2	明确研究成果保护的标准和要求	
3	完成结题验收评审，获得研究成果	完成委托（合作）项目，产出成果
4	确定研究成果权属关系	签订权属证明
5	未通过　评审　确定研究成果保护方式	
6	通过　技术专利/商业秘密　商业秘密	
7	技术专利　申请技术专利证明文件	确定核心技术人员范围和清单，签署保密协议
8	管理研究过程中的各类涉密资料	
9	激励企业核心研究人员	约定研究成果归属、离职条件、保密义务、竞业限制及违约责任等
10	结束	

企业名称		密　级		共　页　第　页
编制单位		签发人		签发日期

2. 研究成果保护内部控制矩阵

控制点	风险描述	控制目标	内控要求				
			控制措施	控制频率	控制类型	责任部门（岗）	控制依据
B4	研究成果的权属关系未能得到明确规范，企业无法获得有效的证明文件，造成企业开发出的新技术或产品被限制使用或无权使用相关研究成果的情况，导致企业资产流失	确保企业研究成果的权属关系得到有效证明	1. 签订协商一致的研究项目合同或协议，约定研究成果权属关系 2. 办理明确的权属关系证明文件 3. 检查、核对研究成果权属关系证明文件的效力范围	按需不定期	关键绩效指标	研发管理部经理	"企业研究成果保护制度"
B6	未能有效识别技术专利、商业秘密等企业知识产权，导致企业知识产权无法得到及时、有效的保护，损害企业利益	确保准确识别出企业各类知识产权，并使其得到妥善保护	1. 安排专业的测试、验收等评审人员对各类研究成果进行知识产权评审 2. 提高企业在研究成果识别和保护方面的投入 3. 加强对企业知识产权的保护力度	按需不定期	关键绩效指标	研发管理部经理	"企业研究成果保护制度"

续表

控制点	风险描述	控制目标	内控要求				
			控制措施	控制频率	控制类型	责任部门（岗）	控制依据
C7	研究成果核心技术人员范围和清单确定不当，造成对应人员的密级设计失误，导致人员杂乱，泄露企业研究成果秘密	确保研究成果所有核心技术人员登记造册，统一划定保密管理标准	1．签署严格的技术人员保密协议 2．划定准确的涉密人员范围，并加强对相关人员的管理 3．制定详细的涉密人员清单，并严格保管	按需不定期	关键绩效指标	研发管理部经理	"企业研究成果保护制度"
B8	对图纸、程序等各类涉密资料的管理不当，导致企业研究成果的秘密被泄露	确保企业研究项目在研究过程中所有涉密资料得到妥善保管，无外流情况发生	1．规范图纸、程序等各类涉密资料的产生和使用过程，严格执行保密管理标准 2．回收并清点各类涉密资料，及时存档或集中处理 3．加强对专利权、非专利技术、商业秘密及研究过程中形成的图纸、程序等各类涉密资料的管理，严格按照制度规定借阅和使用 4．禁止无关人员接触研究成果	按需不定期	关键绩效指标	研发管理部经理	"企业研究成果保护制度"

续表

控制点	风险描述	控制目标	内控要求				
			控制措施	控制频率	控制类型	责任部门（岗）	控制依据
B9、C9	企业对研究项目核心研究人员缺乏对应的管理激励制度，导致在企业外部形成新的竞争对手，或造成项目技术秘密被外泄	确保采取科学、合理的方式管理企业核心研究人员，激发其工作积极性和创造性	1．建立严格的核心研究人员管理制度 2．约定研究成果归属、离职条件、保密义务、竞业限制及违约责任等内容 3．实施合理、有效的研发绩效管理 4．制定科学的核心研究人员激励体系，注重长效激励	按需不定期	关键绩效指标	研发管理部经理	"企业研究成果保护制度"

第 11 章

工程项目

11.1　工程立项流程

11.1.1　项目建议书编制流程与内部控制矩阵

1. 项目建议书编制流程

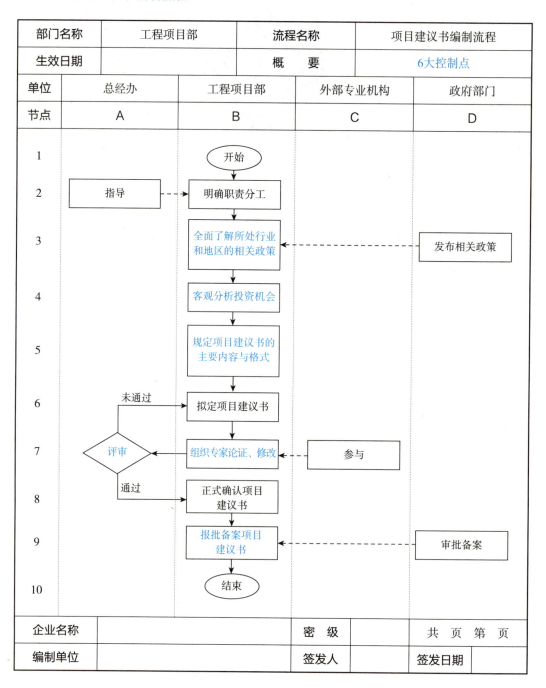

部门名称	工程项目部	流程名称	项目建议书编制流程
生效日期		概　要	6大控制点

单位	总经办	工程项目部	外部专业机构	政府部门
节点	A	B	C	D

流程节点：
1. 开始
2. 指导 → 明确职责分工
3. 全面了解所处行业和地区的相关政策 ← 发布相关政策
4. 客观分析投资机会
5. 规定项目建议书的主要内容与格式
6. 拟定项目建议书（未通过 ←）
7. 组织专家论证、修改 ← 参与；评审
8. 通过 → 正式确认项目建议书
9. 报批备案项目建议书 ← 审批备案
10. 结束

企业名称		密　级		共　页　第　页
编制单位		签发人		签发日期

2. 项目建议书编制内部控制矩阵

控制点	风险描述	控制目标	内控要求				
			控制措施	控制频率	控制类型	责任部门（岗）	控制依据
B3	对所处行业和地区的相关政策不了解，导致项目建议书不切实际或不合要求	确保对所处行业和地区的相关政策有清晰的了解和认识	1. 全面了解所处行业和地区的相关政策规定，以法律法规和政策规定为依据编制项目建议书 2. 指派专人进行此项工作并事先明确需要了解的方向与内容	按需不定期	关键绩效指标	工程项目部经理	"工程项目部工作制度" "项目建议书编制规范"
B4	对投资机会的分析不客观、不及时，投资意向与国家产业政策和企业发展战略脱节，耽误投资时机，影响工程进度	确保对投资机会有准确、客观、及时的分析与认识	加强对投资机会的调查与研究，并结合实际建设条件和经济环境变化趋势，客观分析投资机会	按需不定期	关键绩效指标	工程项目部经理	"工程项目部工作制度" "项目建议书编制规范"
B5	项目建议书内容不合规、不完整，项目性质、用途模糊，拟建规模、标准不明确，导致无法通过审核	确保项目建议书的内容与格式符合企业与行业要求，并且能够通过审核	1. 根据国家和行业有关要求，结合本企业实际，规定项目建议书的主要内容和格式，明确编制要求 2. 加强对项目建议书编制的制度约束，明确相关制度规定	按需不定期	关键绩效指标	工程项目部经理	"工程项目部工作制度" "项目建议书编制规范"

续表

控制点	风险描述	控制目标	内控要求				
			控制措施	控制频率	控制类型	责任部门（岗）	控制依据
B5	项目建议书内容不合规、不完整，项目性质、用途模糊，拟建规模、标准不明确，导致无法通过审核	确保项目建议书的内容与格式符合企业与行业要求，并且能够通过审核	3. 项目建议书的主要内容包括项目的必要性和依据、产品方案、拟建规模、建设地点、投资估算、资金筹措方式、项目进度安排、经济效益和社会效益的估计、环境影响的初步评价等	按需不定期	关键绩效指标	工程项目部经理	"工程项目部工作制度" "项目建议书编制规范"
B7	未组织专家对项目建议书进行分析论证与修改工作，导致项目建议书专业性不强，影响后续报批工作	确保项目建议书经过了专家的论证及修改	1. 要对工程质量标准、投资规模和进度计划等进行分析论证，做到协调、平衡 2. 对于专业性较强和较为复杂的工程项目，可以委托专业机构参与分析论证	按需不定期	审查核对	工程项目部经理	"工程项目部工作制度" "项目建议书编制规范"
A7	未将项目建议书提交总经办进行评审工作，缺少决策层的表决流程，导致项目建议书不规范、不合规	确保项目建议书通过评审，提高项目建议书的专业性与准确性	1. 应当对项目建议书进行集体审议，必要时可以成立专家组或委托专业机构进行评审 2. 承担评审任务的专业机构不得参与项目建议书的编制工作	按需不定期	授权及批准	总经理	"总经办工作制度" "项目建议书编制规范"

续表

控制点	风险描述	控制目标	内控要求				
			控制措施	控制频率	控制类型	责任部门（岗）	控制依据
B9	对于需要向有关部门报批备案的项目建议书，没有对其报批备案，导致项目手续缺失，影响后续项目工作的进度	确保需要报批备案的项目建议书都做了报批备案处理	对于国家规定应当报批备案的项目建议书，应及时报批并取得有效批文	按需不定期	关键绩效指标	工程项目部经理	"工程项目部工作制度""项目建议书编制规范"

11.1.2　可行性研究报告编制流程与内部控制矩阵

1. 可行性研究报告编制流程

部门名称	工程项目部		流程名称		可行性研究报告编制流程
生效日期			概　　要		5大控制点
单位	总经办	工程项目部		其他相关部门	外部专业机构
节点	A	B		C	D

节点	
1	开始
2	确定项目建议书
3	明确可行性研究报告的内容与格式
4	是否自行编制（是 / 否）
5	制定专业机构的选择标准
6	选择外部专业机构 —— 合作
7	拟定可行性研究报告
8	全面审核和评价 ←-- 专业人士参与
9	审批 ← 修改和完善可行性研究报告（未通过 / 通过）
10	最终确定报告
11	结束

企业名称		密　级		共　页　第　页
编制单位		签发人		签发日期

2. 可行性研究报告编制内部控制矩阵

控制点	风险描述	控制目标	内控要求				
			控制措施	控制频率	控制类型	责任部门（岗）	控制依据
B3	对可行性研究报告的内容与格式不明确，导致无法通过审核	确保可行性研究报告的内容与格式符合企业与行业要求	根据国家和行业有关规定以及本企业实际，确定可行性研究报告的内容和格式，明确编制要求	按需不定期	关键绩效指标	工程项目部经理	"工程项目部工作制度""可行性研究报告编制规范"
B5	对专业机构的选择没有标准和条件，导致选择的专业机构不专业、不负责，影响可行性研究报告的质量	确保按照相关标准选择到专业、负责的专业机构	1. 制定专业机构的选择标准，确保可行性研究报告科学、准确、公正 2. 重点关注其专业资质、业绩和声誉、专业人员素质、相关业务经验等	按需不定期	关键绩效指标	工程项目部经理	"工程项目部工作制度""可行性研究报告编制规范"

续表

控制点	风险描述	控制目标	内控要求				
			控制措施	控制频率	控制类型	责任部门（岗）	控制依据
B7	拟定的可行性研究报告内容不完整、质量不高，没有指导意义	确保初步拟定的可行性研究报告已经相对完善，没有重大漏洞	1. 严格审查可行性研究报告的内容，可行性研究报告的内容主要包括项目概况，项目建设的必要性，市场预测，项目建设选址及建设条件论证，建设规模和建设内容，项目外部配套建设，环境保护，劳动保护与卫生防疫、消防、节能、节水、总投资及资金来源，经济、社会效益，项目建设周期及进度安排，招投标法规定的相关内容等 2. 提高可行性研究报告的质量，请内部专业人士或外部专业机构进行可行性研究报告的编制	按需不定期	审查核对	工程项目部经理	"工程项目部工作制度" "可行性研究报告编制规范"

续表

控制点	风险描述	控制目标	内控要求				
			控制措施	控制频率	控制类型	责任部门（岗）	控制依据
B8	未组织专业人员对可行性研究报告进行审核和评价工作，忽略了可行性研究报告内容与企业投资决策、发展战略的契合性，导致后期企业工程利润率不理想	确保项目建议书经过了专业人士的审核、评价，明确了修改、完善的方法与方向	1. 切实做到投资、质量和进度控制的有机统一，即技术先进性和经济可行性要有机结合 2. 建设标准要符合企业实际情况和财力、物力的承受能力，技术要先进、适用，对于拟采用的工艺，既要考虑其对产品质量的提升作用，又要考虑企业营销状况和走势，避免因盲目追求技术先进而造成投资损失、浪费 3. 可聘请外部专业机构参与审核、评价工作，但其机构与人员不得参与项目建议书、可行性研究报告的编制工作	按需不定期	审查核对	工程项目部经理	"工程项目部工作制度" "可行性研究报告编制规范"

续表

控制点	风险描述	控制目标	内控要求				
			控制措施	控制频率	控制类型	责任部门（岗）	控制依据
A9	忽视对可行性研究报告的审批工作或审批时相关审批人员疏忽、大意甚至不公平、公正，导致可行性研究报告的错误没有被发现或审核期过长	确保可行性研究报告经过有权限的审批人员客观、公正的审批	1．规范审批流程与制度，从这两个方面来约束审批行为　2．明确规定审批时间，在规定时间内必须作出批示	按需不定期	授权及批准	总经理	"总经办工作制度"　"可行性研究报告编制规范"

11.1.3　项目评审、决策流程与内部控制矩阵

1．项目评审、决策流程

部门名称	工程项目部		流程名称	项目评审、决策流程
生效日期			概　要	6大控制点
单位	董事会	总经办	工程项目部	外部专业机构
节点	A	B	C	D

企业名称			密　级		共　页　第　页
编制单位			签发人		签发日期

2. 项目评审、决策内部控制矩阵

控制点	风险描述	控制目标	内控要求				
			控制措施	控制频率	控制类型	责任部门（岗）	控制依据
C3	项目评审工作准备不充分，项目评审人员、程序等不合要求，导致项目评审工作不公正、客观，也无法发现潜在问题	确保项目评审前的准备工作完备、无误，保证项目评审工作的正常进行	1. 加强对项目评审准备工作的监督和检查，严格审查项目评审时间、人员、程序、方法等要素 2. 组织有关部门或委托具有相应资质的专业机构对可行性研究报告进行全面审核和评价，并提出评审意见，作为项目决策的重要依据	按需不定期	审查核对	工程项目部经理	"工程项目部工作制度" "项目评审工作规范"
C5	对外部机构的选择没有标准和条件，导致选择的外部机构不专业、不负责，影响项目评审工作的准确性	确保按照相关标准选择到专业、负责的外部机构	1. 制定外部机构的选择标准，确保项目评审科学、准确、公正 2. 重点关注外部机构的专业资质、业绩和声誉，专业人员素质、相关业务经验等 3. 委托外部机构进行项目评审的，该外部机构不得参与项目可行性研究工作	按需不定期	关键绩效指标	工程项目部经理	"工程项目部工作制度" "项目评审工作规范"

续表

控制点	风险描述	控制目标	内控要求				
			控制措施	控制频率	控制类型	责任部门（岗）	控制依据
C6	组建的项目评审团不专业、不规范，无法发现项目存在的问题并提出解决办法，导致项目评审工作难以开展或质量不高	确保组建的项目评审团成员合理、专业性强	1. 严格贯彻项目评审团成员不得参与项目建议书编制、可行性研究报告编制等工作的原则 2. 项目评审团成员应当熟悉工程业务，并具有较广泛的代表性	按需不定期	关键绩效指标	工程项目部经理	"工程项目部工作制度" "项目评审工作规范"
C7	项目评审工作流于形式并误导项目决策，给企业带来巨大经济损失	确保项目评审的内容与程序是科学、合理的，并严格按照有关要求进行项目评审工作	1. 项目评审工作应实行问责制，项目评审团成员要对其出具的评审意见承担责任 2. 在项目评审工作中，要重点关注项目投资方案、投资规模、资金筹措、生产规模、布局选址、技术、安全、环境保护等方面情况，核实相关资料的来源和取得途径是否真实、可靠，特别要对经济技术可行性进行深入分析和全面论证	按需不定期	关键绩效指标	工程项目部经理	"工程项目部工作制度" "项目评审工作规范"　"项目评审追责制"

续表

控制点	风险描述	控制目标	内控要求				
			控制措施	控制频率	控制类型	责任部门（岗）	控制依据
A9、B9	对于重大项目的决策机制把握不明，导致审批决策程序不正当	确保做决策时区分了重大项目与一般项目，严格按照企业有关要求进行决策工作	1. 应当按照规定的权限和程序对工程项目进行决策，决策过程必须有完整的书面记录，并实行决策责任追究制度 2. 重大工程项目应当报经董事会或者类似决策机构集体审议批准，任何个人不得单独决策或者擅自改变集体决策意见	按需不定期	授权及批准	董事长、总经理	"董事会议事规则""总经办工作制度""项目评审工作规范""决策责任追究制度"
C11	未向有关部门取得相关开工许可便开工，导致工程项目不合规，被有关部门查处，给企业带来损失	确保开工前取得了各方面许可	工程项目立项后、正式施工前，建设单位（为与后文的设计单位、监理单位、施工单位等区分，下文在同等情况下一律以"建设单位"替代"企业"）还应当依法取得建设用地、城市规划、环境保护、安全、施工等方面的许可	按需不定期	审查核对	工程项目部经理	"工程项目部工作制度"

11.2　工程招标流程

11.2.1　工程招标流程与内部控制矩阵

1. 工程招标流程

部门名称	工程项目部		流程名称	工程招标流程
生效日期			概　要	6大控制点
单位	总经办	评标委员会	工程项目部	投标单位
节点	A	B	C	D
1			开始	
2			招标前期准备	
3			发布资格预审公告	
4			发布招标公告	
5			资格审查	
6			发售招标文件	获取招标文件
7			组织现场考察	现场考察
8		开标	收取并保管投标文件	投标
9		评标		
10	授权	定标		
11			发送中标通知书	接收
12	授权		签订合同	签订合同
13			结束	
企业名称			密　级	共　页　第　页
编制单位			签发人	签发日期

2. 工程招标内部控制矩阵

控制点	风险描述	控制目标	内控要求				
			控制措施	控制频率	控制类型	责任部门（岗）	控制依据
C2	招标前，准备工作不足导致招标工作无法正常开展	确保招标前各项准备工作都已经准备妥当并确认无误	1. 建设单位应当按照《中华人民共和国招标投标法》《工程建设施工招标投标管理办法》等相关法律法规，结合实际情况，本着公开、公正、平等竞争的原则，建立健全招投标管理制度，明确应当进行招标的工程项目范围、招标方式、招标程序，以及投标、开标、评标、定标等各环节的管理要求 2. 工程立项后，对于是否采用招标，以及采用何种招标方式、标段划分等，应由建设单位工程项目部牵头提出方案，报经建设单位招标决策机构集体审议通过后执行 3. 建设单位确需划分标段组织招标的，应当进行科学分析和评估，提出专业意见；划分标段时，应当考虑项目的专业要求、管理要求、对工程投资的影响以及各项工作的衔接，不得违背工程施工组织设计和招标设计方案，将应当由一个施工单位完成的工程项目肢解成若干部分并发包给几个施工单位	按需不定期	审查核对	工程项目部经理	《中华人民共和国招标投标法》《工程建设施工招标投标管理办法》"企业招投标管理制度"

续表

控制点	风险描述	控制目标	内控要求				
			控制措施	控制频率	控制类型	责任部门（岗）	控制依据
C4	招标公告未及时发布或内容有误，影响招标工作正常进行	确保按照相关规定发布了招标公告	1. 招标公告的发布要公开、透明，严格根据项目特点确定投标人的资格要求，不得根据"意向中标人"的实际情况确定投标人资格要求 2. 事先按照有关制度确定招标公告的发布时间，并按时发布	按需不定期	关键绩效指标	工程项目部经理	"企业招投标管理制度"
C7、D7	未按有关要求组织现场考察或现场考察流于形式，影响招标工作的正常进行	确保现场考察工作令投标方满意，并且双方获得了应得的信息	1. 根据招标项目的具体情况组织投标人考察项目现场，以便投标人更为深入地了解项目情况 2. 召开投标预备会，解答投标人对工程项目提出的具体问题	按需不定期	关键绩效指标	工程项目部经理	"企业招投标管理制度"

控制点	风险描述	控制目标	内控要求				
			控制措施	控制频率	控制类型	责任部门（岗）	控制依据
C8	对投标文件未及时收取或未妥善保管，导致投标文件丢失或损坏，影响投标方利益和招标工作的正常进行	确保投标文件被及时收取并妥善保管	1. 应当履行完备的投标文件签收、登记和保管手续 2. 准确记录投标文件签收日期、地点和密封状况，签收后应将投标文件存放在安全、保密的地方，任何人不得在开标前开启投标文件	按需不定期	关键绩效指标	工程项目部经理	"企业招投标管理制度"

续表

控制点	风险描述	控制目标	内控要求				
			控制措施	控制频率	控制类型	责任部门（岗）	控制依据
B9	评标标准与方法不恰当，评标程序不正当，影响评标工作的公正性	确保评标工作的内容与程序是科学、合理的，并严格按照有关要求进行了评标工作	1. 依法组建评标委员会，确保其成员具有较高的职业道德水平，并具备招标项目专业知识和丰富经验 2. 评标委员会成员名单在中标结果确定前应当严格保密。评标委员会成员和参与评标的有关工作人员不得私下接触投标人，不得收受投标人任何形式的商业贿赂 3. 建设单位应当为保证评标委员会独立、客观地进行评标工作创造良好条件，不得向评标委员会成员施加影响，干扰其客观评判 4. 评标委员会应当在评标报告中详细说明每位成员的评价意见以及集体评审结果，对于中标候选人和落标人要分别陈述具体理由	按需不定期	关键绩效指标	工程项目部经理	《评标委员会和评标方法暂行规定》"企业招投标管理制度"

控制点	风险描述	控制目标	内控要求				
			控制措施	控制频率	控制类型	责任部门（岗）	控制依据
C12、D12	未按要求签订合同或签订的合同内容有漏洞，影响后续合同双方利益	确保双方在统一意见的前提下自愿签订完善的合同	1. 在规定期限内同中标人订立书面合同，双方不得另行订立背离招标文件实质性内容的其他协议 2. 制定工程合同管理制度，明确各部门在工程合同管理和履行中的职责 3. 建设工程施工合同、各类分包合同、工程项目施工内部承包合同应当按照国家或本建设单位制定的示范文本的内容填写 4. 建立合同履行、执行情况台账，记录合同的实际履约情况，并随时督促对方当事人及时履行其义务	按需不定期	关键绩效指标	工程项目部经理	"企业招投标管理制度" "企业合同管理制度"

11.2.2 委托招标流程与内部控制矩阵

1. 委托招标流程

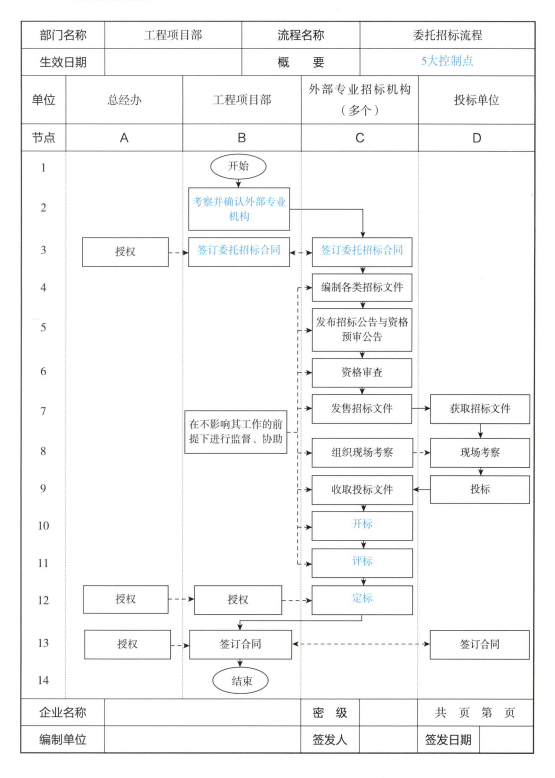

部门名称	工程项目部		流程名称	委托招标流程

生效日期			概　要	5大控制点

单位	总经办	工程项目部	外部专业招标机构（多个）	投标单位
节点	A	B	C	D
1		开始		
2		考察并确认外部专业机构		
3	授权	签订委托招标合同	签订委托招标合同	
4			编制各类招标文件	
5			发布招标公告与资格预审公告	
6			资格审查	
7			发售招标文件	获取招标文件
8		在不影响其工作的前提下进行监督、协助	组织现场考察	现场考察
9			收取投标文件	投标
10			开标	
11			评标	
12	授权	授权	定标	
13	授权	签订合同		签订合同
14		结束		

企业名称			密　级	共　页　第　页
编制单位			签发人	签发日期

2. 委托招标内部控制矩阵

控制点	风险描述	控制目标	内控要求				
			控制措施	控制频率	控制类型	责任部门（岗）	控制依据
B2	未选择合适的外部专业机构，导致委托招标工作过程、结果均不可控，影响委托招标工作的质量	确保选择到合适的外部专业机构	1. 制定外部专业机构的选择标准，确保委托招标工作科学、准确、公正地进行 2. 重点关注外部专业机构的专业资质、业绩和声誉、专业人员素质、相关业务经验等 3. 招标不同阶段应选择不同的外部专业机构，且不得互相干扰，以免影响招标工作的公正性	按需不定期	关键绩效指标	工程项目部经理	"工程项目部工作制度" "企业委托招标工作办法"
B3	未与外部专业机构及时签订委托招标合同或签订的委托招标合同有漏洞，影响双方合作关系	确保与外部专业机构及时签订了详细、完备的委托招标合同	1. 加强对委托招标合同内容的审核，确保委托招标合同内容准确、无误 2. 取得授权后及时与相关机构签订委托招标合同，严格遵守签订委托招标合同的程序，确保签字、盖章等相关程序准确、无误 3. 做好委托招标合同的备份与保管工作	按需不定期	关键绩效指标	工程项目部经理	"工程项目部工作制度" "企业委托招标工作办法" "企业合同管理制度"
C10	未按有关规定进行开标工作，影响开标工作的公正性与合理性	确保开标工作是符合要求与程序的	1. 开标时间和地点应当在招标文件中预先确定 2. 开标过程应邀请所有投标人或其代表出席，并委托公证机构进行检查和公证 3. 企业要在不影响外部专业机构工作的前提下监督、协助开标工作	按需不定期	职责分工	外部专业招标机构负责人	《中华人民共和国招标投标法》《工程建设施工招标投标管理办法》"委托招标合同"

续表

控制点	风险描述	控制目标	内控要求				
			控制措施	控制频率	控制类型	责任部门（岗）	控制依据
C11	评标标准与方法不恰当，评标程序不正当，影响评标工作的公正性	确保评标工作的内容与程序是科学、合理的	1. 应当履行完备的标书签收、登记和保管手续 2. 准确记录投标文件签收日期、地点和密封状况，签收标书后应将投标文件存放在安全、保密的地方，任何人不得在开标前开启投标文件	按需不定期	职责分工	外部专业招标机构负责人	《评标委员会和评标方法暂行规定》"委托招标合同"
C12	定标工作不符合规范，未由有相关权限的决策机构进行授权，导致无法选择到合适的中标人	确保定标工作是符合程序的，并取得了决策机构的授权	1. 按照规定的权限和程序从中标候选人中确定中标人，并及时向中标人发出中标通知书，在规定的期限内与中标人订立书面合同，明确双方的权利、义务和违约责任 2. 每位评标成员应对其出具的评审意见承担个人责任 3. 中标候选人是1位以上时，招标人应当按照规定的程序和权限，由决策机构授权后决定中标人	按需不定期	职责分工	外部专业招标机构负责人	《评标委员会和评标方法暂行规定》"委托招标合同"

11.3　工程造价流程

11.3.1　工程设计流程与内部控制矩阵

1．工程设计流程

工程计量、
计价管理规定

部门名称	工程项目部		流程名称	工程设计流程	
生效日期			概　要	5大控制点	
单位	总经办	工程项目部		外部设计单位	政府相关部门
节点	A	B		C	D
1		开始			
2		设计前期调查			未通过
3		申报规划条件			审批
4	审批（未通过）	制定"设计招标方案"			发送设计规划条件通知书（通过）
5	审批（通过）	招标项目备案			政府有关部门备案
6		进行招标设计		投标	
7	授权	签订合同		签订合同	
8	审批（未通过）	审批（未通过）		初步设计	
9	审批（通过）	审批（通过）			
10	审批（未通过）	审批（未通过）		施工图设计	
11	审批	审批（通过）			
12	审批（未通过）			汇总设计成果	
13	审批	取得设计成果			
14	审批（通过）	备案并准备施工			审查备案
15		结束			
企业名称			密　级		共　页　第　页
编制单位			签发人		签发日期

2．工程设计内部控制矩阵

控制点	风险描述	控制目标	内控要求				
			控制措施	控制频率	控制类型	责任部门（岗）	控制依据
B4	"设计招标方案"缺失或不合理，导致审批无法通过或通过后无法实际指导设计招标工作	确保制定了详尽、完善的"设计招标方案"	1．严格按照企业方案制定有关要求进行方案编写 2．加强对方案的检查，并将方案报送总经办审批，审批通过后方可执行	按需不定期	授权及批准	工程项目部经理	"工程项目部工作制度"
B5	需要向有关部门备案的招标项目没有及时备案或相关资料提供错误，导致后续工作不合规	确保需要备案的招标项目都提前备案完毕	审查招标项目的性质，根据企业有关制度与国家有关规定，按需进行备案工作	按需不定期	关键绩效指标	工程项目部经理	《中华人民共和国招标投标法》《工程建设施工招标投标管理办法》"企业招投标管理制度"
B6	招标设计工作过程不规范或不公正，导致招标结果不符合要求或给企业形象带来损失	确保招标设计工作是符合要求与程序的	1．严格遵守企业招投标有关制度及国家规定进行招标设计工作 2．提高开标、评标和定标工作的公正性与专业性	按需不定期	关键绩效指标	工程项目部经理	《中华人民共和国招标投标法》《工程建设施工招标投标管理办法》"企业招投标管理制度"

续表

控制点	风险描述	控制目标	内控要求				
			控制措施	控制频率	控制类型	责任部门（岗）	控制依据
C8	设计单位不符合项目资质要求；初步设计未进行多方案比选；设计人员对相关资料研究不透彻，导致初步设计出现较大疏漏；设计深度不足，造成施工组织不周密、工程质量存在隐患、投资失控以及投资后运行成本过高等	确保在有效监督与支持下，设计单位完成符合要求的初步设计	1. 细化设计单位的权利和义务，特别是一个项目由几个单位共同设计时，要指定一个设计单位为主体设计单位，主体设计单位对建设项目设计的合理性和整体性负责 2. 应当向设计单位提供开展设计所需的详细的基础资料，并进行有效的技术、经济交流，避免因资料不完整造成设计保守、投资失控等问题 3. 建立严格的初步设计审查和批准制度，通过严格的复核、专家评议等制度，层层把关，确保评审工作质量 4. 把握技术方案这一审查的核心和重点，重大技术方案必须进行技术、经济分析和多方案比选	按需不定期	职责分工	工程项目部经理、外部设计单位负责人	"企业招投标管理制度""初步设计管理办法""工程设计合同"

控制点	风险描述	控制目标	内控要求				
			控制措施	控制频率	控制类型	责任部门（岗）	控制依据
C10	施工图设计严重脱离实际，导致项目投资失控；工程设计与后续施工未有效衔接或过早衔接，导致技术方案未得到有效落实，影响工程质量，或造成工程变更，发生重大经济损失	确保施工图设计完全符合要求并将设计者的意图和全部设计结果表达出来	1．建立严格的施工图设计编制与审核制度 2．建立严格的施工图设计管理制度和交底制度 3.制定严格的设计变更管理制度 4．严格按照国家法律法规和本单位管理要求执行各项设计报批要求，上一环节尚未批准的，不得进入下一环节，杜绝出现边勘察、边设计、边施工的"三边"现象	按需不定期	职责分工	工程项目部经理、外部设计单位负责人	"企业招投标管理制度""施工图设计管理办法""工程设计合同"

11.3.2 工程项目概 / 预算编制审核流程与内部控制矩阵

1. 工程项目概 / 预算编制审核流程

部门名称		工程项目部		流程名称		工程项目概 / 预算编制审核流程
生效日期				概　要		6大控制点
单位		总经办	工程项目部		外部设计单位	审核小组
节点		A	B		C	D

企业名称				密　级		共　页　第　页
编制单位				签发人		签发日期

2．工程项目概 / 预算编制审核内部控制矩阵

控制点	风险描述	控制目标	内控要求				
			控制措施	控制频率	控制类型	责任部门（岗）	控制依据
C3	对投资估算不明确或忽视其重要性，导致后续概 / 预算工作不符合要求	确保对投资估算有清晰、明确的了解	1．向建设单位尽可能多地了解资料 2．加强对投资估算控制重要性的认识，严格把握投资估算范围	按需不定期	审查核对	工程项目部经理、外部设计单位负责人	"工程设计合同"
C4	相关资料调查不充分、不仔细，导致后续概 / 预算工作不准确、不合理	确保对概 / 预算指标等资料进行了详细的调查与了解	充分调查、研究并利用国家或地区发布的概 / 预算指标、概 / 预算定额或综合指标预算定额、设备材料预算价格等资料	按需不定期	审查核对	工程项目部经理、外部设计单位负责人	"工程设计合同"
C5	计算方法选择不当，不能准确计算概 / 预算，影响概 / 预算的准确性	确保选择的计算方法科学且符合要求	1．尽可能选择更多的方法进行科学计算 2．根据往期经验，择优选择计算方法 3．多与建设单位工程项目部沟通、接洽	按需不定期	审查核对	工程项目部经理、外部设计单位负责人	"工程设计合同"
C6	概 / 预算文件内容不完整、结果不准确，导致无法通过审核	确保编制的概 / 预算文件内容完整、结果准确	1．事先明确规定概/预算文件的编制格式、内容、程序等 2．选择专业人士进行概/预算编制工作 3．在技术、经济交流的基础上，采用先进的设计管理实务技术，进行多方案比选	按需不定期	审查核对	工程项目部经理、外部设计单位负责人	"工程设计合同"

续表

控制点	风险描述	控制目标	内控要求				
			控制措施	控制频率	控制类型	责任部门（岗）	控制依据
B7	没有选择专业人员对概/预算进行审核，无法发现概/预算脱离实际的部分，导致项目投资失控	确保对概/预算进行审核的人员专业、满足要求	成立审核小组，应当组织工程、技术、财会等相关部门的专业人员或委托具有相应资质的中介机构对编制的概/预算进行审核	按需不定期	授权及批准	工程项目部经理	"工程项目部工作制度""概/预算审核工作规范"
D8	审核人员不负责任，不严肃对待审核工作；审核方法与步骤不合理，影响审核结果；审核方向与内容脱离实际，无法发现真正重要的问题	确保审核工作由专业人员认真、细致完成，审核方法、步骤、内容等切合实际并符合要求	1. 事先确定审核的方法与内容 2. 重点审核编制依据、项目内容、工程量的计算、定额套用等是否真实，完整和准确 3. 工程项目概/预算按照规定的权限和程序审核批准后方可执行	按需不定期	授权及批准	审核小组组长	"概/预算审核工作规范"

11.4　工程建设流程

11.4.1　工程施工流程与内部控制矩阵

1. 工程施工流程

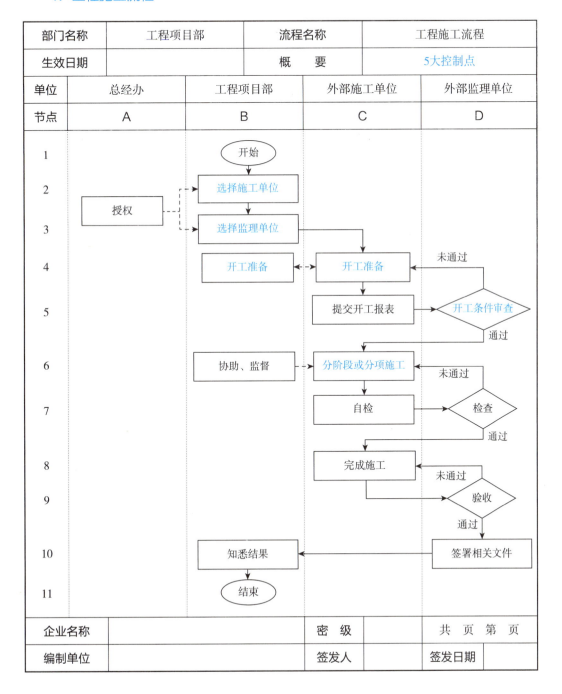

部门名称	工程项目部		流程名称		工程施工流程
生效日期			概　要		5大控制点
单位	总经办	工程项目部	外部施工单位		外部监理单位
节点	A	B	C		D

企业名称		密　级		共　页　第　页
编制单位		签发人		签发日期

2. 工程施工内部控制矩阵

控制点	风险描述	控制目标	内控要求				
			控制措施	控制频率	控制类型	责任部门（岗）	控制依据
B2	未按要求选择施工单位，导致工程项目无法通过有关政府部门的检查，或选择的施工单位存在资质、能力等方面的问题，导致工程质量、进度等方面出现问题	确保按要求选择高效、负责的施工单位	严格按照国家有关规定选择施工单位，对于需要招标确定的，按要求进行招标选择	按需不定期	关键绩效指标	工程项目部经理	《中华人民共和国招标投标法》《工程建设施工招标投标管理办法》
B3	未按要求选择监理单位或监理单位存在资质、能力等方面的问题，影响工程质量	确保选择的监理单位专业、规范、负责	1. 实行严格的工程监理制度，详细规定对监理单位的选择和管理措施 2. 按情况需要进行招标的，必须通过招标的方式选择监理单位，并加强对招标各环节的监管 3. 经严格审查后，与监理单位签订合规、完善的监理合同	按需不定期	关键绩效指标	工程项目部经理	《中华人民共和国招标投标法》《工程建设施工招标投标管理办法》

续表

控制点	风险描述	控制目标	内控要求				
			控制措施	控制频率	控制类型	责任部门（岗）	控制依据
B4、C4	开工前未做好开工准备，如未取得相应开工许可，未向有关部门报批备案，未全面检验施工材料与设备等，导致工程项目存在法律、质量、安全、进度等方面的风险	确保开工前做好了所有准备，可以合法开工	1. 审查所有开工许可，完成所有证件及手续的办理，如《国有土地使用证》《建设工程施工许可证》《建设用地规划许可证》《建设工程规划许可证》等 2. 审查所有相关单位资质，尤其是施工单位与监理单位，并再次确定合同事宜 3. 准备材料。自行采购工程物资的，应当按照国家与企业有关规定，组织工程物资采购、验收和付款；由施工单位采购工程物资的，应当加强监督，确保工程物资采购符合设计标准和合同要求	按需不定期	审查核对	工程项目部经理	"工程建设承包合同""工程监理合同""工程项目部工作制度"

续表

控制点	风险描述	控制目标	内控要求				
			控制措施	控制频率	控制类型	责任部门（岗）	控制依据
D5	对开工条件的审查不严格或存在徇私舞弊现象，导致工程项目未符合要求就开工	确保监理单位认真审查了开工条件	1. 发现工程施工不符合设计要求、施工技术标准和合同约定的，应当要求施工单位改正；发现工程设计不符合建筑工程质量标准或者合同约定的质量要求的，应当要求设计单位改正 2. 未经工程监理人员签字，工程物资不得在工程上使用或者安装，不得进行下一道工序施工	按需不定期	审查核对	工程项目部经理、外部监理单位负责人	"工程监理合同"

续表

控制点	风险描述	控制目标	内控要求				
			控制措施	控制频率	控制类型	责任部门（岗）	控制依据
C6	未按合同要求进行施工，导致施工质量、进度和安全等环节出现问题	确保施工单位按照合同工作，严格把控施工的质量、进度、安全等问题	1．应按合同规定的工程进度编制详细的分阶段或分项进度计划，报送监理单位审批通过后，严格按照进度计划开展工作 2．应按月对完成的投资情况进行统计、分析和对比，工程的实际进度与批准的合同进度计划不符时，施工单位应提交修订合同进度计划的申请报告 3．应当建立全面的质量控制制度，按照国家相关法律法规和本单位质量控制体系进行建设，并在施工前列出重要的质量控制点，报监理单位同意后，在此基础上实施质量预控 4．加强对施工单位的安全检查，并授权监理单位按合同约定的安全工作内容监督、检查施工单位安全工作的实施	每月	职责分工	工程项目部经理、外部施工单位负责人、外部监理单位负责人	"工程建设承包合同""工程监理合同"

11.4.2　工程变更流程与内部控制矩阵

1. 工程变更流程

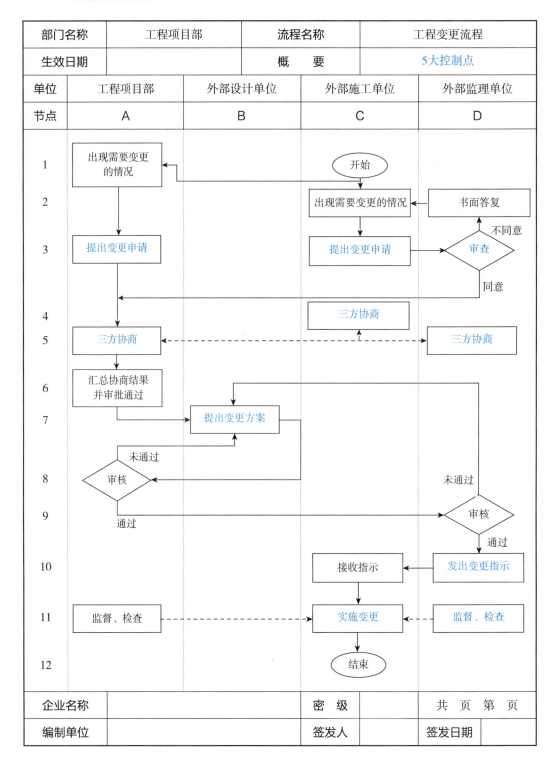

部门名称	工程项目部		流程名称		工程变更流程
生效日期			概　要		5大控制点

2. 工程变更内部控制矩阵

控制点	风险描述	控制目标	内控要求				
			控制措施	控制频率	控制类型	责任部门（岗）	控制依据
C3、D3	未及时发现施工方面存在的问题，导致问题长期存在，埋藏隐患；未按规定及时提出变更申请，耽误变更时机，导致监理单位一时难以对其进行审查	确保发现问题后第一时间提出变更申请并报送监理单位审查	1. 建设单位要建立严格的工程变更审批制度，严格控制工程变更，确需变更的，要按照规定程序尽快办理变更手续，减少经济损失 2. 施工单位至少应按月对完成的投资情况进行统计、分析和对比，工程的实际进度与批准的合同进度计划不符时，施工单位应提交修订合同进度计划的申请报告，并附原因分析和相关措施，报监理单位审查	按需不定期	审查核对	工程项目部经理、外部施工单位负责人、外部监理单位负责人	"工程建设承包合同""工程监理合同""工程项目部工作制度"
A5、C4、D5	未经工程项目部、施工单位、监理单位协商就随意变更工程项目，导致工程内容与进度均不符合合同要求	保障工程变更的合理性与规范性	加强对工程变更项目的研究与考察，且必须经工程项目部、监理单位和施工单位集体商议，同时严加审核文件，提高审批层级。依法须报有关政府部门审批的，必须取得同意变更的批复文件	按需不定期	职责分工	工程项目部经理、外部施工单位负责人、外部监理单位负责人	"工程建设承包合同""工程监理合同""工程项目部工作制度"

续表

控制点	风险描述	控制目标	内控要求				
			控制措施	控制频率	控制类型	责任部门（岗）	控制依据
A8、B7	未准确了解变更情况，盲目进行变更设计，制定的变更方案不科学、不合理、不实用，导致工程变更没有取得效果，甚至进一步延误工程进度	确保做的变更设计符合变更需要	1．加强对变更原因的了解，多与施工、监理单位沟通 2．尽快落实变更设计，避免耽误工期 3．加强对变更方案的审查、核对，确保方案符合要求	按需不定期	职责分工	工程项目部经理、外部设计单位负责人	"工程设计合同" "工程项目部工作制度"
D10	变更指示不准确或不及时，耽误工程变更的时机，影响整个工程进度	确保变更指示被及时、准确发出	1．加强对变更指示的检查与审核，确保变更指示准确无误 2．在规定时间内发出变更指示，建立提醒与后检查机制以确保指示被及时执行	按需不定期	职责分工	工程项目部经理、外部监理单位负责人	"工程监理合同" "工程项目部工作制度"

续表

控制点	风险描述	控制目标	内控要求				
			控制措施	控制频率	控制类型	责任部门（岗）	控制依据
A11、C11、D11	未及时进行工程变更或未正确理解变更事项的重要性，导致变更结果不理想；工程变更被严重延误，错过最佳变更时间，耽误整体工期；未吸取变更时间延误的教训，导致后续依旧出现需要变更的情况；未处理好因工程变更等原因造成价款支付方式及金额发生变动等相关事宜，影响合作关系	确保工程变更被快速、准确地执行，并深刻认识到之前工作的不足	1. 工程变更获得批准后，应尽快落实变更设计和施工，施工单位应在规定期限内全面落实变更指示 2. 因工程变更等原因造成价款支付方式及金额发生变动的，应当提供完整的书面文件和其他相关资料，并对工程变更价款的支付进行严格审核 3. 对工程变更价款的支付实施更为严格的审批制度，变更文件必须齐备，变更工程量的计算必须经过监理单位复核并签字确认，防止施工单位虚列工程费用 4. 若人为原因引发工程变更，如设计失误、施工缺陷等，应当追究当事单位和人员的责任	按需不定期	职责分工	工程项目部经理、外部施工单位负责人、外部监理单位负责人	"工程建设承包合同" "工程监理合同" "工程项目部工作制度"

11.5　工程验收流程

11.5.1　工程验收流程与内部控制矩阵

1. 工程验收流程

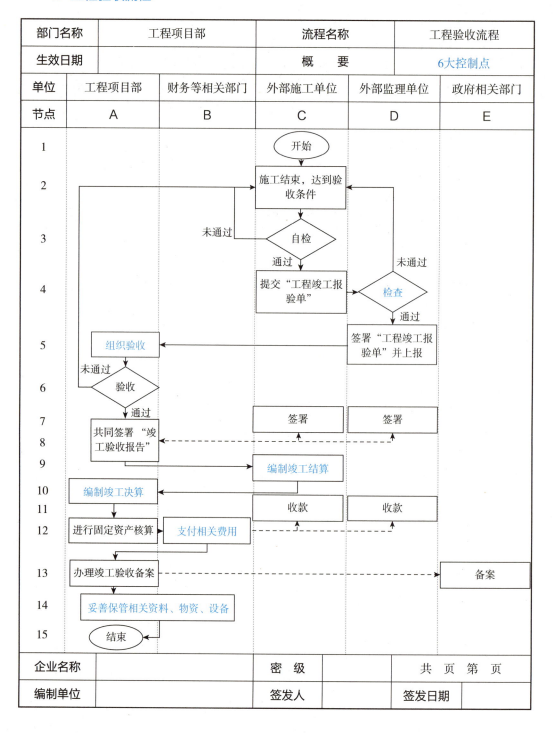

部门名称		工程项目部		流程名称		工程验收流程
生效日期				概　要		6大控制点
单位	工程项目部		财务等相关部门	外部施工单位	外部监理单位	政府相关部门
节点	A		B	C	D	E

企业名称		密　级		共　页　第　页
编制单位		签发人		签发日期

流程图节点内容：

1. 开始
2. 施工结束，达到验收条件
3. 自检（未通过／通过）
4. 提交"工程竣工报验单"　检查（未通过／通过）
5. 组织验收　签署"工程竣工报验单"并上报
6. 验收（未通过／通过）
7. 共同签署"竣工验收报告"　签署　签署
9. 编制竣工结算
10. 编制竣工决算
11. 收款　收款
12. 进行固定资产核算　支付相关费用
13. 办理竣工验收备案　备案
14. 妥善保管相关资料、物资、设备
15. 结束

2．工程验收内部控制矩阵

控制点	风险描述	控制目标	内控要求				
			控制措施	控制频率	控制类型	责任部门（岗）	控制依据
D4	监理单位检查不严格或故意隐瞒问题，导致后续工程无法通过验收而需要返工，或埋下安全隐患	确保检查内容准确无误，未忽视或遗漏检查内容	1．监理单位提高对检查工作的专注度，确保检查人员配置、内容、程序等符合要求 2．建设单位加强对监理单位的监督，确保其认真履行监理合同	按需不定期	审查核对	工程项目部经理、外部监理单位负责人	"工程监理合同""工程项目部工作制度"
A6	竣工验收不规范，质量检验把关不严，可能导致工程存在重大质量隐患	确保验收工作符合企业、国家的相关要求	1．健全竣工验收各项管理制度，明确竣工验收的条件、标准、程序、组织管理和责任追究制度等 2．竣工验收必须履行规定的程序，至少应经过承包单位初检、监理机构审核、正式竣工验收三个程序 3．正式竣工验收前，根据合同规定应当进行试运行的，由建设单位、监理单位和施工单位共同参与试运行。试运行符合要求的，才能进行正式竣工验收 4．正式竣工验收时，应当组成包含建设、设计、施工、监理等单位在内的验收组，共同审验。对重大项目的竣工验收，可组织相关方面专家进行审验	按需不定期	职责分工	工程项目部经理	"工程建设承包合同""工程监理合同""工程项目部工作制度"

控制点	风险描述	控制目标	内控要求				
			控制措施	控制频率	控制类型	责任部门（岗）	控制依据
C9	竣工结算的内容、结果等均不符合要求，导致无法进行后续竣工决算，也影响款项支付事宜	确保竣工结算编制及时、准确、符合要求	1．严格按照国家、企业、行业有关规定编制竣工结算 2．竣工结算编制完成后，交由建设单位审查	按需不定期	职责分工	工程项目部经理、外部施工单位负责人	"工程建设承包合同""工程项目部工作制度"
A10	虚报项目投资完成额、虚列建设成本或者隐匿结余资金，导致竣工决算失真	确保竣工决算编制客观、真实、准确	1．重点审查决算依据是否完备，相关文件资料是否齐全，竣工清理是否完成，竣工决算编制是否正确 2．加强对工程竣工决算的审核，应先自行审核，再委托具有相应资质的中介机构实施审计。未经审计的，不得办理竣工验收手续	按需不定期	关键绩效指标	工程项目部经理	"工程项目部工作制度"
B12	未及时向合作单位付款或付款金额、方式等不符合合同要求，导致合作关系恶化，影响企业形象	确保应付款项被及时、准确地支付	1．加强对合同的复查，确认付款方式与时间 2．认真与收款单位沟通、核对，确认付款金额	按需不定期	关键绩效指标	财务部经理	"财务部工作办法""工程建设承包合同""工程监理合同""工程设计合同"

续表

控制点	风险描述	控制目标	内控要求				
			控制措施	控制频率	控制类型	责任部门（岗）	控制依据
A14、B14	工程项目相关资料、物资、设备等未被妥善保管，导致资源浪费、资料丢失、信息泄露等	确保工程项目所有资料、物资、设备等被妥善保管、处理	1. 按照国家有关档案管理的规定，及时收集、整理工程建设各环节的文件资料，建立完整的工程项目档案 2. 对各种节约的材料、设备、施工机械工具等，要清理、核实，妥善处理 3. 须报政府有关部门备案的，应当及时备案	按需不定期	关键绩效指标	工程项目部经理、财务部经理	"企业档案管理办法""企业固定资产管理办法"

11.5.2 项目后评估流程与内部控制矩阵

1. 项目后评估流程

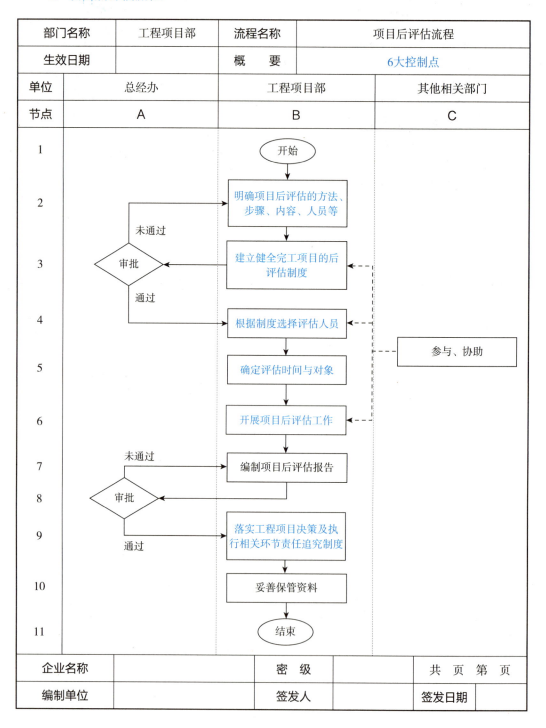

部门名称	工程项目部	流程名称	项目后评估流程
生效日期		概　要	6大控制点

单位	总经办	工程项目部	其他相关部门
节点	A	B	C

企业名称		密　级		共　页　第　页
编制单位		签发人		签发日期

2. 项目后评估内部控制矩阵

控制点	风险描述	控制目标	内控要求				
			控制措施	控制频率	控制类型	责任部门（岗）	控制依据
B2	对项目后评估的方法、步骤、内容、人员等要素不清晰、不明确，没有方向、经验，导致项目后评估工作没有实际效果	确定项目后评估的各项细节，为制度建设做准备	1. 积极查阅、学习行业标杆、合作伙伴等在项目后评估方面的工作经验 2. 充分调查、了解本企业的实际情况，思考制度建设需要的资源与步骤	按需不定期	关键绩效指标	工程项目部经理	"工程项目部工作制度"
B3	制度建设不及时、不规范，制度内容不合理，制度未经严格审批，导致制度缺失或有漏洞	确保制度内容合理、完整且经过严格审批	1. 建立健全完工项目的后评估制度，重点评价工程项目预期目标的实现情况和项目投资效益等，并以此作为绩效考核和责任追究的依据 2. 及时将制度报总经办审批，审批通过后方可执行	按需不定期	关键绩效指标	工程项目部经理	"工程项目部工作制度"
B4	评估人员选择不当，导致无法客观、公正地评估工程项目实际效果	确保选择的评估人员专业、客观、公正、有优良职业道德	1. 严格按照"工程项目后评估制度"的有关要求选择评估人员，并组建评估小组 2. 加强对评估人员能力、素质、职业道德的审核	按需不定期	关键绩效指标	工程项目部经理	"工程项目后评估制度"

续表

控制点	风险描述	控制目标	内控要求				
			控制措施	控制频率	控制类型	责任部门（岗）	控制依据
B4	评估人员选择不当，导致无法客观、公正地评估工程项目实际效果	确保选择的评估人员专业、客观、公正、有优良职业道德	3．实行回避机制，参与评估的人员不得是参与工程项目前期操作的人员。凡是承担项目可行性研究报告编制、立项决策、设计、监理、施工等业务的机构，不得从事该项目的后评估工作，以保证后评估的独立性	按需不定期	关键绩效指标	工程项目部经理	"工程项目后评估制度"
B5	评估时间与对象选择不当，导致无法真正评估工程项目的效益	确保工程项目后评估的时间与对象选择合理	应先将评估时间控制在工程项目竣工验收后6个月或1年后，再从中选择评估对象	按需不定期	关键绩效指标	工程项目部经理	"工程项目后评估制度"
B6	项目后评估工作出现不公正、不客观的情况，影响评估的准确性，也影响工程项目合作单位的满意度	提高项目后评估工作的专业性、准确性	1．严格按照"工程项目后评估制度"开展评估工作 2．保障评估工作的独立性，不得干扰评估进程 3．重点评估项目的目的达成情况、执行过程、效益、作用和影响	按需不定期	关键绩效指标	工程项目部经理	"工程项目后评估制度"

续表

控制点	风险描述	控制目标	内控要求				
			控制措施	控制频率	控制类型	责任部门（岗）	控制依据
B9	未落实工程项目决策及执行相关环节责任追究制度，导致出现问题后没有及时追究相关人员责任，无法引起相关人员重视，从而导致后期继续出现同样的问题	推动、健全与落实责任追究制度，保证工程项目从决策到执行环节的准确性，提高项目质量	1. 严格落实工程项目决策及执行相关环节责任追究制度，项目后评估结果应当作为绩效考核和责任追究的依据 2. 加强对工程项目决策及执行相关环节责任追究制度的更新与维护，确保其适应不断变化的企业实际	按需不定期	关键绩效指标	工程项目部经理	"工程项目部工作制度"

第 12 章

担保业务

12.1 调查评估与审批流程

12.1.1 受理申请、调查评估流程与内部控制矩阵

1. 受理申请、调查评估流程

部门名称	担保业务部		流程名称		受理申请、调查评估流程	
生效日期			概　　要		4大控制点	
单位	董事会	总经办		担保业务部		担保申请人
节点	A	B		C		D

	董事会	总经办	担保业务部	担保申请人
1			开始	
2			明确担保业务管理事项	
3			受理担保业务申请	提出担保申请
4			初步筛选担保申请	
5				无法受理
6	审批（未通过/通过）特殊担保业务	审批（未通过/通过）	特殊担保申请请示	
7			进行担保申请人资信调查	
8			进行担保项目风险评估	
9			编制资信调查和风险评估报告	
10			结束	

企业名称			密　级		共　页　第　页	
编制单位			签发人		签发日期	

2. 受理申请、调查评估内部控制矩阵

控制点	风险描述	控制目标	内控要求				
			控制措施	控制频率	控制类型	责任部门（岗）	控制依据
C2	企业担保政策和相关管理制度不健全，担保业务管理程序和步骤不清晰，导致担保业务负责部门难以对担保申请人提出的担保申请进行有效管理	确保企业担保业务有序开展，遵循公平、自愿、互利的原则，实现对担保业务的有效管理	1. 依法制定和完善本企业的担保政策和相关管理制度 2. 规范担保的对象、范围、方式、条件、程序、担保限额和禁止担保的事项	按需不定期	授权及批准	担保业务部经理	《中华人民共和国公司法》"企业担保政策""企业担保管理制度"
C3	对担保申请人提出的担保业务申请审查不严，难以进行初步评价和审核，导致申请受理流于形式，扰乱企业担保业务的管理秩序，增加管理成本	确保担保业务申请得到全面的初步评价和审核，实现对担保业务申请受理工作的高效管理	1. 初步评价、审核担保申请人提出的担保业务申请 2. 按照担保政策和相关管理制度对担保申请人提出的担保业务申请进行审核	按需不定期	授权及批准	担保业务部经理	"企业担保政策""企业担保管理制度"

控制点	风险描述	控制目标	内控要求				
			控制措施	控制频率	控制类型	责任部门（岗）	控制依据
C7	对担保申请人的资信调查不深入、不透彻，导致企业担保决策失误或遭受欺诈，为担保业务埋下巨大隐患	确保企业对担保申请人进行了全面、客观的资信调查，掌握担保申请人的实际生产经营状况	1．委派具备胜任能力的专业人员开展资信调查 2．对担保申请人进行全面、客观的资信调查 3．调查担保业务是否符合国家法律法规和本企业担保政策等相关要求 4．调查担保申请人的资信状况，调查内容一般包括基本情况、资产质量、经营情况、偿债能力、盈利水平、信用程度、行业前景等 5．调查担保申请人用于担保和第三方担保的资产状况及其权利归属	按需不定期	关键绩效指标	担保业务部经理	"企业担保政策""企业担保管理制度"
C8	对担保项目的风险评估不全面、不科学，导致企业担保决策失误或遭受欺诈，为担保业务埋下巨大隐患	确保企业对担保项目进行全面、客观的风险评估，降低企业担保业务风险	1．委派具备胜任能力的专业人员开展风险评估 2．对担保项目经营前景和盈利能力进行合理预测 3．调查是否已进入重组、托管、兼并或破产清算程序 4．调查财务状况是否恶化、资不抵债、管理混乱、经营风险较大 5．调查是否与其他企业存在较大经济纠纷，面临法律诉讼且可能承担较大赔偿责任 6．调查是否与本企业已经发生过担保纠纷且仍未妥善解决，或不能及时、足额交纳担保费用	按需不定期	关键绩效指标	担保业务部经理	"企业担保政策""企业担保管理制度"

12.1.2　担保审批流程与内部控制矩阵

1. 担保审批流程

担保业务内部
控制职责

部门名称	担保业务部		流程名称		担保审批流程
生效日期			概　要		5大控制点
单位	董事会	总经办	法务部	担保业务部	担保申请人
节点	A	B	C	D	E

企业名称			密　级		共　页　第　页
编制单位			签发人		签发日期

2. 担保审批内部控制矩阵

控制点	风险描述	控制目标	内控要求				
			控制措施	控制频率	控制类型	责任部门（岗）	控制依据
D3	未对担保申请人的资信调查和风险评估报告进行审查，未充分了解和掌握担保申请人有关情况，未权衡比较本企业净资产状况、担保限额与担保申请人提出的担保金额，导致企业担保业务存在重大潜在风险	确保企业对担保申请人的资信情况有全面了解，对担保业务的整体风险有全面认识，准确设定企业担保限额	1. 落实对担保申请人的资信调查和风险评估程序 2. 审查、分析资信调查和风险评估报告，对担保申请人形成清晰的认识 3. 对比担保申请需求，权衡企业担保业务能力	按需不定期	关键绩效指标	担保业务部经理	"企业担保授权和审批制度"
D4	企业担保业务授权和审批制度不健全、审批程序不严谨，导致企业担保业务的审批不规范，管理不严格，增加企业担保业务风险，损害企业利益	确保企业具有完备的担保业务授权和审批制度，担保业务管理有序、有章可循	1. 建立健全担保业务授权和审批制度 2. 明确授权和审批的方式、权限、程序、责任和相关控制措施 3. 规范担保业务的管理权限，企业内设机构不得以企业名义对外提供担保，严格限制分支机构或子企业的担保行为	按需不定期	关键绩效指标	担保业务部经理	"企业担保授权和审批制度"

续表

控制点	风险描述	控制目标	内控要求				
			控制措施	控制频率	控制类型	责任部门（岗）	控制依据
A6、B6、C6	对担保业务审批不严格或者越权审批，导致担保决策出现重大疏漏，还可能引发严重后果；审批过程存在舞弊行为，可能导致经办审批等相关人员涉案或企业利益受损	确保对担保业务的审批合法合规、程序正当，相关人员无违规或违纪行为	1. 明确重大担保业务的判断标准、审批权限和程序，重大担保业务应取得董事会全体成员2/3以上签署同意或者经股东大会批准 2. 规定各层级人员应当在授权范围内进行审批，不得超越权限审批 3. 建立和完善重大担保业务的集体决策审批制度	按需不定期	授权及批准	董事长	《中华人民共和国公司法》"企业担保授权和审批制度"
D8	未按照规定对担保变更事项重新进行调查和评估，缺乏担保变更环节的风险控制程序，缺乏担保变更调查和评估报告，导致担保变更事项不可控风险增大，损害企业利益	确保对担保变更事项重新履行调查和评估程序，编制担保变更调查和评估报告	1. 落实对担保变更事项的调查和评估程序 2. 规定不具备调查评估报告的担保变更申请不能提交审批程序	按需不定期	关键绩效指标	担保业务部经理	"企业担保授权和审批制度"

续表

控制点	风险描述	控制目标	内控要求				
			控制措施	控制频率	控制类型	责任部门（岗）	控制依据
A10、B10、C10	对担保变更审批不严格或者越权审批，导致担保决策出现重大疏漏，还可能引发严重后果；审批过程存在舞弊行为，可能导致经办审批等相关人员涉案或企业利益受损	确保对担保变更的审批合法合规、程序正当，相关人员无违规或违纪行为	1. 明确重大担保变更的判断标准、审批权限和程序，重大担保变更业务应取得董事会全体成员2/3以上签署同意或者经股东大会批准 2. 规定各层级人员应当在授权范围内进行审批，不得超越权限审批 3. 建立和完善重大担保变更的集体决策审批制度	按需不定期	授权及批准	董事长	《中华人民共和国公司法》"企业担保授权和审批制度"

12.2　执行与监控流程

12.2.1　担保合同签订流程与内部控制矩阵

1. 担保合同签订流程

部门名称	担保业务部		流程名称		担保合同签订流程
生效日期			概　要		5大控制点
单位	法务部	财务部	担保业务部		被担保人
节点	A	B	C		D

节点				
1			开始	
2			通过授权审批，准予担保	
3			明确被担保人的权利、义务、违约责任等内容	被担保人定期提供财务报告、实施情况等信息
4			按照批准意见拟定担保主合同	
5			确定在多方担保情况下，本企业的担保份额与责任	约定担保份额和责任
6			确定反担保财产事项，拟定反担保合同	约定反担保管理事项
7	未通过　会审联签	通过　会审联签　未通过	编制担保合同正式文本	
8	通过		签订担保合同，履约生效	签订担保合同，履约生效
9			结束	

企业名称			密　级		共　页　第　页
编制单位			签发人		签发日期

2. 担保合同签订内部控制矩阵

控制点	风险描述	控制目标	内控要求				
			控制措施	控制频率	控制类型	责任部门（岗）	控制依据
C2	未经授权而对外订立担保合同，导致企业经济利益和形象、信誉受损	确保对外担保业务的开展获得企业管理层授权和审批	1.建立担保业务责任追究制度，加强岗位责任管理 2.严格按照经审核、批准的担保业务订立担保合同 3.规范合同订立经办人员的职责范围	按需不定期	授权及批准	担保业务部经理	"企业担保授权和审批制度""企业担保业务责任追究制度"
C5、C6	对担保申请人向多方申请担保的情况不了解，未在担保合同中明确约定本企业的担保份额和相应的责任；对于明确需要反担保的担保业务管理不当，未在担保合同中载明反担保财产管理事项，导致企业担保业务利益受损	确保企业对于多方担保的情况有清晰的认识，妥善管理反担保财产，维护企业利益	1.规定多方担保时本企业的担保份额和相应的责任 2.与被担保人签订反担保函或反担保合同	按需不定期	关键绩效指标	担保业务部经理	"企业担保合同管理办法"

续表

控制点	风险描述	控制目标	内控要求				
			控制措施	控制频率	控制类型	责任部门（岗）	控制依据
C7	担保合同内容存在重大疏漏和欺诈，导致企业在面临担保业务纠纷时诉讼失败、权利追索被动	确保担保合同条款内容完整，表述严谨、准确，相关手续齐备	1. 在担保合同中明确被担保人的权利、义务、违约责任等相关内容 2. 按照审批人员的批准意见拟订合同条款 3. 审查、核对担保合同条款	按需不定期	关键绩效指标	担保业务部经理	"企业担保合同管理办法"
A7、B7	未经多部门会审联签，致使担保合同在法律、财务、审计等方面存在重大漏洞和潜在风险，导致企业利益遭受严重损失	确保企业法务部、财务部等参与担保合同会审联签	1. 实行担保合同会审联签 2. 加强对于担保合同合法性、规范性、完备性的管理 3. 规避权利与义务约定、合同文本表述等方面的疏漏	按需不定期	审查核对	法务部经理、财务部经理	《中华人民共和国公司法》"企业担保合同管理办法"
C8	对企业法定代表人的有关身份证明和印章管理不当，或存在薄弱环节，导致企业法定代表人的有关身份证明和印章被盗，并被用于违规签订担保合同，严重损害企业利益	保证担保合同签订的用章、用印符合当事人的真实意愿	1. 规范企业法定代表人的有关身份证明、个人印章和担保合同专用章等物品的使用 2. 加强对于违规使用、盗用企业印章等问题的预防和追责 3. 加强对有关身份证明和印章的管理	按需不定期	授权及批准	担保业务部经理	"企业担保合同管理办法""企业担保业务责任追究制度"

12.2.2　日常监控流程与内部控制矩阵

1. 日常监控流程

部门名称	担保业务部		流程名称	日常监控流程
生效日期			概　要	5大控制点
单位	总经办	财务部	担保业务部	被担保人
节点	A	B	C	D

企业名称			密　级		共　页　第　页
编制单位			签发人		签发日期

2. 日常监控内部控制矩阵

控制点	风险描述	控制目标	内控要求				
			控制措施	控制频率	控制类型	责任部门（岗）	控制依据
C2	重合同签订，轻后续管理，对担保合同履行情况疏于监控或监控不当，导致企业对担保合同的履约情况失去控制，加剧担保风险，加重经济损失	确保担保合同如期执行、正常履约，维护企业担保利益	1. 指定专人定期监控担保合同的履约情况 2. 加强对担保合同的日常管理 3. 健全担保业务部与财会部的信息沟通机制 4. 建立担保事项台账，详细记录担保对象、金额、期限、用于抵押和质押的物品或权利以及其他有关事项	按需不定期	关键绩效指标	担保业务部经理	"企业担保合同日常管理办法"
C3	对被担保人的经营情况和财务状况监测、管理不当，获取的信息滞后或缺乏及时的更新程序，导致企业无法及时发现被担保人的经营异常和财务问题，加剧担保风险，加重经济损失	确保企业对被担保人的经营情况和财务状况有全面、准确的了解	1. 指定专人定期监测被担保人的经营情况和财务状况 2. 跟踪和监督被担保人 3. 加强对担保业务的会计系统控制	每月	关键绩效指标	担保业务部经理	"企业担保合同日常管理办法"

续表

控制点	风险描述	控制目标	内控要求				
			控制措施	控制频率	控制类型	责任部门（岗）	控制依据
C5	未按规定对被担保人进行跟踪和监督，对担保项目的执行、资金的使用、贷款的归还、财务运行及风险等情况不了解、不清楚，无法保证担保项目的正常完结，加剧担保风险，加重经济损失	确保企业对于担保项目的实际运行情况有全面的认识和掌控	1. 指定专人定期监测担保项目的开展进度和财务运行情况 2. 跟踪和监督被担保人 3. 加强对担保业务会计系统的控制	每月	关键绩效指标	担保业务部经理	"企业担保合同日常管理办法"
B6	未及时对被担保人担保期内的财务报告等相关资料进行收集、研究、分析，未持续关注被担保人的财务状况，导致无法发现被担保人的财务问题，加剧担保风险，加重经济损失	确保财务部定期收集、分析被担保人的财务状况、经营成果、现金流量等重要数据	1. 设定月度或季度的财务监测节点 2. 配合担保经办部门防范担保业务风险 3. 汇报财务方面的被担保人的异常情况	每月	关键绩效指标	财务部经理	"企业担保合同日常管理办法"

控制点	风险描述	控制目标	内控要求				
			控制措施	控制频率	控制类型	责任部门（岗）	控制依据
C7	未及时查明并上报所发现的被担保人的异常情况和重要信息，延误处置时机，企业不能妥善处理被担保人财务状况恶化、资不抵债、破产清算等情形，加剧担保风险，加重经济损失	确保第一时间查明并向企业有关管理人员汇报被担保人的异常情况和重要变动信息	1．加强对被担保人和担保项目的日常监控 2．落实担保业务责任追究制度 3．采取有针对性的应对措施	每月	关键绩效指标	担保业务部经理	"企业担保合同日常管理办法""企业担保业务责任追究制度"

第13章

业务外包

13.1　承包方选择流程

13.1.1　业务外包实施方案制定、审核批准流程与内部控制矩阵

1. 业务外包实施方案制定、审核批准流程

业务外包内部
控制职责

部门名称	外包管理部	流程名称		业务外包实施方案制定、审核批准流程	
生效日期		概　要		5大控制点	
单位	董事会	总经办	财务部	外包管理部	
节点	A	B	C	D	

节点	流程图
1	开始
2	下达年度生产经营计划 ┄➤ 下达年度全面预算目标 ┄➤ 明确企业业务外包管理制度的规定
3	确定企业业务外包范围
4	确定业务外包的方式、条件、程序等
5	规划承包方选择方案和合同等内容
6	审核（未通过）← 制定业务外包实施方案并复核、完善
7	审批（未通过）← 重大业务外包方案 ← 审批（未通过） ← 得出业务外包经济性评估结论（通过）
8	审批（通过）→ 得出业务外包可行性结论 → 形成正式的业务外包实施方案
9	结束

企业名称		密　级		共　页　第　页	
编制单位		签发人		签发日期	

2. 业务外包实施方案制定、审核批准内部控制矩阵

控制点	风险描述	控制目标	内控要求				
			控制措施	控制频率	控制类型	责任部门（岗）	控制依据
D2	企业缺乏业务外包管理制度，或外包管理部门对于企业业务外包管理制度不熟悉、不了解，导致制定业务外包实施方案时无据可依，增加业务外包的潜在风险	确保企业具备完善的企业业务外包管理制度	1. 建立和完善企业业务外包管理制度 2. 加强对于业务外包的管理 3. 规范业务外包的行为	按需不定期	职责分工	外包管理部经理	"企业业务外包管理制度"
D3	企业业务外包管理制度未明确业务外包范围，可能导致有关部门在制定并实施方案时将不宜外包的核心业务进行外包	确保企业业务外包范围划定结果清晰、准确，不包含企业核心业务	1. 根据各类业务与核心业务的关联度、对外包业务的控制程度以及外部市场成熟度等标准，合理确定企业业务外包的范围 2. 根据是否对企业生产经营有重大影响对外包业务实施分类管理，以突出管控重点 3. 划分一般外包业务和重大外包业务，并设置明显的区别标准	按需不定期	关键绩效指标	外包管理部经理	"企业业务外包管理制度"

续表

控制点	风险描述	控制目标	内控要求				
			控制措施	控制频率	控制类型	责任部门（岗）	控制依据
C6、D6	业务外包实施方案不合理，不符合企业生产经营特点或内容不完整，可能导致业务外包失败	确保业务外包实施方案编制科学、内容完整、切实可行	1．根据企业年度预算以及生产经营计划，对业务外包实施方案的重要方面进行评估以及复核 2．复核承包方的选择方案、外包业务的成本效益及风险、外包合同期限、外包方式、员工培训计划等 3．听取外部专业人员对业务外包的意见，并根据其合理化建议完善业务外包实施方案	按需不定期	关键绩效指标	财务部经理、外包管理部经理	"企业业务外包管理制度"
C7	未能对业务外包是否符合成本效益原则进行合理审核以及做出恰当判断，导致业务外包不经济	经济性评估结论要确保业务外包具备合理的经济效益空间，避免企业遭受重大损失	1．规定企业分管会计工作的负责人或总会计师参与业务外包的决策过程 2．设置专业人员对业务外包的经济效益作出合理评价	按需不定期	审查核对	财务部经理	"企业业务外包管理制度"

续表

控制点	风险描述	控制目标	内控要求				
			控制措施	控制频率	控制类型	责任部门（岗）	控制依据
A7、B7	审批制度不健全，致使业务外包的审批不规范；审批不严格或者越权审批，导致业务外包决策出现重大疏漏，可能引发严重后果	确保重大业务外包方案经过严格的审批程序，具备合理性和可行性	1. 建立和完善业务外包的审核和批准制度 2. 明确授权和批准的方式、权限、程序、责任和相关控制措施 3. 规定各层级人员应当在授权范围内进行审批，不得超越权限审批 4. 对比、分析该业务项目分别在自营与外包情况下的风险和收益	按需不定期	授权及批准	董事长	"企业业务外包管理制度"

13.1.2　业务外包成本控制流程与内部控制矩阵

1. 业务外包成本控制流程

部门名称	外包管理部		流程名称		业务外包成本控制流程
生效日期			概　要		5大控制点
单位	总经办	财务部		外包管理部	承包方
节点	A	B		C	D

企业名称			密　级		共　页　第　页
编制单位			签发人		签发日期

2. 业务外包成本控制内部控制矩阵

控制点	风险描述	控制目标	内控要求				
			控制措施	控制频率	控制类型	责任部门（岗）	控制依据
B2、B3	缺乏对于业务外包经济效益的评估，缺乏对于企业自营、自制成本费用的评估，对业务外包成本认识不全面、不到位	确保企业对业务外包成本进行了综合比较与评估	1．完善业务外包成本分析与评估程序 2．安排具备专业能力的人完成相关工作	按需不定期	职责分工	财务部经理	"企业业务外包成本控制规范"
C4	未综合考虑企业内部因素，对业务外包预期价格的确定没有相关依据，导致企业成本过高，不符合成本效益原则	确保业务外包预期价格的设定全面考虑了企业内部因素	1．设置企业内部因素参考项目并作为考核标准 2．规定企业内部因素参考项目并作为审批的重要通过条件	按需不定期	关键绩效指标	外包管理部经理	"企业业务外包成本控制规范"
C5、C6	对于外包业务所属的行业了解不充分，或完全不了解，导致企业对于不同层次的承包方缺乏全面的认识；对于外包业务的相关市场价格水平不了解，或获取市场价格资料的渠道过于单一，导致企业无法建立全面的价格认识，可能增加业务外包成本	确保企业对于外包业务相关的行业情况和市场价格有全面、准确的认识	1．设置承包方行业调查的最低数量标准 2．设置业务外包相关案例的最少资料收集标准 3．加强对于业务外包成本控制和企业外部因素的资料收集与管理	按需不定期	关键绩效指标	外包管理部经理	"企业业务外包成本控制规范"

续表

控制点	风险描述	控制目标	内控要求				
			控制措施	控制频率	控制类型	责任部门（岗）	控制依据
C9	单一的以低价作为业务外包成本控制方案的制定标准，未综合考虑承包方提供生产或服务的质量水平，致使业务外包成本控制方案脱离实际，可行性较低，导致企业难以发挥业务外包的优势	确保业务外包成本控制方案切实可行	1．规范业务外包成本控制方案的编制程序 2．加强对业务外包成本控制方案计算标准的管理	按需不定期	关键绩效指标	外包管理部经理	"企业业务外包成本控制规范"
C10	业务外包的合理价格范围不明确、不清晰，计算方法和确定手段缺乏科学性，导致业务外包合理价格范围的实际指导性差，无法据此判定业务外包报价的成本控制情况	确保业务外包的合理价格范围的确定结果经济、合理，能够切实发挥成本价格的指导作用	1．落实业务外包成本控制方案的审批程序，不得使用未经审批的方案作为依据 2．规范业务外包合理价格范围的确定程序	按需不定期	授权及批准	外包管理部经理	"企业业务外包成本控制规范"

13.1.3 承包方选择流程与内部控制矩阵

1. 承包方选择流程

部门名称	外包管理部	流程名称	承包方选择流程
生效日期		概　要	5大控制点
单位	总经办	外包管理部	承包方
节点	A	B	C

企业名称		密　级		共　页　第　页
编制单位		签发人		签发日期

流程节点说明：

1. 开始

2. 制定业务外包实施方案

3. 筛查、选择承包方候选对象

4. 调查候选承办方的合法资质 ← 提供依法注册和合法经营证明文件

5. 调查候选承包方的专业资质和技术实力 ← 提供相关资质和实力证明材料

6. 调查候选承包方类似业务的历史案例 ← 提供相关成功业务案例的历史数据和资料

7. 组织招投标活动，挑选承包方 ← 准备投标材料，参加业务外包招标活动

8. 评标、审标，确定招标结果，选择承包方 → 审批（未通过）

9. 确定合作承包方，准备合同签约事宜（通过）← 知悉中标结果，准备相关业务方案

10. 结束

2. 承包方选择内部控制矩阵

控制点	风险描述	控制目标	内控要求				
			控制措施	控制频率	控制类型	责任部门（岗）	控制依据
B4	候选承包方不是合法设立的法人主体，缺乏应有的专业资质，且企业在未查明候选承包方合法资质的情况下与其进行业务外包合作，导致企业遭受经济、名誉损失，甚至陷入法律纠纷	确保企业对于候选承包方的背景情况、合法资质证明等有全面、准确的了解	1. 调查候选承包方的合法性 2. 判断候选承办方是否为依法成立、合法经营的专业服务机构或经济组织 3. 判断候选承办方是否具有相应的经营范围和固定的办公场所	按需不定期	职责分工	外包管理部经理	"企业业务外包管理制度"
B5	候选承包方不具备相应的专业资质和技术实力，或其从业人员不具备应有的专业技术资格，缺乏从事相关业务外包项目的实践经验，且企业在未查证相关专业资质和技术实力的情况下与其进行业务外包合作，导致企业遭受经济、名誉损失，甚至陷入法律纠纷	确保企业对于候选承包方的专业资质和技术实力有清晰、准确的认识，且严格查证相关资质和证明	1. 调查候选承包方的专业资质和技术实力 2. 调查候选承包方的综合技术实力和技术优势 3. 调查候选承包方从业人员的履历和专业技能	按需不定期	职责分工	外包管理部经理	"企业业务外包管理制度"

续表

控制点	风险描述	控制目标	内控要求				
			控制措施	控制频率	控制类型	责任部门（岗）	控制依据
B6	企业未对候选承包方从事类似业务外包项目的历史案例进行考察，对于候选承包方的真实能力水平和商业信誉情况不了解、不清楚，导致因对候选承包方选择不当，企业遭受损失	确保企业对于候选承包方的筛查项目不局限于书面材料，应进行综合考察	1．考察候选承包方从事类似项目的成功案例 2．考察业界对候选承包方的评价和其口碑	按需不定期	职责分工	外包管理部经理	"企业业务外包管理制度"
B7	企业在挑选承包方时所花费的成本不合理，业务外包成本过低可能出现违规恶意投标问题，业务外包成本过高可能导致难以发挥业务外包的优势	确保企业在综合考虑成本效益的情况下，挑选招标入围的承包方	1．引入竞争机制，按照有关法律法规，遵循公开、公平、公正的原则，采用招标等适当方式，择优选择承包方 2．综合考虑企业内外部因素，测算相关项目的成本费用 3．测算和分析业务外包的人工成本、营销成本、业务收入、人力资源等指标 4．计算出合理的外包价格，严格控制业务外包成本	按需不定期	关键绩效指标	外包管理部经理	"企业业务外包管理制度"

续表

控制点	风险描述	控制目标	内控要求				
			控制措施	控制频率	控制类型	责任部门（岗）	控制依据
B8	业务外包招标过程存在接受商业贿赂的舞弊行为，导致相关人员涉案	确保业务外包招标过程符合法律法规和有关规定，在选定承包方的过程中未出现违规行为	1．按照规定的程序和权限从候选承包方中做出选择 2．建立严格的回避制度和监督、处罚制度 3．处罚在评标选定承包方过程中出现的受贿和舞弊行为，并视违规违法不同情况转交相关机关	按需不定期	关键绩效指标	外包管理部经理	"企业业务外包管理制度"

13.1.4 业务外包合同签订流程与内部控制矩阵

1. 业务外包合同签订流程

部门名称	外包管理部		流程名称		业务外包合同签订流程
生效日期			概　要		5大控制点
单位	总经办	法务部		外包管理部	承包方
节点	A	B		C	D

企业名称			密　级		共　页　第　页
编制单位			签发人		签发日期

2. 业务外包合同签订内部控制矩阵

控制点	风险描述	控制目标	内控要求				
			控制措施	控制频率	控制类型	责任部门（岗）	控制依据
C3	业务外包合同条款未能针对业务外包的重要风险因素做出明确的约定，或未将重要风险因素纳入业务外包合同条款的考虑范围，导致企业不能有效转移业务外包重大风险，无法实现业务外包的优势	确保业务外包合同充分考虑了已知的重要风险因素，并设置了合理的应对条款	1. 将业务外包实施方案中识别出的重要风险因素纳入合同条款的约定范围 2. 通过业务外包合同条款，对重要风险因素予以有效规避或降低	按需不定期	关键绩效指标	外包管理部经理	"企业业务外包管理制度"
C5	对业务外包合同双方的权利和义务约定不明确，尤其是对承包方的违约责任界定不够清晰，导致企业陷入合同纠纷和诉讼	确保企业与承包方对双方权利和义务约定清楚，达成一致意见	1. 规定企业有权督促承包方改进服务流程和方法 2. 规定承包方有责任按照合同协议规定的方式和频率，将外包业务实施的进度和现状告知企业，并对存在的问题进行有效沟通 3. 参考企业法务部的专业意见对有关条款进行完善	按需不定期	关键绩效指标	外包管理部经理	"企业业务外包管理制度"

续表

控制点	风险描述	控制目标	内控要求				
			控制措施	控制频率	控制类型	责任部门（岗）	控制依据
C6	对业务外包合同的服务和质量标准约定不明确、不清晰，影响业务外包实施过程；业务外包验收不合格，导致企业与承包方产生合同纠纷，甚至陷入诉讼程序，耽误企业生产经营活动计划进度	确保企业与承包方对业务外包合同的服务和质量标准约定清楚，达成一致意见	1. 明确承包方提供的服务类型、数量、成本 2. 界定服务的环节、作业方式、作业时间、对应服务费用等细节 3. 规定业务外包承包方最低的服务水平要求 4. 规定承包方未能满足标准时应实施的补救措施	按需不定期	关键绩效指标	外包管理部经理	"企业业务外包管理制度"
C7	对业务外包合同的保密事项约定不清晰、不准确、不严格，承包方不了解自身的保密义务，造成企业商业秘密被泄露，损害企业利益的同时导致企业与承包方产生合同纠纷，甚至陷入诉讼过程	确保企业与承包方对业务外包合同的保密事项约定清楚，达成一致意见	1. 规定涉及企业机密的业务和事项并具体说明保密要求 2. 规定承包方的保密义务和泄密处罚	按需不定期	关键绩效指标	外包管理部经理	"企业业务外包管理制度"

控制点	风险描述	控制目标	内控要求				
			控制措施	控制频率	控制类型	责任部门（岗）	控制依据
C8	业务外包合同费用结算标准对企业不利，或给企业带来额外成本，业务外包合同约定的业务外包价格不合理或成本费用过高，业务外包合同的违约责任约定不清晰，导致企业遭受损失或陷入合同纠纷和诉讼	确保企业严格控制业务外包成本，对合同违约责任约定清楚，达成一致意见	1. 综合考虑内、外部因素，合理确定外包价格，严格控制业务外包成本 2. 制定既具原则性又体现一定灵活性的合同违约责任条款，以适应环境、技术和企业自身业务的变化	按需不定期	关键绩效指标	外包管理部经理	"企业业务外包管理制度"

13.2 业务外包实施流程

13.2.1 业务外包实施流程与内部控制矩阵

1. 业务外包实施流程

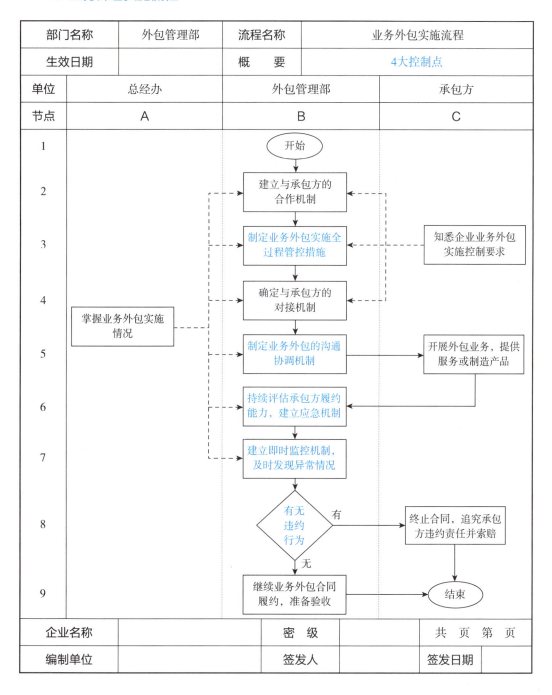

部门名称	外包管理部	流程名称	业务外包实施流程
生效日期		概　要	4大控制点

单位	总经办	外包管理部	承包方
节点	A	B	C

（流程图内容）

1. 开始

2. 建立与承包方的合作机制

3. 制定业务外包实施全过程管控措施 ← 知悉企业业务外包实施控制要求

4. 确定与承包方的对接机制

5. 掌握业务外包实施情况 / 制定业务外包的沟通协调机制 → 开展外包业务，提供服务或制造产品

6. 持续评估承包方履约能力，建立应急机制

7. 建立即时监控机制，及时发现异常情况

8. 有无违约行为　有→终止合同，追究承包方违约责任并索赔　无↓

9. 继续业务外包合同履约，准备验收 → 结束

企业名称		密　级		共　页　第　页
编制单位		签发人		签发日期

2. 业务外包实施内部控制矩阵

控制点	风险描述	控制目标	内控要求				
			控制措施	控制频率	控制类型	责任部门（岗）	控制依据
B3、B4、B5	组织实施业务外包的工作不充分或未落实到位，如与承办方的对接工作不到位、没有制定相应的沟通协调机制、没有制定业务外包实施全过程管控措施，影响对下一环节业务外包过程管理的有效实施，导致难以实现业务外包的目标	确保业务外包组织实施工作资源分配合理、机制健全，管控措施制定有力、无重大遗漏	1. 按照业务外包制度、工作流程和相关要求，制定业务外包实施全过程管控措施 2. 做好与承包方的对接工作 3. 建立并保持畅通的沟通协调机制 4. 通过培训等方式确保承包方充分了解企业的工作流程和质量要求	按需不定期	职责分工	外包管理部经理	"企业业务外包管理制度"
B6	承包方在合同期内因市场变化等原因不能保持履约能力，无法继续按照合同约定履行义务，或企业对于承包方的履约能力未持续关注并进行评估和考核，导致业务外包失败和企业生产经营活动中断	确保企业在业务外包实施全过程中对承包方的履约能力有准确的认识和评估考核	1. 重点关注重大业务外包时承包方的履约能力 2. 对业务外包承包方采取动态管理方式，并开展日常绩效评价和定期考核 3. 持续评估承包方的履约能力，包括承包方对该项目的投入是否能够支持其产品或服务质量达到企业预期目标，承包方自身的财务状况、生产能力、技术创新能力等综合能力是否满足该项目的要求	每月	关键绩效指标	外包管理部经理	"企业业务外包管理制度"

续表

控制点	风险描述	控制目标	内控要求				
			控制措施	控制频率	控制类型	责任部门（岗）	控制依据
B7	企业缺乏对于业务外包承包方合同履约全过程的监控机制，或对于承包方履行业务外包合同的实施情况监控不力，无法及时发现外包承包方问题和偏离目标的情况，导致业务外包合同出现意外情况，影响业务外包验收，难以发挥业务外包优势	确保企业对于业务外包实施过程中的各类情况能够及时、准确地了解并提出调整要求	1. 梳理有关工作流程，提出对每个环节上的岗位职责分工、运营模式、管理机制、质量水平等方面的要求，建立对应的即时监控机制 2. 检查、收集和反馈业务外包实施过程中的相关信息 3. 加强对于承包方业务外包实施的监督和控制	每日	关键绩效指标	外包管理部经理	"企业业务外包管理制度"
B8	承包方出现未按照业务外包合同约定的质量要求持续提供合格的产品或服务等违约行为，导致企业难以发挥业务外包优势，甚至遭受重大损失	确保企业对于承包方的各类违约行为和业务外包实施过程中的意外情况有应对方案	1. 建立相应的应急机制，避免因业务外包失败造成本企业生产经营活动中断 2. 预测重大业务外包项目可能出现的各种意外情况，确定应对措施 3. 制定临时替代方案 4. 终止重大违约行为、无法履行的业务外包合同，追究承包方违约责任并向承包方索赔	每日	关键绩效指标	外包管理部经理	"企业业务外包管理制度"

13.2.2 业务外包验收流程与内部控制矩阵

1. 业务外包验收流程

部门名称	外包管理部	流程名称	业务外包验收流程	
生效日期		概　要	4大控制点	
单位	总经办		外包管理部	承包方
节点	A		B	C

企业名称		密　级		共　页　第　页
编制单位		签发人		签发日期

2. 业务外包验收内部控制矩阵

控制点	风险描述	控制目标	内控要求				
			控制措施	控制频率	控制类型	责任部门（岗）	控制依据
B2	验收方式与业务外包不匹配，未根据实际情况确定验收方式，导致验收工作开展不畅	确保企业制定合理的验收方式	1. 根据承包方业务外包的特点，制定不同的验收方式 2. 规定对最终产品或服务进行一次性验收的方式 3. 规定在整个业务外包过程中进行分阶段验收的方式	按需不定期	职责分工	外包管理部经理	"企业业务外包管理制度"
B3	验收标准不明确、不清晰，导致验收工作无据可依，验收结果不准确，企业遭受损失	确保业务外包验收标准科学、合理	1. 遵循业务外包的约定 2. 结合对业务外包质量是否达到预期目标的基本评价和日常绩效评价来确定验收标准	按需不定期	职责分工	外包管理部经理	"企业业务外包管理制度"
B4	验收程序不规范，使验收工作流于形式，验收人员的专业度不够，导致验收结果不准确，存在徇私舞弊的空间，企业利益受损	确保业务外包交付的产品或服务经过严格的验收程序	1. 设置规范化的业务外包验收程序 2. 安排具备相关专业能力的人员开展验收工作 3. 按照验收标准对承包方交付的产品或服务进行严格审查和全面测试	按需不定期	关键绩效指标	外包管理部经理	"企业业务外包管理制度"

续表

控制点	风险描述	控制目标	内控要求				
			控制措施	控制频率	控制类型	责任部门（岗）	控制依据
B5	未能及时发现业务外包交付产品或服务的异常情况，致使质量低劣的产品或服务通过验收，导致企业难以发挥业务外包的优势，经济利益受损	确保企业业务外包验收结果准确无误，无重大问题	1. 汇报验收过程中的异常问题 2. 加强对于验收结果的检查、复核 3. 追究验收问题的相关责任人	按需不定期	关键绩效指标	外包管理部经理	"企业业务外包管理制度"

第 14 章

财务报告

14.1　财务报告的编制流程

14.1.1　个别财务报告编制流程与内部控制矩阵

1. 个别财务报告编制流程

部门名称	财务部	流程名称	个别财务报告编制流程
生效日期		概　要	6大控制点

单位	总经办	财务部	各相关部门
节点	A	B	C

节点	流程
1	开始
2	制定个别财务报告编制方案（未通过）
3	审核 ← 确定重大交易和事项的会计处理原则（通过）
4	审核 ← 进行资产清查和债务核实（未通过／通过）
5	完成对账、调账、差错更正等，实施关账　｜　提供所需信息和资料
6	制定个别财务报告编制分工表
7	整理、汇总会计账簿记录和其他资料
8	进行数据和关系的校验与审核工作
9	审阅 ← 编制附注，审核个别财务报告内容后上报
10	结束

企业名称		密　级		共　页　第　页
编制单位		签发人		签发日期

2. 个别财务报告编制内部控制矩阵

控制点	风险描述	控制目标	内控要求				
			控制措施	控制频率	控制类型	责任部门（岗）	控制依据
B2	个别财务报告编制方法、编制程序、职责分工、编报时间安排等内容不明确、不清晰，导致个别财务报告编制方案不可用；会计政策未能有效更新，导致不符合有关法律法规；重要会计政策、会计估计变更未经审批，导致会计政策使用不当；各部门职责、分工不清，导致数据传递出现差错、遗漏、格式不一致等；各步骤时间安排不明确，导致整体编制进度延后，违反相关报送要求	确保个别财务报告编制方案规划合理、切实可行	1. 按照国家最新会计准则制度规定，结合企业自身情况，制定企业统一的会计政策 2. 指定专人关注与会计相关的法律法规、规章制度的变化及监管机构的最新规定等，并及时对企业的内部会计规章制度和个别财务报告流程等做出相应更改 3. 建立完备的信息沟通渠道，将内部会计规章制度、财务流程、会计科目表等相关文件及时、有效地传达至相关人员 4. 明确各部门的职责分工，财务副总或总会计师负责组织领导；财务部负责个别财务报告的编制；各相关部门应当及时向财务部提供编制个别财务报告所需的信息 5. 根据个别财务报告的报送要求，倒排工时，为各步骤设置关键时间点	按需不定期	职责分工	财务部经理	《中华人民共和国会计法》《企业会计制度》

续表

控制点	风险描述	控制目标	内控要求				
			控制措施	控制频率	控制类型	责任部门（岗）	控制依据
B3	对重大交易和事项，如债务重组、非货币性交易、公允价值的计量、收购兼并、资产减值等的会计处理不合理，导致会计信息不准确，无法如实反映企业实际情况	确定重大交易和事项的会计处理原则，确保企业对重大交易和事项的会计处理正确、合理	1. 提高对重大交易和事项的关注 2. 建立重大交易和事项的处理流程，规范并完善审批程序 3. 明确需要专业判断的重大交易和事项并确定相应的会计处理原则	按需不定期	职责分工	财务部经理	《中华人民共和国会计法》《企业会计制度》
B4	资产、负债账实不符，虚增或虚减资产、负债；资产计价方法随意变更；提前、推迟甚至不确认资产、负债等情况，导致个别财务报告编制出现违法违规风险	确保资产清查和债务核实结果的内容完整、数据准确、合法合规	1. 确定具体可行的资产清查、债务核实计划，安排合理的时间和工作进度，配备足够的人员，确定实物资产盘点的具体方法和过程，同时做好业务准备工作 2. 分析资产清查、债务核实过程中发现的差异情况 3. 上报资产清查、债务核实的结果及相关问题的处理办法	按需不定期	职责分工	财务部经理	《中华人民共和国会计法》《企业会计制度》

续表

控制点	风险描述	控制目标	内控要求				
			控制措施	控制频率	控制类型	责任部门（岗）	控制依据
B5	账务处理存在错误，导致账证、账账不符；虚列或隐瞒收入，推迟或提前确认收入；随意改变费用、成本的确认标准或计量方法，虚列、多列、不列或者少列费用、成本；结账的时间、程序不符合相关规定；关账后未经申请、审批又随意打开已关闭的会计期间	确保正确处理对账、调账、差错更正等业务，妥善实施关账操作	1. 核对各会计账簿记录与会计凭证的内容、金额等是否一致，记账方向是否相符 2. 检查相关账务处理是否符合国家统一的会计准则制度和企业制定的核算方法 3. 调整有关账项，合理确定本期应计的收入和应计的费用 4. 检查是否存在因会计差错、会计政策变更等原因需要调整前期或者本期的相关项目 5. 规范结账流程，不得为了赶编个别财务报告而提前结账，或把本期发生的经济业务事项延至下期登账	按需不定期	职责分工	财务部经理	《中华人民共和国会计法》《企业会计制度》

续表

控制点	风险描述	控制目标	内控要求				
			控制措施	控制频率	控制类型	责任部门（岗）	控制依据
B7、B8	使用登记不完整、缺乏核实的会计账簿记录和其他资料作为个别财务报告的数据材料，导致个别财务报告的编制违反企业制度和相关法律法规的规定	确保根据登记完整、核对无误的会计账簿记录和其他有关资料进行整理汇总和编制个别财务报告	1．加强校验与审核工作，包括期初数据核对、个别财务报告内有关项目的对应关系审核、报表前后钩稽关系审核、期末数与试算平衡表和工作底稿核对、个别财务报告主表与附表之间的平衡及钩稽关系校验等 2．遵循国家相关法律法规 3．加强对于会计账簿记录使用的审查和审批	每日	关键绩效指标	财务部经理	《中华人民共和国会计法》《企业会计制度》
B9	报表数据不完整、不准确；报表种类不完整；附注内容不完整；提供虚假个别财务报告，误导个别财务报告使用者，造成决策失误，干扰市场秩序	确保个别财务报告编制内容完整、数字真实、计算准确，没有漏报或者随意进行取舍的行为，按时完成个别财务报告的审批及报送程序	1．列示真实、可靠的资产、负债、所有者权益金额 2．列示真实、准确的当期收入、费用和利润 3．按照规定划清各类交易和事项的现金流量的界限 4．按照岗位分工和规定的程序编制个别财务报告	按需不定期	关键绩效指标	财务部经理	《中华人民共和国会计法》《企业会计制度》

14.1.2　合并财务报告编制流程与内部控制矩阵

1. 合并财务报告编制流程

部门名称	财务部	流程名称		合并财务报告编制流程
生效日期		概　要		4大控制点
单位	总经办		财务部	分（子）公司或其他单位
节点	A		B	C

节点	总经办 (A)	财务部 (B)	分（子）公司或其他单位 (C)
1		开始	
2		编制母公司财务报告	
3		确定财务报告合并范围和合并方法	
4			编制分（子）公司财务报告
5		制定内部交易和事项核对表	填写核对表
6		核对内部交易和事项的金额并查明差异	
7		交叉复核合并抵销分录并审核	
8	审阅	录入试算平衡表，编制合并财务报告	
9		装订成册，并加盖公章	
10		结束	

企业名称		密　级		共　页　第　页
编制单位		签发人		签发日期

2. 合并财务报告编制内部控制矩阵

控制点	风险描述	控制目标	内控要求				
			控制措施	控制频率	控制类型	责任部门（岗）	控制依据
B3	财务报告合并范围不完整，合并方法不正确，导致相关内容合并失败，影响合并财务报告的编制进度	确保合并范围符合相关规定且规划完整，合并方法科学、可行	1. 依据法律部门确认的产权或股权结构图确定合并范围和合并方法 2. 遵循国家统一的会计准则制度的规定 3. 加强对于合并范围和合并方法的审核	按需不定期	职责分工	财务部经理	《中华人民共和国会计法》《企业会计制度》
B5	缺乏内部交易和事项核对程序，或内部交易和事项核对表制定不全面，遗漏重要交易和事项，导致合并财务报告数据缺失，编制失败	确保内部交易和事项核对表的制定符合要求，设计项目能够满足内部交易和事项的核对需求	1. 规范内部交易和事项核对表制定程序 2. 落实内部交易和事项核对表的审核程序，未经审核的核对表不能投入使用	按需不定期	职责分工	财务部经理	《中华人民共和国会计法》《企业会计制度》
B6	内部交易和事项合并不正确、不完整，核对金额不准确，导致内部交易和事项合并结果不符合要求，影响合并财务报告的编制	确保内部交易和事项的合并步骤、项目准确，金额无误，且经过全面、严格的检查与核对	1. 加强对于内部交易和事项合并结果的检查、核对 2. 查明合并差异原因，并及时处理	按需不定期	关键绩效指标	财务部经理	《中华人民共和国会计法》《企业会计制度》

续表

控制点	风险描述	控制目标	内控要求				
			控制措施	控制频率	控制类型	责任部门（岗）	控制依据
B7	合并抵销分录不准确，没有相应的标准文件和证据进行支持，缺乏交叉复核程序，导致合并抵销分录不符合要求，无法正常使用，影响合并财务报告的编制	确保合并抵销分录的内容真实、完整	1. 规范合并抵销分录的编制和核验程序 2. 设置合并抵销分录相关支持文件和证据的准备标准 3. 加强对合并抵销分录的审核和管理，并实行交叉复核	按需不定期	关键绩效指标	财务部经理	《中华人民共和国会计法》《企业会计制度》

14.2 财务报告的对外提供流程

14.2.1 财务报告审计流程与内部控制矩阵

1. 财务报告审计流程

财务报告授权
批准制度

部门名称	财务部		流程名称	财务报告审计流程	
生效日期			概　要	4大控制点	
单位	总经办		财务部	会计师事务所	
节点	A		B	C	

1		开始	
2		编制企业年度财务报告	
3	未通过	调查、了解会计师事务所	
4	审批	筛查、选择会计师事务所作为合作对象	沟通、协商
5	通过	完成财务报告审计业务签约	谈判、签约
6		提供财务报告审计所需资料、信息等	
7			完成财务报告审计工作
8	审阅	获取会计师事务所出具的审计报告	出具符合法律法规的审计报告
9		对外提供财务报告和审计报告	
10		结束	

企业名称		密　级		共　页　第　页	
编制单位		签发人		签发日期	

2. 财务报告审计内部控制矩阵

控制点	风险描述	控制目标	内控要求				
			控制措施	控制频率	控制类型	责任部门（岗）	控制依据
B4	会计师事务所不具备相关的业务资格，给企业带来相关潜在风险	确保与企业合作的会计师事务所具备专业资格且合法合规	1. 选择符合资质要求的会计师事务所 2. 审查会计师事务所的相关业务资质证明和注册文件 3. 调查相关会计师事务所的背景和在行业内合作的案例	按需不定期	授权及批准	财务部经理	《中华人民共和国公司法》
C7	企业干扰会计师事务所审计人员的正常工作，导致审计工作无法进行或出现违规风险	确保会计师事务所独立完成财务报告的审计工作	1. 遵循相关法律法规 2. 加强对于财务报告审计工作的内部监督 3. 设置相应的举报渠道	按需不定期	审查核对	注册会计师	《中华人民共和国公司法》
B8、C8	审计机构与企业串通舞弊，出现审计报告造假危机，企业违法违规	确保审计报告真实、客观	1. 遵守法律法规 2. 遵守企业规章制度 3. 加强监督和审查	按需不定期	管理层审阅	财务部经理、注册会计师	《中华人民共和国公司法》
B9	财务报告对外提供前未经审计	确保财务报告经过审计后对外提供	1. 加强对财务报告对外提供前的审查 2. 设置财务报告对外提供的标准 3. 规定财务报告对外提供时应附上相应的审计报告	按需不定期	授权及批准	财务部经理	《中华人民共和国公司法》

14.2.2　财务报告对外提供流程与内部控制矩阵

1. 财务报告对外提供流程

部门名称	财务部		流程名称	财务报告对外提供流程	
生效日期			概　要	5大控制点	
单位	董事会	总经办	财务部	法务部	
节点	A	B	C	D	

企业名称			密　级		共　页　第　页
编制单位			签发人		签发日期

流程图节点内容：

1. 开始
2. 完成财务报告编制，装订成册，加盖公章
3. 通过财务部经理审核，并签字盖章 → 通过财务副总或总会计师审核，并签字盖章 → 通过董事长审核，并签字盖章
4. 获取注册会计师签字的审计报告
5. 确定财务报告对外报送的对象 ← 核对财务报告对外报送的对象
6. 明确对报送时间的要求
7. 设置对外报送的保密程序
8. 财务报告对外报送前审核 → 审核（未通过 / 通过）
9. 对外报送财务报告，并及时归档
10. 结束

2. 财务报告对外提供内部控制矩阵

控制点	风险描述	控制目标	内控要求				
			控制措施	控制频率	控制类型	责任部门（岗）	控制依据
C2	对外提供的财务报告的编制基础、编制依据、编制原则和方法不一致，影响各方对企业情况的判断和作出经济决策	确保提供给投资者、债权人、政府监管部门、社会公众等各方的财务报告的编制基础、编制依据、编制原则和方法完全一致	1. 遵循企业财务报告的编制规定和管理要求 2. 加强对财务报告对外提供前的审查工作 3. 遵守国家法律法规	按需不定期	关键绩效指标	财务部经理	《中华人民共和国公司法》《企业会计制度》
A3、B3、C3	在财务报告对外提供前未按规定程序进行审核，导致对内容的真实性、完整性以及格式的合规性等审核不充分	确保财务报告对外提供前完成全部的审核程序	1. 按照规定的财务报告编制中的审批程序，由各级负责人逐级把关 2. 审核财务报告内容的真实性、完整性，格式的合规性等内容 3. 保留审核记录，建立责任追究制度	按需不定期	管理层审阅	董事长	《中华人民共和国公司法》《企业会计制度》
C4	财务报告对外提供前未经审计，审计机构工作不符合相关法律法规，审计机构与企业串通舞弊	确保财务报告经过审计机构的审计后对外提供	1. 选择符合资质要求的会计师事务所对财务报告进行审计 2. 出具合法合规的审计报告 3. 设置财务报告对外提供的标准，并注明应附审计报告且一并提供	按需不定期	职责分工	财务部经理	《中华人民共和国公司法》《企业会计制度》

续表

控制点	风险描述	控制目标	内控要求				
			控制措施	控制频率	控制类型	责任部门（岗）	控制依据
C7	财务报告在对外报送前提前泄露或使不应知晓的对象获悉，导致发生内幕交易等，使投资者或企业本身蒙受损失	确保财务报告正式对外报送前的保密管理工作有效，未发生违规泄密事件	1. 设置严格的保密程序 2. 依据财务报告接触人员范围设置保密权限 3. 记录对财务报告信息的访问情况	按需不定期	关键绩效指标	财务部经理	《中华人民共和国公司法》《企业会计制度》
C9	未能及时对外报送财务报告并归档，导致财务报告信息的使用价值降低，同时也违反有关法律法规	确保企业财务报告及时对外报送和归档	1. 遵守相关法律法规和国家统一的会计准则制度对报送时间的要求 2. 设置财务报告编制、审核、报送流程的时间控制点并及时归档 3. 处罚未能按时完成相关报送工作的人员	按需不定期	关键绩效指标	财务部经理	《中华人民共和国公司法》《企业会计制度》

14.3　财务分析报告的编写与利用流程

14.3.1　财务分析报告编写流程与内部控制矩阵

1. 财务分析报告编写流程

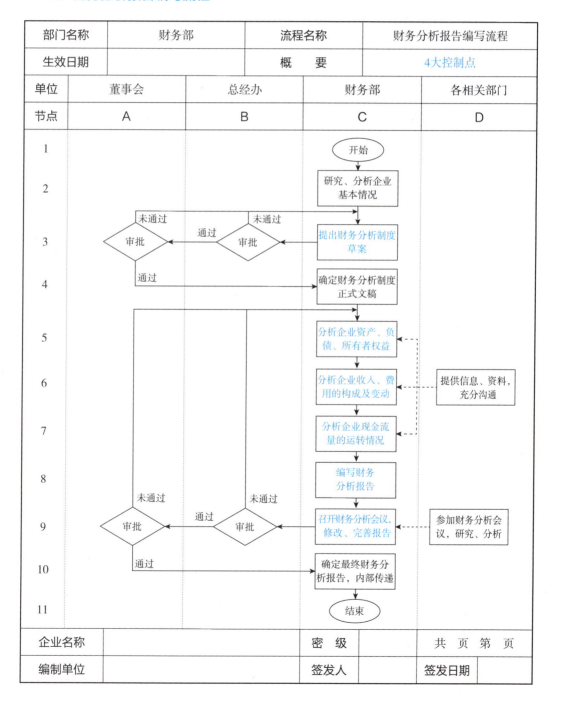

部门名称	财务部	流程名称	财务分析报告编写流程
生效日期		概　要	4大控制点

2. 财务分析报告编写内部控制矩阵

控制点	风险描述	控制目标	内控要求				
			控制措施	控制频率	控制类型	责任部门（岗）	控制依据
C3	拟定的财务分析制度草案不符合企业的实际情况，财务分析制度草案未充分利用企业的现有资源，财务分析的流程、要求不明确、不清晰，财务分析制度草案未经相关负责人修改、审批，导致财务分析制度草案不合格	确保财务分析制度草案能够帮助企业了解实际财务状况和经营管理成果	1. 了解企业的发展背景，包括企业的发展史、企业组织机构、产品销售及财务资产变动情况等 2. 熟悉企业业务流程，分析、研究企业的资产及财务管理活动 3. 关注分析的时间、组织形式、参加的部门和人员、分析的内容、分析的步骤、分析方法、指标体系、分析报告的编写要求 4. 根据制度设计的要求进行试运行，发现问题及时总结并上报	按需不定期	职责分工	财务部经理	"企业财务分析制度"
C5、C6、C7	未分析企业资产分布情况、负债水平和所有者权益结构，未分析企业各项收入、费用的构成及其增减变动情况，未分析经营活动、投资活动、筹资活动现金流量的运转情况，未对本期生产经营活动中发生的重大事项做专门分析，导致财务分析报告的内容不完整	确保财务分析项目完善，无遗漏和忽略内容	1. 通过资产负债率、流动比率、资产周转率等指标分析企业的偿债能力和营运能力 2. 通过净资产收益率、每股收益等指标，分析企业的盈利能力和发展能力 3. 关注现金流量能否保证生产经营过程的正常运行，防止现金短缺或闲置	每月	关键绩效指标	财务部经理	"企业财务分析制度"

控制点	风险描述	控制目标	内控要求				
			控制措施	控制频率	控制类型	责任部门（岗）	控制依据
C8	编写财务分析报告的目的不正确或者不明确，财务分析方法不正确，导致财务分析报告编写不合格，无法准确反映企业财务状况信息	确保财务分析报告的编写目的明确，财务分析方法正确	1. 分析企业净资产的增减变化，了解和掌握企业规模和净资产的不断变化过程 2. 分析企业的盈利能力和发展能力，了解和掌握当期利润增减变化的原因和未来发展趋势 3. 设计科学、合理的财务分析方法体系，编写合格的企业财务分析报告	每月	关键绩效指标	财务部经理	"企业财务分析制度"
C9	财务分析工作局限于财务部，未充分利用各相关部门的资源，影响财务分析结果的质量和可用性；未定期召开财务分析会议；未充分利用财务分析会议所反映的综合信息来分析企业的经营管理状况和存在的问题；财务分析报告修改后未经审核程序就开始进入内部传递，影响后续对应的整改落实工作	确保财务分析报告体现多方意见，整合多方智慧，能够提高企业经营管理水平	1. 组织有关部门负责人参加财务分析会议，就各部门提出的意见进行充分沟通、分析，进而修改、完善财务分析报告 2. 审核财务分析报告的准确性，判断是否需要对特殊事项进行补充说明，从而对财务分析报告进行补充说明 3. 说明生产经营活动中重要资料、重大事项以及与上年同期数据相比有较大差异的情况	每月	关键绩效指标	财务部经理	"企业财务分析制度"

14.3.2　财务分析报告整改落实流程与内部控制矩阵

1. 财务分析报告整改落实流程

部门名称	财务部	流程名称	财务分析报告整改落实流程
生效日期		概　要	4大控制点

单位	总经办	财务部	各相关部门
节点	A	B	C

节点	总经办 (A)	财务部 (B)	各相关部门 (C)
1		开始	
2		向相关部门报送财务分析报告	
3			获取财务分析报告，阅读并知悉
4			根据财务分析报告作出工作决策
5		维护、更新会计信息系统，方便使用	根据财务分析报告沟通整改内容
6		监督、跟踪各部门整改情况	明确整改责任，落实整改事项
7	审批（未通过）	汇总财务分析报告整改落实情况	反馈整改情况，汇报整改结果
8	通过	整理、归档相关资料和信息，并妥善保管	
9		结束	

企业名称		密　级		共　页　第　页
编制单位		签发人		签发日期

2. 财务分析报告整改落实内部控制矩阵

控制点	风险描述	控制目标	内控要求				
			控制措施	控制频率	控制类型	责任部门（岗）	控制依据
B2	财务分析报告的内容传递不畅，或遗忘相关传递事项，导致各相关部门无法及时获得财务分析报告，影响相关问题整改落实工作的安排，对于重要、紧急的整改事项还可能造成严重影响	确保财务分析报告内部传递及时、到位	1. 限定财务分析报告内部传递的时间 2. 设置财务分析报告内部传递的考核指标 3. 制定相应的奖惩措施，提高内部传递工作的效率	每月	关键绩效指标	财务部经理	"财务分析报告整改落实管理制度"
C3	各相关部门对财务分析报告的重视程度不够，或将其当作普通的分析报告进行闲置，导致财务分析报告的价值被浪费，实际问题未得到解决，各部门的生产经营活动管理水平无法得到提升	确保各部门深刻认识财务分析报告的实际价值，并充分利用	1. 要求各部门反馈财务分析报告的阅读研究成果 2. 统一进行财务分析报告的使用培训和说明 3. 提高各部门对财务分析报告的重视程度	每月	审查核对	各相关部门经理	"财务分析报告整改落实管理制度"

控制点	风险描述	控制目标	内控要求				
			控制措施	控制频率	控制类型	责任部门（岗）	控制依据
C6	财务分析报告中的意见未得到整改落实，各相关部门对于自身的整改责任不清晰，对于整改要求不明确，整改积极性不高，导致整改落实工作进展缓慢，相关问题无法得到及时处理，或影响企业生产经营活动的发展	确保财务分析报告中的整改意见及时落实到位	1. 设置财务分析报告整改落实工作的考核指标 2. 加强对于不整改、慢整改等行为的惩罚 3. 提高有关整改落实信息的沟通效率	按需不定期	关键绩效指标	各相关部门经理	"财务分析报告整改落实管理制度"
B6	未对各相关部门的整改落实工作情况进行及时跟踪和有效监督，或缺乏对于财务分析报告整改落实要求的有力约束，导致整改工作结果不理想，落实效果大打折扣，相关问题得不到解决	确保财务部切实发挥跟踪、监督作用，敦促各相关部门完成整改落实工作	1. 根据各部门的整改落实责任，制订相应的跟踪、监督计划 2. 充分利用信息技术和现有内部报告体系进行监督，提高跟踪、监督效率 3. 反馈跟踪、监督情况	按需不定期	职责分工	财务部经理	"财务分析报告整改落实管理制度"

———— 第15章 ————

全面预算

15.1　预算编制流程

15.1.1　预算组织设计流程与内部控制矩阵

1. 预算组织设计流程

全面预算编制
管理制度

部门名称	总经办		流程名称	预算组织设计流程
生效日期			概　　要	5大控制点
单位	董事会	总经办	财务部	各职能部门
节点	A	B	C	D

节点1：开始

节点2（总经办）：明确全面预算管理体制的要求

节点3（总经办）：组建全面预算管理决策机构

节点4：
- 董事会A：董事长或总经理任主任
- 总经办B：设立预算管理委员会
- 财务部C：总会计师或财务总监任副主任
- 各职能部门D：主要职能部门经理、分（子）公司负责人等任成员

节点5：
- 总经办B：组建全面预算管理工作机构
- 财务部C：设立全面预算管理工作机构常设单位
- 各职能部门D：各职能部门指定人员参加

节点6：
- 财务部C：设立全面预算管理工作机构监控单位、核算单位、考评单位
- 各职能部门D：相关专业职能部门按分工参与

节点7（各职能部门D）：设立全面预算管理执行单位

节点8：
- 总经办B：指导各执行单位开展预算相关工作
- 各职能部门D：划分投资中心、利润中心、成本中心、费用中心和收入中心等预算责任中心

节点9：结束

企业名称		密　级		共　页　第　页
编制单位		签发人		签发日期

2. 预算组织设计内部控制矩阵

控制点	风险描述	控制目标	内控要求				
			控制措施	控制频率	控制类型	责任部门（岗）	控制依据
B2	企业缺乏全面预算管理体制，或全面预算管理体制设置不科学、不合理、经济性差、覆盖面小、权责不清晰，导致全面预算管理组织体系设计存在缺陷，不能有效管理预算工作	确保企业具备合法科学、高效有力、经济适度、全面系统、权责明确的全面预算管理体制	1．遵循相关法律法规 2．参考并学习行业内标杆企业的全面预算管理体制设置案例 3．提高企业全面预算管理体制的设置水平	按需不定期	职责分工	总经理	《企业内部控制基本规范》"企业全面预算管理制度"
B4	未设立预算管理委员会，或预算管理委员会成员安排不合理，导致企业全面预算管理决策出现失误，影响企业全面预算管理重大事项	确保预算管理委员会能够承担企业全面预算管理、决策功能	1．设置预算管理委员会主任职位，由董事长或总经理担任 2．设置预算管理委员会副主任职位，由总会计师、财务总监、财务部经理或分管财会工作的副总经理担任 3．设置预算管理委员会成员职位，由各副总经理、主要职能部门经理、分（子）公司负责人等担任	按需不定期	职责分工	总经理	"企业全面预算管理制度"

控制点	风险描述	控制目标	内控要求				
			控制措施	控制频率	控制类型	责任部门（岗）	控制依据
C5	未设立全面预算管理工作机构的常设单位，或全面预算管理工作机构常设单位的成员安排不合理，导致企业全面预算管理工作出现失误，影响预算管理制度的执行控制	确保全面预算管理工作机构常设单位能够履行预算管理委员会的日常管理职责	1. 设置全面预算管理工作机构主任职位，由总会计师、财务总监、财务部经理或分管财会工作的副总经理兼任 2. 安排财务部专门人员负责相关工作 3. 安排人力资源、生产、销售、研发等业务部门人员参加	按需不定期	职责分工	财务部经理	"企业全面预算管理制度"
C6	全面预算管理工作机构未设立监控单位、核算单位、考评单位，导致企业全面预算管理工作不达标，无法保障预算管理制度落地执行	确保全面预算管理工作的监控、核算、考评部分有专门部门负责	1. 设立预算监控单位 2. 设立预算核算单位 3. 设立预算考评单位	按需不定期	职责分工	财务部经理	"企业全面预算管理制度"

续表

控制点	风险描述	控制目标	内控要求				
			控制措施	控制频率	控制类型	责任部门（岗）	控制依据
D7	全面预算管理执行单位的设立不合理，未根据其在企业预算总目标实现过程中的作用和职责进行划分，内部预算责任单位划分不清晰，导致企业全面预算管理工作执行失败，影响企业发展战略和目标的实现	确保设立的全面预算管理执行单位能够完成各自的预算管理目标	1．遵循分级分层、权责利相结合、责任可控、目标一致的原则 2．保持与企业的组织机构设置相适应 3．加强预算管理委员会及其工作机构对各预算执行单位的管控和指导	按需不定期	职责分工	各职能部门经理	"企业全面预算管理制度"

15.1.2　预算编制流程与内部控制矩阵

1．预算编制流程

部门名称		财务部	流程名称		预算编制流程
生效日期			概　要		6大控制点
单位	董事会	预算管理委员会	财务部	预算责任中心	各执行单位
节点	A	B	C	D	E

企业名称			密　级		共　页　第　页
编制单位			签发人		签发日期

2. 预算编制内部控制矩阵

控制点	风险描述	控制目标	内控要求				
			控制措施	控制频率	控制类型	责任部门（岗）	控制依据
C2、C3	预算编制所依据的相关信息不足，缺乏全面的企业内外部环境调研和预测，导致预算目标与企业战略规划、经营计划、市场环境、企业实际等相脱离；预算编制的基础数据不足，缺乏上一周期的预算执行数据，导致预算编制准确率降低	确保预算编制以市场预测为依据，与市场、社会环境相适应，符合企业生产经营活动的客观实际	1. 开展对企业内外部环境的调研和预测工作，包括对企业预算期内客户需求、同行业发展等市场环境的调研，以及对宏观经济政策等社会环境的调研 2. 分析企业上一期间的预算执行情况，充分预计预算期内企业资源状况、生产能力、技术水平等自身环境的变化 3. 重视和加强预算编制基础数据管理工作，包括历史资料记录、定额制定与管理、标准化工作、会计核算等	按需不定期	职责分工	财务部经理	"预算编制工作制度"

控制点	风险描述	控制目标	内控要求				
			控制措施	控制频率	控制类型	责任部门（岗）	控制依据
B6	预算目标的制定未依照企业战略规划和年度经营计划，导致目标分解方案不具备真实可行性；预算编制程序不规范，横向、纵向信息沟通不畅，导致预算目标缺乏准确性、合理性和可行性；预算编制方法选择不当，或强调采用单一的方法，导致预算目标缺乏科学性和可行性	确定目标分解方案和预算编制方法、程序合理、规范，确保预算编制、程序确保预算编制真正成为企业战略规划和年度经营计划的年度具体行动方案	1. 规范预算编制的程序，保证企业战略规划和年度经营计划作为其编制的首要依据 2. 按照上下结合、分级编制、逐级汇总的程序，编制年度全面预算 3. 遵循经济活动规律，充分考虑符合企业自身经济业务特点、基础数据管理水平、生产经营周期和管理需要的原则，选择或综合运用固定预算、弹性预算、滚动预算等方法编制预算	按需不定期	审查核对	预算管理委员会主任	"预算编制工作制度"

续表

控制点	风险描述	控制目标	内控要求				
			控制措施	控制频率	控制类型	责任部门（岗）	控制依据
C6	预算目标指标分解体系设计不完整、不合理、不科学，导致预算管理在实现发展战略和经营目标、促进绩效考评等方面的功能难以有效发挥	确保企业预算目标指标分解体系详细、具体、高效、实用	1．按照"财务指标为主体、非财务指标为补充"的原则设计预算目标指标分解体系 2．将企业的战略规划、经营目标体现在预算目标指标分解体系中 3．将企业产、供、销、投融资等各项活动的各个环节、各个方面的内容都纳入预算目标指标分解体系 4．按照各责任中心在工作性质、权责范围、业务活动特点等方面的不同，设计不同或各有侧重的预算目标指标分解体系	按需不定期	授权及批准	财务部经理	"预算编制工作制度"
E7	全面预算编制以财务部为主，执行业务部门参与度较低，导致全面预算编制不合理，预算管理责、权、利不匹配	确保将企业各个部门、单位的业务活动全部纳入预算管理	1．明确企业各个部门、单位的全面预算编制责任 2．将企业经营、投资、财务等各项经济活动的各个方面、各个环节都纳入全面预算编制范围 3．设置由经营预算、投资预算、筹资预算、财务预算等一系列预算组成的相互衔接和钩稽的综合预算体系	按需不定期	职责分工	各执行单位负责人	"预算编制工作制度"

续表

控制点	风险描述	控制目标	内控要求				
			控制措施	控制频率	控制类型	责任部门（岗）	控制依据
B9	预算编制范围和项目不全面，各预算之间缺乏整合、平衡，预算草案不合格，导致年度全面预算草案难以形成	确保年度全面预算草案与企业发展战略、年度生产经营计划相协调	1. 建立系统的预算目标指标分解体系 2. 进行充分协调、沟通、审查、平衡预算草案 3. 研究、论证预算管理工作机构提交的预算草案，从企业发展全局角度提出进一步调整、修改的建议，最终形成企业年度全面预算草案	按需不定期	审查核对	预算管理委员会主任	"预算编制工作制度"
B10	全面预算正式文件下达不力，导致预算执行或考核无据可查	确保企业全面预算正式文件下达到位	1. 规范全面预算正式文件的下达形式，明确文件要求 2. 加强对全面预算正式文件的审批、审议 3. 确保在年度预算开始前完成全面预算正式文件的编制工作	每年	关键绩效指标	预算管理委员会主任	"预算编制工作制度"

15.2 预算执行流程

15.2.1 预算执行流程与内部控制矩阵

1. 预算执行流程

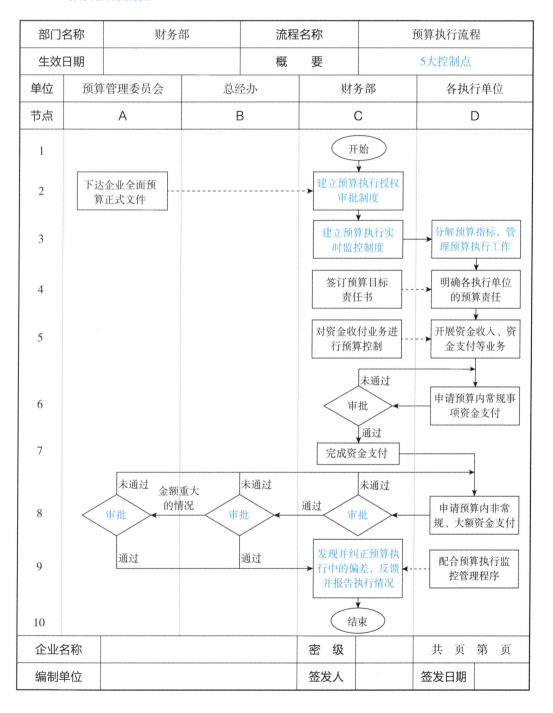

部门名称	财务部	流程名称	预算执行流程
生效日期		概　要	5大控制点

2. 预算执行内部控制矩阵

控制点	风险描述	控制目标	内控要求				
			控制措施	控制频率	控制类型	责任部门（岗）	控制依据
C2	缺乏严格的预算执行授权审批制度，导致预算执行随意而为，影响企业年度预算目标的达成	确保企业具备严谨、完善的预算执行授权审批制度	1. 加强预算执行授权审批管理，规范预算执行授权审批程序 2. 提高预算执行管理工作的严谨性 3. 建立预算执行责任制度	按需不定期	职责分工	财务部经理	"预算执行工作制度"
C3	预算执行过程中缺乏有效的监控，没有建立科学的预算执行实时监控制度，导致预算执行不力，预算目标难以实现	确保企业各项业务和事项均符合预算执行管理要求	1. 建立健全预算执行实时监控制度 2. 设置专门岗位、安排专门人员负责预算执行实时监控工作 3. 定期监控、实时监控、严格监控	按需不定期	职责分工	财务部经理	"预算执行工作制度"
D3	预算指标分解不够详细、具体，导致生产经营活动中的某些岗位和环节缺乏预算执行和控制的依据；预算指标分解与业绩考核体系不匹配，降低各单位预算执行达标积极性，导致预算执行不力	确保实现企业年度预算目标，有利于企业经营目标和计划的实现	1. 横向将预算指标分解为若干相互关联的因素，寻找影响预算指标的关键因素并加以控制 2. 纵向将各项预算指标层层分解并落实到最终的岗位和个人，明确责任部门和最终责任人 3. 遵循定量化、全局性、可控性原则	按需不定期	关键绩效指标	各执行单位负责人	"预算执行工作制度"

控制点	风险描述	控制目标	内控要求				
			控制措施	控制频率	控制类型	责任部门（岗）	控制依据
A8、B8、C8	预算审批权限及程序混乱，导致越权审批、重复审批等问题，降低预算执行效率和严肃性	确保企业各项业务和活动都在预算执行授权的范围内运行	1. 落实预算执行授权审批制度 2. 加强对资金支付业务的审批控制，及时制止不符合预算目标的经济行为 3. 追究违规审批相关人员的法律责任	按需不定期	授权及批准	董事长	"预算执行工作制度"
C9	预算执行监控不力，未能及时发现预算执行中的问题，导致预算监控实际效果不理想；缺乏健全、有效的预算反馈和报告体系，导致预算执行情况不能及时反馈和沟通，预算差异得不到及时分析，预算监控难以发挥作用	确保预算执行信息传输及时、畅通、有效，预算执行问题发现及时、处理妥当，未产生重大不利影响	1. 建立健全预算执行实时监控制度 2. 建立健全预算执行情况内部反馈和报告制度 3. 加强与各预算执行单位的沟通 4. 运用财务信息和其他相关资料监控预算执行情况	每月	关键绩效指标	财务部经理	"预算执行工作制度"

15.2.2　预算外、超预算审批流程与内部控制矩阵

1. 预算外、超预算审批流程

部门名称	财务部		流程名称		预算外、超预算审批流程	
生效日期			概　　要		4大控制点	
单位	董事会	预算管理委员会	总经办	财务部	各执行单位	
节点	A	B	C	D	E	

	董事会 A	预算管理委员会 B	总经办 C	财务部 D	各执行单位 E
1				开始	
2				建立预算外、超预算事项授权审批制度	
3				规范预算外、超预算事项授权审批程序	
4			听取具体事项说明	产生预算外事项、超预算事项	
5			审核（未通过／通过）	提交事项原因、依据、金额测算过程等资料	
6	审批（未通过／通过）	审批（未通过）金额重大的情况（通过）	审批（未通过／通过）	审批（未通过）	申请预算外事项、超预算事项资金支付
7	（通过）		（通过）	关注重大预算项目，检查预算执行预警指标	
8				结束	

企业名称			密　级		共　页　第　页	
编制单位			签发人		签发日期	

2. 预算外、超预算审批内部控制矩阵

控制点	风险描述	控制目标	内控要求				
			控制措施	控制频率	控制类型	责任部门（岗）	控制依据
D2、D3	缺乏规范的预算外、超预算事项授权审批制度和程序，导致越权审批、违规审批、重复审批现象的发生，影响企业年度预算目标的完成	确保企业具备完善、规范的预算外、超预算事项授权审批制度和程序	1. 建立健全预算外、超预算事项授权审批制度 2. 加强对于预算外、超预算事项的管理 3. 规范预算外、超预算事项授权审批程序	按需不定期	职责分工	财务部经理	"企业全面预算管理制度""预算执行授权审批制度"
E5	未提交有关超预算、预算外支付的原因、依据和金额测算过程等资料，或提交的相关资料不完整、不真实，存在造假问题，影响年度预算目标的达成，危害预算执行管理，导致企业利益受损	确保所有预算外、超预算事项的背景资料都真实、有效	1. 加强对于预算外、超预算事项的资料审查 2. 设置预算外、超预算事项资料提交要求 3. 安排专人检查并核对预算外、超预算事项资料的真实性和有效性	按需不定期	职责分工	各执行单位负责人	"预算执行授权审批制度"

控制点	风险描述	控制目标	内控要求				
			控制措施	控制频率	控制类型	责任部门（岗）	控制依据
A6、B6、C6、D6	预算外、超预算事项授权审批过程不严格，或审批权限不清晰、不明确，管理责任缺失，导致越权审批、无效审批、重复审批等情况发生，影响预算外、超预算事项的执行效率和管理严肃性	确保所有预算外、超预算事项都经过严格、规范、高效、有序的审批过程	1．强化对预算外、超预算事项的审批管理 2．建立预算外、超预算事项授权审批责任制 3．规范预算外、超预算事项的批准条件	按需不定期	授权及批准	董事长	"预算执行授权审批制度"
D7	缺乏对于重大预算项目的特别关注制度，导致对于重大预算项目的关注度不够，影响企业重大生产经营活动的成果；未建立科学的预算执行预警指标机制，导致对于预算执行问题和风险的预防能力较差，不能够及时处理严重预算执行问题，影响企业生产经营活动的发展	确保对于企业重大预算项目进行严格监控，具备现代化的预算执行监控和预警手段	1．密切跟踪如工程项目、对外投融资等重大预算项目的实施进度和完成情况 2．密切跟踪、检查重大的关键性预算指标 3．选择科学的预警指标，确定合理的预警范围 4．推进和实施预算管理的信息化，提高预警与应对水平	按需不定期	关键绩效指标	财务部经理	"重大预算项目特别关注制度""预算执行工作制度"

15.2.3　预算分析、调整流程与内部控制矩阵

1. 预算分析、调整流程

部门名称	财务部		流程名称	预算分析、调整流程
生效日期			概　　要	5大控制点
单位	董事会	预算管理委员会	财务部	各执行单位
节点	A	B	C	D

企业名称			密级	共　页　第　页
编制单位			签发人	签发日期

2. 预算分析、调整内部控制矩阵

控制点	风险描述	控制目标	内控要求				
			控制措施	控制频率	控制类型	责任部门（岗）	控制依据
C3	预算分析不正确、不科学、不及时，导致预算执行控制的效果较差，或导致后续预算考评工作不客观、不公平；各预算执行单位未参与预算执行分析会议，或预算执行分析会议完全由财务部主导，各预算执行单位参与度较低，导致预算分析结果脱离实际	确保财务部和各执行单位共同召开预算执行分析会议，保证会议质量	1. 建立预算执行情况分析制度 2. 定期召开预算执行分析会议	每月	职责分工	财务部经理	"预算执行情况分析制度"
C4	对预算执行差异原因的分析不准确、不到位，解决措施制定得不合理、不得力，导致预算分析成果较差，预算执行分析工作形同虚设	确保预算分析结果准确、合理，改进措施制定科学、有效	1. 加强对预算分析流程和方法的控制 2. 充分收集有关财务、业务、市场、技术、政策、法律等方面的信息资料 3. 根据不同情况分别采用比率分析、比较分析、因素分析等方法，从定量与定性两个层面充分反映预算执行单位的现状、发展趋势及其存在的潜力 4. 采取恰当措施处理预算执行偏差	每月	职责分工	财务部经理	"预算执行情况分析制度"

控制点	风险描述	控制目标	内控要求				
			控制措施	控制频率	控制类型	责任部门（岗）	控制依据
D5	预算调整的依据不充分、不合规，预算调整的条件不满足，导致预算调整申请失败，或违规伪造预算调整依据，造成徇私舞弊的情况，增加损害企业利益的风险	确保预算调整满足企业规定的调整依据和条件	1．确保预算调整条件符合企业相关制度的规定 2．由于市场环境、国家政策或不可抗力等客观因素，导致预算执行发生重大差异确须调整预算的，可以申请预算调整 3．强化预算调整原则	按需不定期	职责分工	各执行单位负责人	"企业全面预算管理制度"
C6、D6	对调整预算的书面申请审核、审批程序不严格，导致预算调整随意、频繁，预算失去严肃性和"硬约束"，增加徇私舞弊的违规风险，损害企业利益	确保调整预算的书面申请经过严格的审核、审批程序，保证调整合理、正确	1．确保预算调整符合企业发展战略、年度经营目标和现实状况 2．关注预算执行中出现的重要的、非正常的、不符合常规的关键性差异方面 3．严格控制调整频率，年度调整次数应尽量少	按需不定期	授权及批准	财务部经理	"企业全面预算管理制度"

续表

控制点	风险描述	控制目标	内控要求				
			控制措施	控制频率	控制类型	责任部门（岗）	控制依据
C7	年度预算调整方案编制不合理、不全面、不严谨，导致预算调整失败，影响企业正常生产经营活动，有碍于年度预算目标的实现	确保年度预算调整方案客观、合理、可行，在经济上能够实现最优化	1. 协调有关部门和单位研究并改进欠妥的年度预算调整方案，并责成预算管理工作机构予以修改后再履行审批程序 2. 根据预算调整事项性质或预算调整金额的不同，授权相关人员进行审批 3. 依据预算调整条件，对预算调整原则严格把关，对于不符合预算调整条件的，坚决予以否决	每年	关键绩效指标	财务部经理	"企业全面预算管理制度"

15.3　预算考核流程

15.3.1　预算考核流程与内部控制矩阵

1. 预算考核流程

部门名称	财务部		流程名称	预算考核流程
生效日期			概　要	5大控制点
单位	预算管理委员会	财务部	预算责任中心	各执行单位
节点	A	B	C	D

节点				
1	开始			
2	建立预算执行考核制度			
3	组织实施预算考核			
4	界定预算考核主体和考核对象	确定预算考核周期		
5		设计预算考核指标体系	明确预算考核程序和标准	
6		整合上报中心的预算执行报告		上报预算执行报告
7		核对报告和监控信息		
8	审阅	进行月度、季度预算考核		
9		公布预算考核结果		确认本单位预算考核成绩
10		进行年度总预算考核		
11		结束		

企业名称			密　级		共　页　第　页
编制单位			签发人		签发日期

2. 预算考核内部控制矩阵

控制点	风险描述	控制目标	内控要求				
			控制措施	控制频率	控制类型	责任部门（岗）	控制依据
A2	缺乏健全、严格的预算执行考核制度，导致预算考核工作不严格、不合理、不到位，致使预算目标难以实现、预算管理流于形式	确保企业具备完善的预算执行考核制度，能够对各预算执行单位和个人进行考核	1. 建立健全预算执行考核制度 2. 学习行业内优秀企业的预算执行考核管理经验 3. 加强对预算执行考核的全程管理	按需不定期	职责分工	预算管理委员会主任	"预算执行考核制度"
A4	对预算考核主体和考核对象的界定不合理，影响预算考核的实施程序和结果，导致预算考核最终结果不理想，与实际情况有较大出入	确保预算考核主体和考核对象的界定遵循规定的原则	1. 设立考核主体为预算管理委员会和内部各级预算责任中心 2. 设立考核对象为企业内部各级预算责任单位和相关个人 3. 遵循上级考核下级原则、逐级考核原则、预算执行与预算考核相互分离原则	按需不定期	职责分工	预算管理委员会主任	"预算执行考核制度"
B5	预算考核指标体系设计不科学、不合理，与实际预算执行情况相去甚远，因过于理论化而无法实际应用于预算考核工作，导致预算考核工作的推进受到影响	确保设计的预算考核指标体系具备可控性、可达到性和明晰性	1. 设计预算考核指标体系要以各责任中心承担的预算指标为主 2. 增加一些全局性的预算指标和与其关系密切的相关责任中心的预算指标 3. 设置定量指标为主要指标，同时根据实际情况辅之以适当的定性指标	按需不定期	职责分工	财务部经理	"预算执行考核制度"

续表

控制点	风险描述	控制目标	内控要求				
			控制措施	控制频率	控制类型	责任部门（岗）	控制依据
C5	预算考核程序和标准不明确、不清晰、不公正、不透明，致使各责任中心和执行单位不理解、难配合，影响预算考核工作的权威性和内部公信力	确保预算考核程序和标准透明、公正、清晰、明确，达到理想的考核目的	1．公开全面预算的考核程序、考核标准等 2．设定预算执行报告作为预算考核的基本依据 3．设置预算考核问询途径	按需不定期	职责分工	预算责任中心负责人	"预算执行考核制度"
B9	预算考核结果不公开，或公平性、客观性标准有缺陷、有失公允，导致各执行单位对预算考核结果有较大非议，影响预算目标的达成，不利于企业内部团结	确保预算考核结果公平、公正，及时公开，以客观事实为依据，真实反映预算执行情况	1．公开预算考核的结果 2．公开各级预算考核的管理责任人 3．公开预算考核问题的反馈或举报途径	每月	关键绩效指标	财务部经理	"预算执行考核制度"

15.3.2　考核奖惩流程与内部控制矩阵

1. 考核奖惩流程

部门名称	财务部	流程名称	考核奖惩流程
生效日期		概　要	5大控制点

单位	预算管理委员会	财务部	各执行单位
节点	A	B	C

1		开始	
2		公布各执行单位预算考核结果	
3		设计预算考核奖励措施	
4		设计预算考核惩罚措施	
5		确定各执行单位奖惩差距	
6	未通过　审批	综合平衡，编制预算考核奖惩方案	
7	通过	公布各执行单位预算考核奖惩结果	领取奖惩通知，沟通奖惩异议
8		落实预算考核奖惩结果，及时执行	
9		结束	

企业名称		密　级		共　页　第　页
编制单位		签发人		签发日期

2. 考核奖惩内部控制矩阵

控制点	风险描述	控制目标	内控要求				
			控制措施	控制频率	控制类型	责任部门（岗）	控制依据
B3、B4	预算考核奖惩措施设计不合理，无法体现预算执行考核结果与各执行单位以及员工的薪酬、职位等挂钩，导致预算奖惩措施设计失败，影响预算考核奖惩工作的开展	确保预算考核奖惩措施的设计体现劳动价值和企业文化，能够切实提高员工的积极性	1. 根据企业实际情况设计预算考核奖惩措施 2. 学习标杆企业的相关经验 3. 设置关于预算考核奖惩措施的员工建议途径	按需不定期	职责分工	财务部经理	"预算考核奖惩管理办法"
B5	未充分考虑各职能部门之间的分工差异，预算考核奖惩措施无法体现各部门承担的工作难易程度和技术含量，导致预算考核奖惩措施设计不合理，单一化、扁平化，影响预算考核奖惩实际效果	确保预算考核奖惩措施设计包含了工作因难易程度和技术含量带来的奖惩差距	1. 设置特殊的预算考核奖惩措施 2. 根据工作难易程度和技术含量等影响因素调整奖惩措施 3. 参考标杆企业的预算考核奖惩措施设计案例	按需不定期	职责分工	财务部经理	"预算考核奖惩管理办法"

控制点	风险描述	控制目标	内控要求				
			控制措施	控制频率	控制类型	责任部门（岗）	控制依据
B6	预算考核奖惩方案的编制未以实现全面预算目标为首要原则，或奖惩方案未遵循公平合理、奖惩并存的原则，导致预算考核奖惩方案审批失败，影响预算考核奖惩工作进程	确保编制的预算考核奖惩方案公平合理、奖惩并存，能不断促进全面预算目标的实现	1. 遵循公平合理、奖惩并存的原则 2. 坚持以实现全面预算目标为首要原则 3. 加强对预算考核奖惩方案的审批管理	按需不定期	关键绩效指标	财务部经理	"预算考核奖惩管理办法"
B7	预算考核奖惩结果不公开，或公开不及时、事后公开，导致各执行单位对奖惩工作产生非议，破坏企业内部团结，影响全面预算目标的达成	确保预算考核奖惩结果向各执行单位及时公开	1. 加强对于预算考核奖惩结果公开的管理 2. 提高相关人员的工作效率	每月	关键绩效指标	财务部经理	"预算考核奖惩管理办法"
B8	预算考核奖惩结果公布后未落实，或执行不及时，导致预算考核奖惩工作的激励和警示作用减弱，影响考核奖惩工作的实际效力	确保预算考核奖惩结果得到及时落实、完全落实	1. 防止在奖惩实施中添加人情因素 2. 遵循预算考核奖惩管理办法的规定 3. 规范预算考核奖惩措施的兑现程序	每月	关键绩效指标	财务部经理	"预算考核奖惩管理办法"

第 16 章

合同管理

16.1 合同的订立流程

16.1.1 合同订立流程与内部控制矩阵

1. 合同订立流程

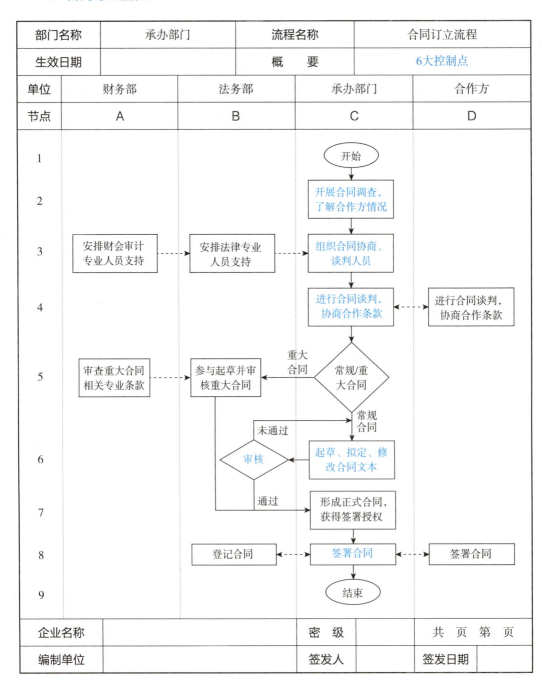

部门名称	承办部门		流程名称	合同订立流程
生效日期			概　　要	6大控制点
单位	财务部	法务部	承办部门	合作方
节点	A	B	C	D

企业名称		密　级		共　页　第　页
编制单位		签发人		签发日期

2. 合同订立内部控制矩阵

控制点	风险描述	控制目标	内控要求				
			控制措施	控制频率	控制类型	责任部门（岗）	控制依据
C2	忽视对合作方主体资格的审查，准合同对象不具有相应民事权利能力和民事行为能力或不具备特定资质，与不具备代理权或越权代理的主体签订合同，导致合同订立无效，或引发潜在风险；在合同签订前错误判断合作方的信用状况，致使企业蒙受损失	确保企业对于合作方的实际背景情况和履约能力有全面、准确的掌握	1. 审查合作方的身份证件、法人登记证书、资质证明、授权委托书等证明原件 2. 获取合作方经审计的财务报告、以往交易记录等财务和非财务信息 3. 进行现场调查，实地了解和全面评估合作方的生产能力、技术水平、产品类别和质量等生产经营情况，分析其合同履约能力	按需不定期	关键绩效指标	承办部门经理	《中华人民共和国民法典》"企业合同管理制度"
C3	合同协商、谈判人员经验不足，协商、谈判团队缺乏技术、法律和财务等相关人员的专业支持，导致企业利益受损	成功组建一支优秀的协商、谈判团队	1. 组织法律、技术、财会等专业人员参与协商、谈判 2. 聘请外部专家参与相关工作 3. 加强保密工作，严格落实责任追究制度	按需不定期	关键绩效指标	承办部门经理	"企业合同管理制度"

控制点	风险描述	控制目标	内控要求				
			控制措施	控制频率	控制类型	责任部门（岗）	控制依据
C4	忽略合同重大问题或在重大问题上作出不当让步，泄露本企业谈判策略，导致企业在谈判中处于不利地位	实现合同谈判目标，保障企业利益	1. 收集谈判对手资料，熟悉谈判对手情况 2. 研究国家相关法律法规、行业监管政策、产业政策、同类产品或服务价格等与谈判内容相关的信息，正确制定谈判策略 3. 关注合同的核心内容、条款和关键细节	按需不定期	关键绩效指标	承办部门经理	"企业合同管理制度"
C6	合同文本与国家法律法规、行业产业政策、企业总体战略目标或特定业务经营目标发生冲突；合同文本内容和条款不完整、表述不严谨、不准确，或存在重大疏漏和欺诈，导致企业合法利益受损	确保合同拟定文本反映双方协商、谈判结果，内容准确，合法合规	1. 选用国家或行业的合同示范文本，对涉及权利与义务关系的条款应当进行认真审查，并根据实际情况进行修改 2. 规范使用企业合同标准文本 3. 审核合同需求与国家法律法规、产业政策、企业整体战略目标的关系 4. 考察合同是否以生产经营计划、项目立项书等为依据	按需不定期	关键绩效指标	承办部门经理	《中华人民共和国民法典》"企业合同管理制度"

续表

控制点	风险描述	控制目标	内控要求				
			控制措施	控制频率	控制类型	责任部门（岗）	控制依据
B6	法务部合同审核人员因专业素质或工作态度原因未能发现合同文本中的不当内容和条款；合同审核人员虽然通过审核发现问题但未提出恰当的修订意见，致使合同文本中的不当内容和条款未被纠正，导致合同文本存在漏洞，给企业带来潜在风险	确保合同文本的内容合法合规，符合企业的经济利益，双方责任、义务和争议约定清晰	1. 审核合同文本的合法性、经济性、可行性和严密性等 2. 检查合同文本的主体、内容和形式是否合法，合同文本是否符合企业的经济利益，对方当事人是否具有履约能力，合同权利和义务、违约责任和争议解决条款是否明确等 3. 组织财会部门、内部审计部、法务部等业务关联的相关部门对合同文本进行审核	按需不定期	审查核对	法务部经理	《中华人民共和国民法典》"企业合同管理制度"
C8	超越权限签署合同，签署后的合同被篡改，合同签署手续不全，导致合同订立无效	确保合同由双方的合法当事人共同签署，实现合同订立的合法性和有效性	1. 按照规定的权限和程序与对方当事人签署合同 2. 采取恰当的防伪措施，防止已签署的合同被篡改 3. 按照国家有关法律、行政法规规定，须办理批准、登记等手续之后方可生效的合同，应当及时按规定办理相关手续	按需不定期	授权及批准	承办部门经理	"企业合同管理制度"

16.1.2　合同专用章保管流程与内部控制矩阵

1. 合同专用章保管流程

部门名称	法务部		流程名称		合同专用章保管流程	
生效日期			概　要		5大控制点	
单位	法务部		承办部门		合作方	
节点	A		B		C	

节点			
1	开始		
2	制定合同专用章保管制度		
3	明确合同专用章使用、保管程序		
4	未通过	拟定合同，编号审批，获取签署授权	
5	审批	完成签字，申请使用合同专用章	
6	收回合同专用章，妥善保管　通过	获批使用合同专用章，加盖合同文本	加盖骑缝章、使用防伪印记、使用不可编辑的电子文档格式等
7	记录合同专用章使用情况		
8	查明合同专用章遗失或被盗问题，并妥善处理		
9	结束		

企业名称			密　级		共　页　第　页	
编制单位			签发人		签发日期	

2. 合同专用章保管内部控制矩阵

控制点	风险描述	控制目标	内控要求				
			控制措施	控制频率	控制类型	责任部门（岗）	控制依据
A2	缺乏严格的合同专用章保管制度，对于合同专用章的使用没有完善的管理规范，导致企业合同专用章使用混乱，造成巨大的潜在风险	确保企业合同专用章使用正当、管理规范、保管妥当，未发生重大违规事故	1．依照国家有关印章使用管理规定，制定企业合同专用章保管制度 2．完善合同专用章保管与使用规范	按需不定期	职责分工	法务部经理	"企业合同专用章保管制度"
B5	未按规定获取合同签署授权，未完成企业法定代表人或授权的代理人签字，违规申请使用合同专用章，存在舞弊风险，导致企业利益受损	确保合同专用章的使用申请符合其管理规定和手续要求	1．落实企业合同专用章保管制度 2．强化对合同专用章使用申请的检查 3．统一合同专用章使用的申请条件和手续标准	按需不定期	授权及批准	承办部门经理	"企业合同专用章保管制度"
B6	未按照审批结果加盖特定的合同文本、在空白的合同文本上先行加盖合同专用章、擅自出借合同专用章等，导致出现营私舞弊问题，损害企业利益	确保合法合规使用合同专用章，预防违规违纪风险	1．指定专人保管企业合同专用章，并对合同专用章的使用进行管理 2．制定合同专用章使用登记表，及时记录每次的用章情况 3．统一用章规范，指导正确用章	按需不定期	授权及批准	承办部门经理	"企业合同专用章保管制度"

控制点	风险描述	控制目标	内控要求				
			控制措施	控制频率	控制类型	责任部门（岗）	控制依据
A6	未按照保管制度的规定及时收回合同专用章，致使合同专用章被他人违规使用，或印章遗失、被盗等，导致企业面临巨大的潜在风险	确保合同专用章使用后被及时收回，并妥当保管，避免意外情况的发生	1. 检查、核对合同专用章的使用情况和收回情况 2. 落实合同专用章管理人员的岗位责任 3. 加强对合同专用章使用的管理、监督	按需不定期	关键绩效指标	法务部经理	"企业合同专用章保管制度"
A8	对合同专用章保管不当，未及时发现印章遗失或被盗情况，致使合同专用章的使用管理失控，增加企业风险，导致企业陷入纠纷或诉讼事件，损害企业利益	确保合同专用章得到妥善保管，未发生重大保管事故，保护企业品牌和信誉	1. 检查、核对合同专用章的保管情况 2. 采取妥善措施处理印章遗失或被盗问题，最大程度消除可能的负面影响 3. 强化合同专用章保管问题的追责机制，不断提高印章保管工作水平	每日	关键绩效指标	法务部经理	"企业合同专用章保管制度"

16.2　合同的履行流程

16.2.1　合同履行流程与内部控制矩阵

1. 合同履行流程

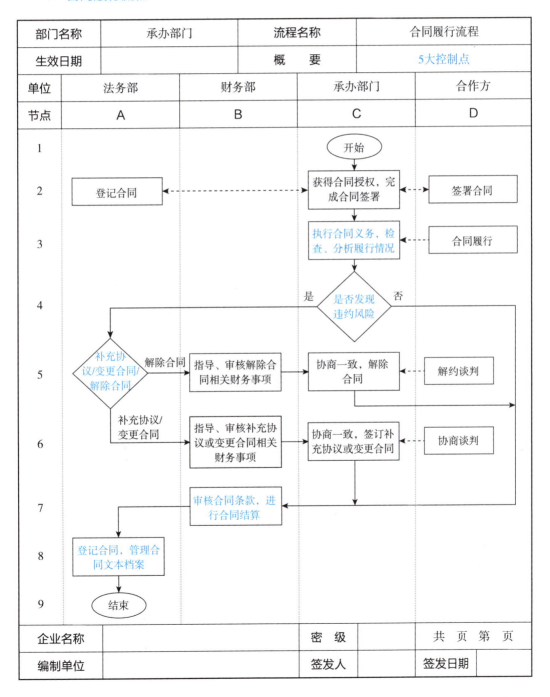

部门名称	承办部门		流程名称	合同履行流程
生效日期			概　要	5大控制点
单位	法务部	财务部	承办部门	合作方
节点	A	B	C	D

企业名称		密　级		共　页　第　页
编制单位		签发人		签发日期

2. 合同履行内部控制矩阵

控制点	风险描述	控制目标	内控要求				
			控制措施	控制频率	控制类型	责任部门（岗）	控制依据
C3	未在合同履行过程中持续关注合作方的资信变化，致使企业蒙受损失；对合作方的履行能力给出不当评价，将不具备持续履行能力的企业或单位确定为合作方；未对合同的履行情况进行有效监控，导致企业对于合同履行情况缺乏了解，增加潜在风险	确保企业对于合作方有全面的了解，准确掌握合同履行的实际情况	1．强化对合同履行情况及效果的检查、分析和验收 2．全面、适当地执行本企业义务，敦促对方积极执行合同，确保合同全面、有效履行 3．安排专人监控合作方的合同履行情况	每月	关键绩效指标	承办部门经理	"企业合同履行情况评估制度"
C4	未能发现合同履行过程中的违约风险，导致企业利益遭受损失	确保企业对于合同违约风险有充分的认识	1．提高识别合同违约风险的专业能力 2．提示风险，并快速采取相应措施将合同损失降到最低	每月	审查核对	承办部门经理	"企业合同履行情况评估制度"

续表

控制点	风险描述	控制目标	内控要求				
			控制措施	控制频率	控制类型	责任部门（岗）	控制依据
A5	合同生效后，对合同条款未明确约定的事项没有及时签订补充协议，导致合同无法正常履行；在合同履行过程中，未能及时发现已经或可能导致企业利益受损的情况，从而未能及时采取解除合同、变更合同等有效措施来降低或规避企业利益受损的风险	确保企业能够维护自身利益，妥善采取签订补充协议、变更合同、解除合同等方法处理各类问题	1. 加强对于合同没有约定或约定不明确的内容的检查，及时签订补充协议 2. 加强对于显失公平、条款有误或存在欺诈行为的合同的检查，并制定对应的处理措施 3. 加强对于因政策调整、市场变化等客观因素已经或可能导致企业利益受损的合同的检查，并制定对应的处理措施	每月	审查核对	法务部经理	"企业合同履行情况评估制度"
B7	违反合同条款，未按合同规定期限、金额或方式付款；疏于管理，未能及时催收到期合同款项；在没有合同依据的情况下，盲目付款、违规付款，导致企业财产损失	确保企业合同结算严谨、准确，无重大财产损失事故发生	1. 按照合同规定付款，及时催收到期欠款 2. 加强付款审核程序，未按合同条款履约或应签订书面合同而未签订的，财务部有权拒绝付款 3. 设置严格的付款审核标准和执行程序	按需不定期	关键绩效指标	财务部经理	"企业合同结算管理办法"

续表

控制点	风险描述	控制目标	内控要求				
			控制措施	控制频率	控制类型	责任部门（岗）	控制依据
A8	未及时进行合同登记，未按照规定对合同文本档案进行管理，造成合同文本档案不全、秘密泄露、合同滥用等情况，导致企业利益受损	确保合同登记及时，对合同文本档案管理严格、保管妥当、使用规范，维护企业经济利益	1. 加强合同登记管理，充分利用信息化手段，定期对合同进行统计、分类和归档，详细登记合同的订立、履行和变更、终结等情况 2. 合同终结应及时办理销号和归档手续，以实行对合同的全过程封闭管理 3. 建立合同文本档案统一分类和连续编号制度，以防止或及早发现合同文本档案的遗失 4. 加强合同信息安全保密工作，未经批准，任何人不得以任何形式泄露合同订立与履行过程中涉及的商业秘密 5. 规范合同管理人员职责，明确合同流转、借阅和归还的职责权限和审批程序等有关要求	按需不定期	关键绩效指标	法务部经理	"合同文本档案统一分类和连续编号制度""企业合同登记管理制度"

16.2.2　合同纠纷处理流程与内部控制矩阵

合同违约与纠纷
处理制度

1．合同纠纷处理流程

部门名称	法务部		流程名称	合同纠纷处理流程
生效日期			概　要	5大控制点
单位	总经办	法务部	承办部门	对方当事人
节点	A	B	C	D

1　开始

2　检查、监督合同履行情况

3　查明合同履行问题意见分歧原因　←　出现合同履行问题意见分歧

4　指导跟进　→　进行合同纠纷协商、沟通　←→　进行合同纠纷协商、沟通

5　审阅　←　审阅　←　汇报合同纠纷沟通与协商情况

6　意见协商是否一致　是

7　整理文件、凭证等，准备仲裁或诉讼　／　根据合同纠纷协商结果，签订书面协议　←→　根据合同纠纷协商结果，签订书面协议　（否）

8　递交申请，进行仲裁和诉讼

9　确定仲裁和诉讼结果，解决合同纠纷　→　执行合同纠纷处理措施　←→　执行仲裁和诉讼结果

10　结束

企业名称		密　级		共　页　第　页
编制单位		签发人		签发日期

2. 合同纠纷处理内部控制矩阵

控制点	风险描述	控制目标	内控要求				
			控制措施	控制频率	控制类型	责任部门（岗）	控制依据
C4	未在规定时效内与对方当事人就合同纠纷及时进行协商、沟通，导致合同双方的纠纷意见和分歧进一步扩大，或超出一定的时效后企业无法进行合同维权，损害企业利益	确保企业对于合同履行过程中的合同纠纷有高效的监管手段	1. 提高合同承办部门的专业水平 2. 指定专人负责合同纠纷问题的相关监管工作 3. 遵守国家相关法律法规	按需不定期	关键绩效指标	承办部门经理	"企业合同纠纷管理制度"
C5	未按照规定权限和程序及时汇报合同纠纷的协商、沟通情况，或缺乏对于合同纠纷的调查说明资料，导致企业管理层对于合同纠纷情况缺乏了解和控制，影响企业决策	确保合同纠纷报告能准确、全面地反映实际情况，协助领导及时作出处理决策	1. 落实合同纠纷汇报程序，并严格执行 2. 提高对合同纠纷管理的风险意识 3. 设置合同纠纷汇报的标准和要求	按需不定期	关键绩效指标	承办部门经理	"企业合同纠纷管理制度"
B6	对于合同纠纷的协商、沟通情况判断不专业，处理不妥当，致使合同纠纷进一步扩大，加剧双方矛盾，导致企业面临的风险进一步增大	确保对于合同纠纷的协商、沟通结果处理妥当，在保护企业利益的同时谋求共赢	1. 提高法务部合同纠纷相关经办人员的专业能力 2. 完善合同纠纷的处理程序，形成规范、严谨的专业步骤 3. 遵守企业管理层的指示意见	按需不定期	授权及批准	法务部经理	"企业合同纠纷管理制度"

续表

控制点	风险描述	控制目标	内控要求				
			控制措施	控制频率	控制类型	责任部门（岗）	控制依据
C7	未就合同纠纷问题协商一致的内容及时签订书面协议，致使合同纠纷协商结果无法得到有效的证明、无法及时得到固定，导致合同纠纷问题反复出现，损害企业利益	确保通过签订书面协议的方式固定合同纠纷协商结果	1. 采用具有法律效应的书面协议 2. 遵守企业合同纠纷处理相关规定 3. 落实企业合同纠纷处理管理程序	按需不定期	授权及批准	承办部门经理	"企业合同纠纷管理制度"
B9	未及时通过仲裁或诉讼的方式维护企业合理利益，或相关证据资料保存不完整，致使财产保全申请不及时、仲裁失败、诉讼失利等，导致企业利益进一步受损	确保通过仲裁或诉讼方式维护在合同纠纷无法协商情况下的企业合理利益	1. 组建专业的仲裁或诉讼队伍，应对相关工作 2. 加强对仲裁或诉讼的证据收集和管理 3. 利用法律工具保全或追讨企业合法利益	按需不定期	关键绩效指标	法务部经理	"企业合同纠纷管理制度"

第 17 章

内部信息传递

17.1 内部报告的形成流程

17.1.1 内部报告形成流程与内部控制矩阵

1. 内部报告形成流程

部门名称	行政管理部		流程名称	内部报告形成流程
生效日期			概　要	5大控制点
单位	董事会	总经办	行政管理部	起草和制定部门
节点	A	B	C	D

流程图节点：

1　开始

2　规划不同级别的内部报告标准

3　建立内部报告指标体系

4　获取、汇总企业外部信息

5　收集、整理企业内部信息

6　分析企业内外部信息，建立模型，提取重要数据

7　审核（通过／未通过）→ 审阅（重大报告）→ 审阅；形成总结性结论，编制内部报告

8　复核重要信息，准备传递流转

9　结束

企业名称			密　级		共　页　第　页
编制单位			签发人		签发日期

2. 内部报告形成内部控制矩阵

控制点	风险描述	控制目标	内控要求				
			控制措施	控制频率	控制类型	责任部门（岗）	控制依据
C3	内部报告指标体系的设计未能结合企业的发展战略、风险控制和业绩考核要求；内部报告指标体系级次混乱，缺乏科学合理性；内部报告指标体系与全面预算管理要求相脱节，并且一旦设定后未能根据环境和业务变化有所调整	确保能够建立一套级次分明、科学合理的企业内部报告指标体系	1. 研究企业的发展战略、风险控制要求和业绩考核标准，根据各管理层级对信息的需求和详略程度建立内部报告指标体系 2. 对内部报告指标进行细化，层层分解，使企业中各责任中心及各相关职能部门都有自己明确的目标 3. 依据全面预算的标准进行相关内部报告指标体系设计，使得内部报告能够呈现预算控制的过程和结果	按需不定期	职责分工	行政管理部经理	"企业内部报告制定规范"

续表

控制点	风险描述	控制目标	内控要求				
			控制措施	控制频率	控制类型	责任部门（岗）	控制依据
D4、D5	收集的企业内外部信息过于散乱，不能突出重点内容；企业内外部信息的内容准确性差，据此信息进行的管理决策容易误导经营活动；企业获取内、外部信息的成本过高，违反了成本效益原则	确保企业获取真实、准确、有效的内外部信息	1．通过行业协会组织、社会中介机构、业务往来单位、市场调查、来信来访、网络媒体以及有关监管部门等渠道获取外部信息 2．通过财务会计资料、经营管理资料、调研报告、专项信息、内部刊物、办公网络等渠道获取内部信息 3．根据内部报告特定服务对象的需求，选择在信息收集过程中应重点关注的信息类型和内容 4．审核和鉴别内、外部资料，对已经筛选的资料作进一步的检查，确定其真实性和合理性	按需不定期	关键绩效指标	起草和制定部门经理	"企业内部报告制定规范"

控制点	风险描述	控制目标	内控要求				
			控制措施	控制频率	控制类型	责任部门（岗）	控制依据
D6	未对企业内外部信息进行重要内容筛选、抽取；未根据各管理层级对内部报告的信息需求和先前制定的内部报告指标来建立各种模型，致使数据提取和反馈、汇总的质量存在缺陷	确保对企业内外部信息进行全面的分析和研究，通过科学的模型提取出有效的使用数据	1．规范内外部信息筛选、抽取步骤 2．建立各类信息模型，并不断改造升级 3．遵循内部报告指标体系的要求和规定	按需不定期	关键绩效指标	起草和制定部门经理	"企业内部报告制定规范"
D7	内部报告未能根据各内部使用部门的需求进行编制，未对发展趋势、策略规划、前景预测等提供重要的分析指导，导致内部报告的内容不完整，要求不达标，编制不及时	确保内部报告的编制符合要求	1．围绕内部报告使用者的信息需求，以内部报告指标体系为基础，编制内容全面、简洁明了、通俗易懂的内部报告 2．设计内部报告编制程序，提高编制效率	按需不定期	关键绩效指标	起草和制定部门经理	"企业内部报告制定规范"

续表

控制点	风险描述	控制目标	内控要求				
			控制措施	控制频率	控制类型	责任部门（岗）	控制依据
C7	缺乏完善的内部报告审核机制，导致未经审核即向有关部门传递内部报告的情况出现，影响企业经营活动，增加业务管理潜在风险	确保内部报告的信息质量	1. 建立内部报告审核制度，设定审核权限 2. 落实内部报告的起草与审核岗位分离原则 3. 委派专门人员复核重要信息	按需不定期	审查核对	行政管理部经理	"企业内部报告审核制度"

17.1.2　内部报告流转流程与内部控制矩阵

1.　内部报告流转流程

部门名称	行政管理部		流程名称		内部报告流转流程
生效日期			概　　要		4大控制点
单位	董事会	监事会	总经办	行政管理部	起草和制定部门
节点	A	B	C	D	E

节点	流程
1	开始
2	制定内部报告传递制度
3	制定内部报告传递流程
4	纳入企业统一信息平台
5	构建内部报告网络体系
6	编制企业内部报告
7	检查内部报告各级流转记录　←　通过审核，进入流转环节
8	更新并优化信息系统或企业统一信息平台
9	审阅　←　审阅　←　审阅　←　越级汇报重要紧急信息
10	作出决议决策　→　执行决议决策
11	结束

企业名称		密　级		共　页　第　页
编制单位		签发人		签发日期

2. 内部报告流转内部控制矩阵

控制点	风险描述	控制目标	内控要求				
			控制措施	控制频率	控制类型	责任部门（岗）	控制依据
D3、D4、D5	企业缺乏内部报告传递流程，没有严密的内部报告流转程序，使用信息技术和信息系统传递内部报告的情况较差，导致内部报告的传递不及时、不规范，增加泄露企业秘密的潜在风险，损害企业利益	确保企业具备科学合理的内部报告传递流程，并将内部报告纳入企业统一信息平台	1. 制定严密的内部报告传递流程 2. 强化内部报告信息集成和共享，将内部报告纳入企业统一信息平台，构建科学的内部报告网络体系 3. 指定专人负责管理层级的内部报告工作	按需不定期	职责分工	行政管理部经理	"企业内部报告传递管理制度"
D7	内部报告未按照传递流程进行流转，传递过程不符合企业内部报告传递管理制度的规定和要求，致使内部报告流转不及时、不规范，增加泄露企业秘密的潜在风险，损害企业利益	确保企业内部报告按照规定的传递流程进行流转，并准确记录	1. 严格按设定的传递流程进行内部报告流转 2. 记录内部报告的传递情况，各管理层级做好自身的记录工作 3. 调查未按照企业内部报告传递管理制度进行操作的事件，并及时处理	按需不定期	关键绩效指标	行政管理部经理	"企业内部报告传递管理制度"

续表

控制点	风险描述	控制目标	内控要求				
			控制措施	控制频率	控制类型	责任部门（岗）	控制依据
D8	未及时更新信息系统或企业统一信息平台的技术，致使企业内部信息和内部报告等出现传递延误、传递错误等问题，影响企业内部信息和内部报告流转的安全性和有效性	确保企业统一信息平台或信息系统等内部信息传递载体具备技术先进性，定期且及时对其进行维护与更新	1．关注信息系统或企业统一信息平台的升级和更新 2．精简信息系统的处理程序，不断提高传递效率 3．提升信息系统或企业统一信息平台的安全性	按需不定期	关键绩效指标	行政管理部经理	"企业内部报告传递管理制度"
E9	缺乏重要紧急信息越级向上汇报的程序，致使延误重要紧急信息，影响企业应对重大事件的反应效率和决策质量，损害企业利益	确保企业内部信息传递具备重要紧急信息越级直接报告机制	1．设置重要紧急信息的识别情况，规范越级直接汇报的标准 2．审核、复核内容的重要紧急程度，越级直接汇报由起草和制定部门经理提交报告 3．落实管理责任，避免因违规越级直接汇报扰乱企业管理秩序	按需不定期	授权及批准	起草和制定部门经理	"企业内部报告传递管理制度"

17.2　内部报告的使用流程

17.2.1　内部报告使用流程与内部控制矩阵

1. 内部报告使用流程

部门名称	行政管理部	流程名称	内部报告使用流程	
生效日期		概　要	5大控制点	
单位	总经办	行政管理部		报送和使用部门
节点	A	B		C

1		开始	
2		制定企业内部报告保密制度	
3		传达使用的保密管理要求和标准	获取并阅读、分析内部报告
4		监督、检查内部报告泄密情况	管理和指导日常生产经营活动
5		监督、检查内部报告泄密情况	协调企业内部业务开展进度
6		监督、检查内部报告泄密情况	反映全面预算的执行情况
7		监督、检查内部报告泄密情况	进行风险评估，识别内外部风险
8	审阅	编制内部信息使用和保密管理报告	查明重大问题，启动应急预案以及时解决问题
9		归档保存	
10		结束	

企业名称		密　级		共　页　第　页
编制单位		签发人		签发日期

2. 内部报告使用内部控制矩阵

控制点	风险描述	控制目标	内控要求				
			控制措施	控制频率	控制类型	责任部门（岗）	控制依据
B2	缺乏严格的企业内部报告保密制度，或企业内部报告保密制度不完善、不健全，致使企业内部报告保密管理工作存在漏洞，商业秘密通过企业内部报告被泄露，损害企业利益	确保企业具备完善、严格的内部报告保密制度，能够保护企业的商业秘密	1. 明确保密内容、保密措施、密级程度和传递范围，防止泄露商业秘密 2. 建立时间、空间、节点、流程等方面的内部信息传递控制 3. 通过职责分离、授权接触、监督和检查等手段防止商业秘密泄露	按需不定期	职责分工	行政管理部经理	"企业内部报告保密制度"
C3、C4	企业各级管理层在进行生产经营活动决策时，未使用内部报告、未参考内部报告提供的信息、未充分使用内部报告的数据，导致内部报告失去实际作用，影响生产经营活动决策的科学性和成功率	确保企业各级管理层人员充分利用内部报告进行有效决策	1. 设置内部报告阅读提示和使用指导 2. 提高内部报告利用率，将其与绩效考核成绩挂钩 3. 设置奖惩机制，培养内部报告使用习惯	按需不定期	关键绩效指标	报送和使用部门经理	"企业内部报告使用管理规范""企业内部报告保密制度"

控制点	风险描述	控制目标	内控要求				
			控制措施	控制频率	控制类型	责任部门（岗）	控制依据
C6	未实现预算控制与内部报告接轨，全面预算的执行情况无法通过内部报告进行反映，影响企业决策效率	确保实现内部报告与预算控制接轨	1. 设置预算控制相关指标，并将其列为必要项目 2. 提高对内部报告与预算控制接轨的控制	按需不定期	关键绩效指标	报送和使用部门经理	"企业内部报告使用管理规范""企业内部报告保密制度"
C7	内部报告未能用于风险识别和控制，或企业各级管理层人员忽视内部报告对于风险识别和控制的作用，造成内部报告信息资源的浪费，无法有效识别内外部风险，影响企业风险控制能力	确保内部报告被高效应用于企业风险识别和控制	1. 通过内部报告提供的信息，对企业生产经营管理中存在的风险进行评估 2. 准确识别和系统分析企业生产经营活动中的内外部风险 3. 提高内部报告在风险识别和控制环节的使用效率	按需不定期	关键绩效指标	报送和使用部门经理	"企业内部报告使用管理规范""企业内部报告保密制度"
C8	企业各级管理层人员对内部报告的使用程度较低，无法通过内部报告反映的内容及时发现企业生产经营活动中存在的问题	确保企业对内部报告反映出的问题进行及时解决	1. 利用内部报告的信息对生产、购售、投资、筹资等业务进行因素分析、对比分析和趋势分析 2. 涉及突出问题和重大风险的，应当启动应急预案	按需不定期	关键绩效指标	报送和使用部门经理	"企业内部报告使用管理规范""企业内部报告保密制度"

17.2.2　内部报告保管流程与内部控制矩阵

1.　内部报告保管流程

部门名称	行政管理部	流程名称	内部报告保管流程
生效日期		概　要	5大控制点
单位	总经办	行政管理部	各保管部门
节点	A	B	C

节点		
1	开始	
2	建立健全企业内部报告保管制度	
3	传达内部报告保管的保密管理要求和标准	
4		明确内部报告保管规范和管理要求
5		安排专人负责内部报告保管工作
6		区分内部报告类别，对内部报告进行整理、归类
7		确定内部报告保管年限和保管要求
8	建立电子信息保管库，储存电子内部报告	按照企业内部报告保密制度保管内部报告
9	审批　未通过／通过　管理一般申请，上报重大内部报告相关申请	内部报告销毁、重大内部报告查阅等申请
10	根据批示意见处理	
11	结束	

企业名称		密　级		共　页　第　页
编制单位		签发人		签发日期

2. 内部报告保管内部控制矩阵

控制点	风险描述	控制目标	内控要求				
			控制措施	控制频率	控制类型	责任部门（岗）	控制依据
B2	企业缺乏内部报告保管制度，或企业内部报告相关保管制度不健全、不规范，影响内部报告保管的实际效果，造成内部报告被泄露等问题发生	确保企业具备完善的内部报告保管制度，保障企业内部信息安全	1. 学习优秀标杆企业的内部信息保管制度，建立健全企业内部报告保管制度 2. 评估企业内部报告保管管理现状，提高保管能力 3. 加强对内部报告保管的保密意识	按需不定期	职责分工	行政管理部经理	"企业内部报告保管制度""企业内部报告保密制度"
C5	未按照规定安排专人负责保管各部门的内部报告，导致各保管部门的内部报告实际保管情况不符合规定，影响内部报告的传递流转和查阅使用	确保各部门的内部报告有指定保管责任人，由其负责内部报告的保管工作	1. 设置内部报告保管专门岗位 2. 指定相关专业人员保管内部报告	按需不定期	关键绩效指标	各保管部门经理	"企业内部报告保管制度"
C6	企业内部报告的分类保管工作缺乏科学的逻辑体系，内部报告的保管、存放杂乱无序，影响内部信息的流转效率和使用质量	确保各部门的内部报告分类科学、归类准确，无泄密事件发生	1. 设置科学合理的内部报告分类系统 2. 学习先进的企业内部报告管理逻辑，提高本企业内部报告分类水平 3. 考虑内部报告的查阅、对比分析等阅读需求	按需不定期	关键绩效指标	各保管部门经理	"企业内部报告保管制度""企业内部报告保密制度"

控制点	风险描述	控制目标	内控要求				
			控制措施	控制频率	控制类型	责任部门（岗）	控制依据
C7	企业内部报告保管年限设置不清晰，保管要求设置不明确，对重要内部信息和资料的实际保管期限过短，致使后续业务发生问题和纠纷时，无法给出明确证明、无法寻找内部责任人、无法确定问题原因和解决办法	确保企业内部报告具备统一划定的保管年限和保管要求	1. 根据内部报告的重要性、影响力、金额大小等因素划分保管年限 2. 根据内部报告的重要性、影响力、金额大小等因素设置保管要求和保密形式 3. 设置永久保管形式来保管重大内部报告	按需不定期	关键绩效指标	各保管部门经理	"企业内部报告保管制度"
C8	未严格按照企业内部报告保密制度的规定和要求来保管内部报告，或企业内部报告保密制度的约束标准不清晰、不明确，导致内部报告保管工作的保密要求不达标，泄露企业商业秘密，损害企业利益	确保企业内部报告保管工作无重大失误，无泄密事件发生	1. 制定严格的企业内部报告保密制度 2. 明确保密内容、保密措施、密级程度和传递范围，防止泄露商业秘密 3. 按照企业内部报告保密制度的规定保管内部报告，有关商业秘密的重要文件要由企业较高级别的管理人员负责，至少由两人共同管理，并将其放置在专用保险箱内	按需不定期	关键绩效指标	各保管部门经理	"企业内部报告保管制度" "企业内部报告保密制度"

第 18 章

信息系统

18.1　信息系统的开发流程

18.1.1　信息系统开发战略制定流程与内部控制矩阵

1. 信息系统开发战略制定流程

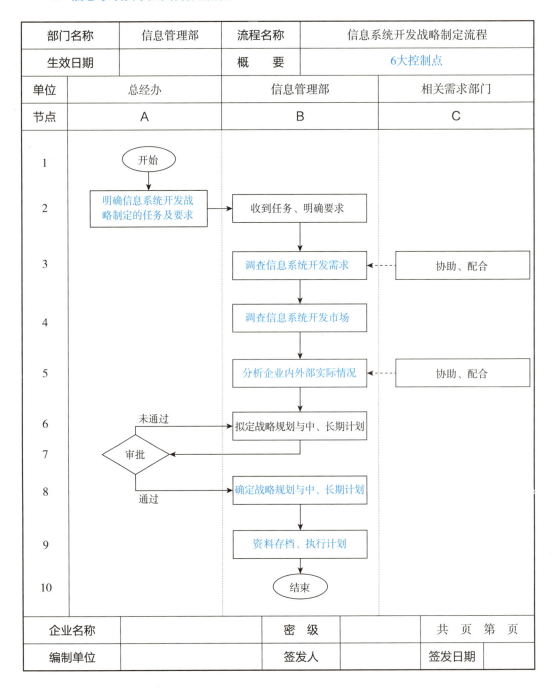

部门名称	信息管理部	流程名称	信息系统开发战略制定流程
生效日期		概　要	6大控制点
单位	总经办	信息管理部	相关需求部门
节点	A	B	C

流程图内容：

1. 开始
2. 明确信息系统开发战略制定的任务及要求 → 收到任务、明确要求
3. 调查信息系统开发需求 ← 协助、配合
4. 调查信息系统开发市场
5. 分析企业内外部实际情况 ← 协助、配合
6. 拟定战略规划与中、长期计划（未通过）
7. 审批
8. 确定战略规划与中、长期计划（通过）
9. 资料存档、执行计划
10. 结束

企业名称		密　级		共　页　第　页
编制单位		签发人		签发日期

2. 信息系统开发战略制定内部控制矩阵

控制点	风险描述	控制目标	内控要求				
			控制措施	控制频率	控制类型	责任部门（岗）	控制依据
A2	未明确信息系统开发战略制定的任务及要求，导致后续工作结果不符合预期	确保信息系统开发战略制定的任务及要求被清晰地交代出去	1. 站在战略和全局的高度亲自组织、领导展开信息系统建设工作 2. 明确企业信息系统归口管理部门 3. 统一思想、提高认识，加强对各部门的协调配合，从而推动信息系统建设在整合资源的前提下高效、协调推进	按需不定期	职责分工	总经理	"总经办工作办法"
B3	不明确企业内部各部门对信息系统开发的需求，导致后续建设的信息系统不符合企业客观实际，无法满足企业开发需求	确保后续开发的信息系统能够满足企业开发需求	1. 加强与各部门的沟通，向其详细了解其具体需求 2. 充分调动和发挥信息系统归口管理部门与业务部门的积极性，促使各部门广泛参与，充分沟通，提高战略规划的科学性、前瞻性和适应性	按需不定期	关键绩效指标	信息管理部经理	"信息管理部工作制度"
B4	不了解市场上关于信息系统开发的实际情况，导致后期开发工作出现规划不合理、盲目决策等现象	确保对信息系统开发市场行情有足够深入的了解	加强对相关领域的市场调查，尽可能收集更多的资料，也可向业内专家咨询	按需不定期	关键绩效指标	信息管理部经理	"信息管理部工作制度"

控制点	风险描述	控制目标	内控要求				
			控制措施	控制频率	控制类型	责任部门（岗）	控制依据
B5	没有将企业外部实际情况与内部实际情况相结合，导致信息系统无法很好地本地化，影响实际使用效果，降低实际工作效率	确保对企业内外部实际情况有足够深入的了解，并有相关适配思路	充分使企业的组织架构、业务范围、地域分布、技术能力等与企业内外部实际情况相匹配，避免相互脱节	按需不定期	关键绩效指标	信息管理部经理	"信息管理部工作制度"
B8	缺乏战略规划或战略规划不合理，可能造成信息孤岛或重复建设，导致企业经营管理效率低下；没有将信息化与企业业务需求结合，降低了信息系统的应用价值	确保制定的战略规划符合企业实际，能够切实地指导后续开发工作	1．制定信息系统开发的战略规划和中、长期发展计划，并在每年制订经营计划的同时制订年度信息系统建设计划，促进经营管理活动与信息系统的协调统一 2．提高对战略规划重要性的认识，强化整体观念和整合意识	按需不定期	关键绩效指标	信息管理部经理	"信息管理部工作制度"
B9	未妥善保管相关资料，导致企业商业机密被泄露，给企业执行计划带来不便	确保资料按照相关规定被妥善保管	1．严格按照企业有关规定保管资料并按时执行计划 2．加强对资料的安全性检查，定期检查并做好记录	按需不定期	审查核对	信息管理部经理	"信息管理部工作制度""企业档案管理办法"

18.1.2 需求评审、需求变更控制流程与内部控制矩阵

1. 需求评审、需求变更控制流程

部门名称	信息管理部		流程名称	需求评审、需求变更控制流程
生效日期			概　要	5大控制点
单位	总经办	信息管理部	需求评审小组	其他相关部门
节点	A	B	C	D

企业名称			密　级		共　页　第　页	
编制单位			签发人		签发日期	

2. 需求评审、需求变更控制内部控制矩阵

控制点	风险描述	控制目标	内控要求				
			控制措施	控制频率	控制类型	责任部门（岗）	控制依据
B2	没有成立需求评审小组或其他形式的评审组织，导致具体评审工作没有负责人员；需求评审小组人员结构、素质等不达标，影响评审结果的准确性和公正性	确保需求评审小组的人员数量、结构、素质等均符合要求	1. 制定需求评审小组人员要求，严格按照要求选择人员 2. 赋予需求评审小组独立工作权限，确保其不受需求产生部门的影响，提高评审工作的公正性 3. 制定"需求评审小组工作规范"，用以指导需求评审小组的工作	按需不定期	职责分工	信息管理部经理	"信息管理部工作制度"
C4	需求评审不公正、不客观、不专业，结果不符合企业实际，导致后续信息系统开发工作脱离实际	确保需求评审工作客观、专业、公正，能切实发现有效需求，剔除不必要需求	1. 提高需求评审小组人员的专业性、责任心 2. 严格遵循"需求评审小组工作规范"有关要求开展工作 3. 重点关注需求的合理性、必要性	按需不定期	关键绩效指标	需求评审小组组长	"需求评审小组工作规范"
B5	需求报告内容不准确、不客观、不完整，不符合企业对需求报告内容与形式的要求，致使需求无法通过审批，导致相关部门的需求无法及时反馈给企业有关权限部门和决策部门	确保编写的需求报告内容合理、结构完整，符合企业有关要求	1. 严格遵守企业关于需求报告编制的有关要求进行编写 2. 需求报告内容应重点把握需求的必要性与合理性 3. 加强对需求报告内容的检查与核对	按需不定期	关键绩效指标	信息管理部经理	"信息管理部工作制度"

续表

控制点	风险描述	控制目标	内控要求				
			控制措施	控制频率	控制类型	责任部门（岗）	控制依据
B7	需求变更不及时或不客观，没有切实解决问题；剔除不合理需求，导致变更后的需求还是无法通过审核，影响信息系统开发前期准备工作的进行	确保需求变更的方向、方法、结果等均符合要求，避免无效变更	1. 事先明确需求变更的有关程序，制定需求变更规则 2. 事先明确需求变更的方法，实际变更时结合具体情况操作 3. 确定需求变更的负责人，授予其变更权限，并加强对其专业能力的培养	按需不定期	关键绩效指标	信息管理部经理	"信息管理部工作制度""需求变更实施细则"
B10	需求变更报告内容不准确、不客观、不完整，不符合企业对需求变更报告内容与形式的要求；需求变更报告没有说明需求变更的原因、过程、结果等重点内容，无法体现变更前、后需求重要性，必要性的变化	确保编写的需求变更报告内容合理、结构完整，明确了变更的原因、方法、过程以及结果	1. 严格遵守企业关于需求变更报告编制的有关要求进行编写 2. 需求变更报告内容应重点把握需求变更的原因、过程以及结果，并强调需求变更后较变更前的必要性与合理性 3. 加强对需求变更报告内容的检查与核对	按需不定期	关键绩效指标	信息管理部经理	"信息管理部工作制度"

18.1.3　信息系统自主开发流程与内部控制矩阵

1. 信息系统自主开发流程

部门名称	信息管理部	流程名称		信息系统自主开发流程
生效日期		概　要		5大控制点
单位	总经办	信息管理部		其他相关部门
节点	A	B		C

节点	流程图
1	开始
2	支持、协助 → 分析企业相关开发条件
3	参与、协助
4	收集与分析需求
5	制订项目计划（未通过）
6	审批
7	进行系统设计（通过）
8	进行编程和测试
9	参与、协助
10	部署系统
11	系统使用、观察与调整
12	结束

企业名称		密　级		共　页　第　页
编制单位		签发人		签发日期

2. 信息系统自主开发内部控制矩阵

控制点	风险描述	控制目标	内控要求				
			控制措施	控制频率	控制类型	责任部门（岗）	控制依据
B4	需求本身不合理，对信息系统提出的功能、性能、安全性等方面的要求不符合业务处理和控制的需要；技术上不可行，经济上成本效益倒挂，或与国家有关法规、制度存在冲突；需求文档表述不准确、不完整，未能真实、全面地表达企业需求	确保收集并上报的需求真实、可行，符合企业实际、符合国家规定	1. 组织企业内部各有关部门提出开发需求，加强系统分析人员和有关部门的管理人员、业务人员的交流，经综合分析提炼后形成合理的需求 2. 编制表述清晰、表达准确的需求文档 3. 建立健全需求评审和需求变更控制流程	按需不定期	关键绩效指标	信息管理部经理	《GB/T 8567—1988计算机软件产品开发文件编制指南》"信息管理部工作制度"
B5	信息系统建设缺乏项目计划或者项目计划不当，导致项目进度滞后、费用超支、质量低下	确保制订的项目计划内容合理，符合企业实际，能够实际的指导信息系统开发工作	1. 根据信息系统建设整体规划提出分阶段项目的建设方案，明确建设目标、人员配备、职责分工、经费保障和进度安排等相关内容，按照规定的权限和程序审批后实施	按需不定期	关键绩效指标	信息管理部经理	《GB/T 8567—1988计算机软件产品开发文件编制指南》

控制点	风险描述	控制目标	内控要求				
			控制措施	控制频率	控制类型	责任部门（岗）	控制依据
B5	信息系统建设缺乏项目计划或者项目计划不当，导致项目进度滞后、费用超支、质量低下	确保项目计划内容合理，符合企业实际，能够实际的指导信息系统开发工作	2. 采用标准的项目管理软件制订项目计划，并加以跟踪 3. 项目关键环节编制的文档应参照《GB/T 8567—1988计算机软件产品开发文件编制指南》等相关国家标准和行业标准进行，以提高项目计划编制水平	按需不定期	关键绩效指标	信息管理部经理	《GB/T 8567—1988计算机软件产品开发文件编制指南》
B7	设计方案不能完全满足用户需求，不能实现需求文档规定的目标；设计方案未能有效控制建设开发成本，不能保证建设质量和进度；设计方案不全面，导致后续变更频繁；设计方案没有考虑信息系统建成后对企业内部控制的影响，导致系统运行后衍生新的风险	确保系统设计有专业、合理的方案指导；确保设计工作高效、规范地进行并结束	1. 应当就总体设计方案与业务部门进行沟通和讨论 2. 参照相关国家标准和行业标准，提高系统设计说明书的编写质量 3. 应建立设计评审制度和设计变更控制流程 4. 充分考虑信息系统建成后的控制环境 5. 充分考虑信息系统环境下的新的控制风险 6. 应当针对不同的数据输入方式，强化对进入系统数据的检查和校验功能	按需不定期	关键绩效指标	信息管理部经理	《GB/T 8567—1988计算机软件产品开发文件编制指南》

续表

控制点	风险描述	控制目标	内控要求				
			控制措施	控制频率	控制类型	责任部门（岗）	控制依据
B7	设计方案不能完全满足用户需求，不能实现需求文档规定的目标；设计方案未能有效控制建设开发成本，不能保证建设质量和进度；设计方案不全面，导致后续变更频繁；设计方案没有考虑信息系统建成后对企业内部控制的影响，导致系统运行后衍生新的风险	确保系统设计有专业、合理的方案指导；确保设计工作高效、规范地进行并结束	7. 应当考虑在信息系统中设置操作日志功能，确保操作的可审计性 8. 预留必要的后台操作通道，对于必需的后台操作，应当加强管理，建立规范的操作流程	按需不定期	关键绩效指标	信息管理部经理	《GB/T 8567—1988计算机软件产品开发文件编制指南》
B8	编程结果与设计不符；各程序员编程风格差异大，程序可读性差，导致后期维护困难，维护成本高；缺乏有效的程序版本控制，导致重复修改或修改不一致等问题；测试不充分，导致系统上线后可能出现严重问题	确保测试工作能全面发现程序问题，使开发的系统没有运行问题，符合企业实际需要	1. 建立并执行严格的代码复查评审制度 2. 建立并执行统一的编程规范，在标识符命名、程序注释等方面统一风格 3. 应使用代码版本控制软件系统（如CVS），保证所有开发人员基于相同的组件环境开展项目工作，协调开发人员对程序进行修改	按需不定期	关键绩效指标	信息管理部经理	"代码复查评审制度"

控制点	风险描述	控制目标	内控要求				
			控制措施	控制频率	控制类型	责任部门（岗）	控制依据
B8	编程结果与设计不符；各程序员编程风格差异大，程序可读性差，导致后期维护困难，维护成本高；缺乏有效的程序版本控制，导致重复修改或修改不一致等问题；测试不充分，导致系统上线后可能出现严重问题	确保测试工作全面发现程序问题，使开发的系统没有运行问题，符合企业实际需要	4. 应区分单元测试、组装测试（集成测试）、系统测试、验收测试等不同测试类型，建立严格的测试工作流程，最终提高用户在测试工作中的参与程度	按需不定期	关键绩效指标	信息管理部经理	"代码复查评审制度"
B10	缺乏完整可行的上线计划，导致系统上线混乱无序；人员培训不足，不能正确使用系统，导致业务处理错误；初始数据准备设置不合格，导致新、旧系统数据不一致、业务处理错误	保证系统及时、规范上线，完成系统部署工作	1. 制订信息系统上线计划，并经归口管理部门和用户部门审核批准通过 2. 系统上线涉及新、旧系统切换的，企业应当在上线计划中明确应急预案，保证新系统失效时能够顺利切换回旧系统 3. 系统上线涉及数据迁移的，企业应当制订详细的数据迁移计划，并对迁移结果进行测试	按需不定期	关键绩效指标	信息管理部经理	"信息系统上线计划""数据迁移计划"

18.1.4 信息系统业务外包管理流程与内部控制矩阵

1. 信息系统业务外包管理流程

部门名称	信息管理部		流程名称	信息系统业务外包管理流程
生效日期			概　要	4大控制点
单位	总经办	信息管理部	其他相关部门	外包服务商
节点	A	B	C	D

1		开始		
2	支持、协助	调查外包服务商		
3		进行外包招标		投标
4		开标、定标等工作		
5		确定外包服务商		
6	授权	签订外包合同		签订外包合同
7		持续跟踪、评价		进行信息系统开发
8				结束开发
9			参与、协助	
10		部署与测试系统		参与、协助
11		使用与监测	使用与监测	
12		结束		

企业名称			密　级		共　页　第　页
编制单位			签发人		签发日期

2. 信息系统业务外包管理内部控制矩阵

控制点	风险描述	控制目标	内控要求				
			控制措施	控制频率	控制类型	责任部门（岗）	控制依据
B2	没有对外包服务商进行详细调查，导致对其实际资质、能力等了解不全面，影响后续业务外包工作质量	确保对外包服务商有深入的了解和认识，保证后续对服务商的选择有事实依据	1. 安排专人对市面上的外包服务商进行调查，并形成调查报告 2. 加强对调查报告的审查，充分了解各外包服务商信息	按需不定期	关键绩效指标	信息管理部经理	"信息管理部工作制度"
B3	招标工作不规范，导致无法选择到合适的外包服务商	确保通过招标活动选择到合适的外包服务商	1. 严格管理外包服务审批及管控流程，对信息系统业务外包采用公开招标等形式选择外包服务商，并实行集体决策、审批 2. 选择外包服务商时要充分考虑其市场信誉、资质条件、财务状况、服务能力、对本企业业务的熟悉程度、既往承包服务成功案例等因素，对外包服务商进行严格筛选 3. 可以借助外包业界基准来判断外包服务商的综合实力	按需不定期	关键绩效指标	信息管理部经理	《中华人民共和国招标投标法》《评标委员会和评标方法暂行规定》"企业招投标管理制度"

续表

控制点	风险描述	控制目标	内控要求				
			控制措施	控制频率	控制类型	责任部门（岗）	控制依据
B6	外包合同条款不准确、不完善，导致企业的正当权益无法得到有效保障	确保与外包服务商及时签订准确、完善、合法的外包合同	1. 针对外包可能出现的各种风险损失，恰当拟定外包合同条款，对涉及的工作目标、合作范畴、责任划分、所有权归属、付款方式、违约赔偿及合约期限等问题作出详细说明，并由法务部或法律顾问审查把关 2. 开发过程中涉及商业秘密、敏感数据的，企业应当与外包服务商签订详细的"保密协定"，以保证数据安全 3. 在外包合同中约定付款事宜时，应当选择分期付款方式，尾款应当在系统运行一段时间并经评估、验收合格后再支付 4. 应在外包合同条款中明确要求外包服务商保持专业技术服务团队的稳定性	按需不定期	关键绩效指标	信息管理部经理	"信息管理部工作制度""企业外包合同管理制度"
B7	缺乏外包服务跟踪、评价机制或跟踪、评价不到位，可能导致外包服务质量水平不能满足企业信息系统开发需求	提高对外包服务的可控性，保证外包服务的质量，避免外包服务商损害企业利益	1. 规范外包服务评价工作流程，明确相关部门的职责权限，建立外包服务质量考核评价指标体系 2. 定期对外包服务商进行考评，并公布服务周期的评估结果，实现对外包服务水平的跟踪、评价 3. 必要时，可以引入监理机制，降低外包服务风险	按需不定期	关键绩效指标	信息管理部经理	"信息系统外包开发合同"

18.1.5 信息系统外购调试流程与内部控制矩阵

1. 信息系统外购调试流程

部门名称	信息管理部		流程名称	信息系统外购调试流程
生效日期			概　要	5大控制点
单位	总经办	信息管理部	外部服务提供商	外部软件供应商
节点	A	B	C	D

1		开始		
2		调查软件市场		
3		软件产品选型		
4		确定软件供应商		合作
5	授权			
6		确定服务提供商	合作	
7		接收软件产品		提供软件产品
8	提供企业信息	软件产品调试		提供软件信息
9	参与、协助	部署与测试系统		
10		使用与监测	协助、持续监测	
11		结束		

企业名称		密　级	共　页　第　页
编制单位		签发人	签发日期

2. 信息系统外购调试内部控制矩阵

控制点	风险描述	控制目标	内控要求				
			控制措施	控制频率	控制类型	责任部门（岗）	控制依据
B3	软件产品选型不当，导致产品在功能、性能、易用性等方面无法满足企业需求	提高软件产品选型工作的合理性与准确性，保证企业选择到合适的软件产品	1. 明确企业自身需求，对比分析市场上的成熟软件产品，合理选择软件产品的模块组合和版本 2. 应广泛听取行业专家的意见	按需不定期	关键绩效指标	信息管理部经理	"信息管理部工作制度"
B4	软件供应商选择不当，导致对产品的服务、支持能力不足，产品的后续升级缺乏保障	保证企业选择到合适的软件供应商，双方合作能够顺畅进行	在选择软件产品和软件供应商时，不仅要评价其现有产品的功能、性能，还要考察其服务、支持能力和后续产品的升级能力	按需不定期	关键绩效指标	信息管理部经理	"信息管理部工作制度"
B6	服务提供商选择不当，削弱了外购软件产品的功能发挥，导致无法有效满足用户需求	保证企业选择到合适的服务提供商，且其能为企业带来应有的高质量服务	在选择服务提供商时，不仅要考核其对软件产品的熟悉、理解程度，也要考核其是否深刻理解企业所处行业的特点、是否理解企业的个性化需求、是否有过相同或相近的成功案例	按需不定期	关键绩效指标	信息管理部经理	"信息管理部工作制度"

控制点	风险描述	控制目标	内控要求				
			控制措施	控制频率	控制类型	责任部门（岗）	控制依据
B8、C8、D8	软件产品调试时没有充分考虑本企业的实际需求，导致后续系统在实现本地化时出现困难，无法适应企业实际需要	确保产品调试时充分考虑了企业的实际需求，以保证最终产品能满足企业需要	1．加强企业与外部服务提供商、外部软件供应商的沟通，加强各方之间的信息交换 2．强化企业在软件调试上的主导作用，确保企业意志被有效传达与实现 3．加强对调试工作的监督	按需不定期	职责分工	信息管理部经理、外部服务提供商负责人、外部软件供应商负责人	"信息管理部工作制度""信息系统软件调试服务合同""信息系统软件销售合同"
B9、C9	软件本地部署工作失误，导致系统无法正常上线；忽视对系统的测试，导致后续出现各种问题	确保系统在本企业被妥善部署与测试，并顺利上线	1．加强对系统部署工作的监督 2．强化本企业对系统部署与测试工作的参与程度，并提供有效协助 3．详细记录系统部署与测试过程，方便后期开展系统调试、培训工作	按需不定期	职责分工	信息管理部经理、外部服务提供商负责人	"信息管理部工作制度""信息系统软件调试服务合同"

18.2　信息系统的运行与维护流程

18.2.1　信息系统日常运行维护流程与内部控制矩阵

信息系统内部
控制职责

1. 信息系统日常运行维护流程

部门名称	信息管理部	流程名称		信息系统日常运行维护流程
生效日期		概　要		6大控制点
单位	总经办	信息管理部		其他使用部门
节点	A	B		C
1		开始		
2		部署信息系统		
3	未通过	建立健全信息系统日常运行管理规范或制度		协助
4	审批			
5	通过	组织系统使用培训		参加培训
6		使用系统		使用系统
7		准确记录使用日志		准确记录使用日志
8		定期检查系统状态		定期检查系统状态
9		定期备份系统数据		定期备份系统数据
10		及时解决突发情况		及时解决突发情况
11		结束		
企业名称		密　级		共　页　第　页
编制单位		签发人		签发日期

2. 信息系统日常运行维护内部控制矩阵

控制点	风险描述	控制目标	内控要求				
			控制措施	控制频率	控制类型	责任部门（岗）	控制依据
B3	信息系统日常运行管理的相关规范、制度缺失或不完善，导致系统的使用和维护等出现问题	推动科学、完善的信息系统日常运行管理规范或制度的建立	1．制定信息系统使用操作程序、信息管理制度以及各模块子系统的具体操作规范 2．加强对规范或制度内容的审查、核对，提高规范或制度的专业性和合理性	按需不定期	职责分工	信息管理部经理	"信息管理部工作制度"
B5	未开展系统使用相关培训，导致后续出现因操作原因引起的系统故障，给企业带来损失	确保系统在正式使用前，相关操作人员已经过了专业培训，对系统有足够了解	1．组织开展各种形式的培训，提升相关人员的操作熟练度 2．加强对培训结果的考核，确保培训工作取得成效 3．加强对培训结果的追踪、检测，及时发现问题，改善培训工作	按需不定期	关键绩效指标	信息管理部经理	"信息系统日常运行管理规范"
B7	使用日志记录不及时、不准确，甚至没有记录，导致无法通过数据监测系统，出现问题后也无法及时发现原因并作出调整	确保系统使用日志被及时、完整、准确地记录并保存下来	切实做好系统运行记录，尤其是对于系统运行不正常或无法运行的情况，应将其异常现象、发生时间和可能的原因作出详细记录	按需不定期	关键绩效指标	信息管理部经理	"信息系统日常运行管理规范"

续表

控制点	风险描述	控制目标	内控要求				
			控制措施	控制频率	控制类型	责任部门（岗）	控制依据
B8	没有按时或定期检查系统状态，导致对系统实际情况不了解，无法及时发现问题、解决问题	确保对系统的检查工作被认真贯彻落实	1. 及时跟踪、发现和解决系统运行中存在的问题，确保信息系统按照规定的程序、制度和操作规范持续、稳定运行 2. 重视系统运行的日常维护，在硬件方面，日常维护主要包括各种设备的保养与安全管理、故障的诊断与排除、易耗品的更换与安装等，这些工作应由专人负责	按需不定期	关键绩效指标	信息管理部经理	"信息系统日常运行管理规范"
B9	未定期对系统数据进行备份，导致系统因意外故障后丢失数据	按时、定期对系统数据进行备份	建立系统数据定期备份制度，明确备份范围、频率、方法、责任人、存放地点、有效性检查等内容	按需不定期	关键绩效指标	信息管理部经理	"信息系统日常运行管理规范"
B10	对于突发情况没有预警、没有预案，出现问题后不知所措，耽误系统恢复时间，给企业带来损失	保证企业有足够的能力应对系统相关的突发情况	配备专业人员负责处理信息系统运行中的突发事件，必要时应会同系统开发人员或软、硬件供应商共同解决	按需不定期	关键绩效指标	信息管理部经理	"信息系统日常运行管理规范" "信息系统突发情况处理预案"

18.2.2　系统变更申请、审批、执行、测试流程与内部控制矩阵

1. 系统变更申请、审批、执行、测试流程

部门名称	信息管理部		流程名称	系统变更申请、审批、执行、测试流程	
生效日期			概　要	5大控制点	
单位	总经办		信息管理部		其他使用部门
节点	A		B		C

企业名称		密　级		共　页　第　页	
编制单位		签发人		签发日期	

2. 系统变更申请、审批、执行、测试内部控制矩阵

控制点	风险描述	控制目标	内控要求				
			控制措施	控制频率	控制类型	责任部门（岗）	控制依据
B2	系统变更操作规范缺失或不完善，导致系统变更工作没有依据、没有方向，出现各种不必要变更的情况或错误操作	推动建立完善、合理、科学的系统变更操作规范	1. 建立系统变更操作规范来实施和记录系统变更，保证变更过程得到适当的授权与管理层的批准，并对变更进行测试 2. 不得擅自进行系统软件的删除、修改等操作 3. 不得擅自升级、改变系统软件版本 4. 不得擅自改变软件系统环境配置	按需不定期	职责分工	信息管理部经理	"企业信息系统变更操作规范"
B5	不能及时发现需要进行变更的情况，或不具备发现需要变更情况的能力，导致真正需要变更系统时，相关工作被耽误	确保系统变更情况被及时、准确地发现	1. 完善"企业信息系统变更操作规范"，明确需要变更的情形 2. 加强对相关管理和操作人员的培训，提高其专业能力，强化其责任意识	按需不定期	关键绩效指标	信息管理部经理	"企业信息系统变更操作规范"

控制点	风险描述	控制目标	内控要求				
			控制措施	控制频率	控制类型	责任部门（岗）	控制依据
B6	无法及时找到需要变更的原因，或忽略寻找原因这一环节而随意、盲目变更系统，给系统变更工作带来风险	确保每次变更前都明确知道变更的理由，且该理由符合"企业信息系统变更操作规范"有关要求	1. 加强对相关管理与操作人员的培训，使其具备发现问题、解决问题的能力 2. 加强与各个系统使用部门的沟通、交流，向其获取尽可能多的资料 3. 必要时尽快联系系统开发人员或软件提供商	按需不定期	关键绩效指标	信息管理部经理	"企业信息系统变更操作规范"
B7	对是否需要进行系统变更没有准确的判断，或作出系统变更判断后，不能提出合理的变更方案，导致变更结果不理想，无法实际解决问题	确保每次的变更判断是准确的，并在作出变更判断后能提出有效的变更方案	1. 严格遵守"企业信息系统变更操作规范"的有关规定并判断是否需要进行系统变更 2. 若出现"企业信息系统变更操作规范"未提及的情况，应组织专家联合讨论，并经企业相关权限部门审批通过后方可实施变更 3. 编写变更方案时应严格遵守企业对公文写作有关内容与格式的要求，并加强审查与核对	按需不定期	关键绩效指标	信息管理部经理	"企业信息系统变更操作规范"
B10	系统变更完成后，没有经过全面验证与测试，给系统使用留下隐患	确保系统变更后经过全面验证与测试，无误后才正式使用	1. 加强对变更后的系统的安全性、稳定性的验证与测试，并修复可能存在的系统漏洞 2. 妥善保留每次验证与测试的结果，并作为历史档案为后续工作提供指导	按需不定期	关键绩效指标	信息管理部经理	"企业信息系统变更操作规范"

18.2.3　信息系统安全管理流程与内部控制矩阵

1. 信息系统安全管理流程

部门名称	信息管理部	流程名称	信息系统安全管理流程
生效日期		概　要	3大控制点

单位	总经办	信息管理部	其他使用部门
节点	A	B	C

1		开始	
2	未通过	建立健全一系列企业信息系统安全管理制度	参与、协助
3	审批		
4	通过	开展信息系统安全培训	参加培训
5		加强对信息系统使用的监督与检查	加强对信息系统使用的监督与检查
6		开展信息系统风险评估工作	参与、协助
7		信息系统是否安全　是　否	
8		排查原因	
9		解决问题	
10		加强维护	
11		结束	

企业名称		密　级		共　页　第　页
编制单位		签发人		签发日期

2. 信息系统安全管理内部控制矩阵

控制点	风险描述	控制目标	内控要求				
			控制措施	控制频率	控制类型	责任部门（岗）	控制依据
B2	企业信息系统安全管理制度缺失或不完善，导致信息系统安全管理工作没有依据、没有方向	推动信息系统安全管理制度体系的健全与完善	1. 企业应当根据业务性质、重要性程度、涉密情况等确定信息系统安全等级，建立不同等级信息的授权使用管理制度，采用相应技术手段保证信息系统运行安全、有序 2. 建立"企业信息系统安全保密和泄密责任追究制度"，委托专业机构进行信息系统运行与维护管理的，应当审查该机构的资质，并与其签订服务合同和保密协议 3. 建立"企业信息系统用户管理制度"，加强对重要业务信息系统访问权限的管理，定期审阅系统账号，避免授权不当或存在非授权账号，禁止不相容职务用户账号的交叉操作 4. 建立"企业信息系统数据定期备份制度"，明确备份范围、频率、方法、责任人、存放地点、有效性检查等内容	按需不定期	职责分工	信息管理部经理	"企业信息系统安全等级及授权使用管理制度""企业信息系统安全保密和泄密责任追究制度""企业信息系统用户管理制度""企业信息系统数据定期备份制度"

续表

控制点	风险描述	控制目标	内控要求				
			控制措施	控制频率	控制类型	责任部门（岗）	控制依据
B4	未开展与信息系统安全管理相关的培训，导致后续出现操作原因引起的系统故障，给企业带来损失	确保信息系统在正式使用前，相关操作人员已经经过了专业的安全培训，并对信息系统有足够的了解	1．组织开展各种形式的安全培训，提升相关人员操作熟练度 2．加强对安全培训结果的考核，确保安全培训工作取得成效 3．加强对安全培训结果的追踪、检测，及时发现问题，改善安全培训工作	按需不定期	关键绩效指标	信息管理部经理	"企业信息系统安全培训工作规范"
B6	未按要求开展信息系统风险评估工作，导致对信息系统风险情况没有足够的了解，无法预防可能存在的信息系统风险	保证信息系统风险评估工作的重要性得到普遍认识，并被定期组织进行	1．定期对信息系统进行风险评估，及时发现信息系统安全问题并加以整改 2．制定信息系统风险评估工作的标准工作规范，明确评估内容、方法与步骤，提升风险评估工作的规范性与专业性 3．合理确定风险评估工作的时间与频率	按需不定期	关键绩效指标	信息管理部经理	"企业信息系统风险评估工作规范"

01 企业内部控制制度设计与解析

- 依据《企业内部控制应用指引》编写，致力于构建全方位的内部控制制度管理体系。

- 提供了142个制度，用精细化的制度营造完善的内部控制环境，提供极具针对性的控制手段，"人人参控，人人受控"。

企业内部控制风险点识别与管控规范 02

- 以"风险识别、评级"为基础，以"合规管理"为重点，以"精确管控"为目的，梳理企业内部控制管理中的各项风险。

- 通过大量的制度、方案、流程、标准、规范，提供拿来即用的风险控制规范。

- 包含58个风险点、75个控制制度、64个控制流程及14个方案。

03 企业内部控制流程设计与运营

- 立足工作流程，聚焦企业风险控制点，面向业务，提供解决措施。

- 包含118个流程和内部控制矩阵，涵盖18大类内部控制工作模块。

- 以流程为基础分解企业内部控制的痛点，通过流程设计阐述企业经营管理全过程中的风险。

供应链精细化运营管理全案 04

- 一本供应链运营管理的"12化"手册。

- 用制度管人，按流程做事；看方案执行，照办法去做；依细则实施，用规范约束。

05 部门化：
基于组织发展的架构设计逻辑

- 市场第一本以部门化为主题的管理类图书。
- 创新设计"苹果树组织结构评价模型"，系统性识别六种基本部门化模式特点。
- 帮助管理者更好选择、应用部门化模式，设计最适合自己的部门化策略。

人人账本：量化员工个人价值的
绩效与薪酬设计方案 06

- 从人力资源管理到人力资源经营，一本可以落地执行的"人人账本"薪酬绩效管理体系。
- 实现企业对个体价值的评价和分配，激活人才自驱力，使人人皆成经营者。

---

07 华为军团作战

- 系统阐述华为军团组建的背景、服务与运作模式，帮助读者全面了解华为军团来龙去脉。
- 通过组织变革构建的灵活作战能力，破解当下的发展问题。

永远没有舒适区：
华为HR奋斗生涯手记 08

- 华为一线HR骨干多年经验分享，如何将普通员工转变为奋斗者，揭秘华为企业管理真实细节，透析华为员工公司生存法则。
- 纯理论研究无法呈现的立体面貌，管理专家无法提供的极具颗粒度细节，局外人无法触及的生存法则与心路历程。
- 管理者+员工双重视角，适合企业管理者和想进入华为的求职者阅读。